μετωνυμίες

III

Zum Buch: Die Vorlesungen stellen Wittgensteins experimentelles Denken dar, das in dieser Hinsicht Nietzsche ähnelt, und sie zeigen ansatzweise, wie postmoderne und pragmatische politische Philosophien auf Wittgensteins später Sprachphilosophie aufruhen. Obgleich diese selbst zwar kaum politische Perspektiven entfaltet, führt die Vorlesung vor, wie essentialistische und allgemeine Bestimmungen der Politik sprachlich zerbröseln.

Sprachphilosophisch entwirft sich Politik vor dem Hintergrund von Sprachspiel, Ereignis und Verantwortung individualistisch und hedonistisch, aber kommunikativ. Denn Sprache verbindet nun mal die Zeitgenossinnen, wiewohl im individuellen Interesse, was sich aber niemals atomistisch generieren kann, vielmehr Gesellschaft und Umwelt braucht. Eine sprachphilosophische Orientierung des sozialen Bandes entspricht damit den zivilgesellschaftlichen Entwicklungen der letzten Jahrzehnte mit ihren diversen Emanzipationsprozessen. Dabei kehren jenseits jeglicher Revolutionshoffnungen auch soziale Fragen wieder, in die *die* soziale Frage sprachphilosophisch zerfällt.

Politisches Denken muss dabei eine spielerische Ironie entfalten, mit der man Fundamentalismus, Nationalismus und Totalitarismus am nachhaltigsten politisch begegnet, wenn sich dadurch deren besessene Bemühungen um Ernsthaftigkeit sprachphilosophisch als zufällig und illusionär entpuppen.

Hans-Martin Schönherr-Mann ist Professor für Politische Philosophie am Geschwister-Scholl-Inst. der Univ. München, Lehr- und Prüfungsbeauftragter an der Hochschule für Politik München, seit 2004 regelmäßiger Gastprof. an der Fak. für Bildungswiss. der Univ. Innsbruck; aktuelle Bücher: *Involution oder Revolution* – Vorlesungen über Medien, „Bildung und Politik" an der Universität Innsbruck 2013-17, BoD 2017; *Was ist politische Philosophie*, Campus Studium 2012; *Politik zwischen Verstehen und Werten* – Hermeneutik als politische Philosophie. Vorlesungen am Geschwister-Scholl-Institut 2002/2003, SVH 2016; *Die Macht der Verantwortung*, Karl Alber – Hinblick 2010; *Sexyness als Kommunikation* – Die Geburt der Sexualität aus dem Geist der Massenmedien, BoD 2016

Hans-Martin Schönherr-Mann

Das Blau des Sprachspiels
Wittgenstein
und die politische Philosophie

Vorlesungen am Geschwister-Scholl-
Institut 2003/2004

μετωνυμίες
III

Bibliografische Information der Deutschen Nationalbibliothek: Die Deutsche Nationalbibliothek verzeichnet diese Publikation in der Deutschen Nationalbibliografie; detaillierte bibliografische Daten sind im Internet über dnb.dnb.de abrufbar.

Herstellung und Verlag:
BoD – Books on Demand, Norderstedt

ISBN 978-3-7460-1894-2

Für Irmi

Inhalt

> „Angenommen, ich sage, dass mein Leib verfaulen wird, und jemand anderes sagt: ‚Nein. Die Teile werden sich in tausend Jahren wieder zusammenfügen, und du wirst auferstehen.‘ Wenn man mich fragte ‚Wittgenstein, glaubst du das?‘ würde ich sagen ‚Nein‘. ‚Widersprichst du ihm?‘ Ich würde sagen ‚Nein‘.“
>
> (Wittgenstein, *Vorlesungen über den religiösen Glauben*, 1938)

VORWORT*

Philosophen, die aus dem Background des Marxismus denken, betreiben gemeinhin Sozialphilosophie, keine politische Philosophie. Diese war primär konservativen Theoretikern und Liberalen vorbehalten. Letztere entwerfen politische Philosophie primär als praktische Philosophie – man denke an Rawls und Kant. Erstere stützen sich dabei auf eine metaphysische Ontologie – z.B. Strauss und Voegelin – oder bei Schmitt auf einen Dezisionismus. Allen – das gilt auch für die linken Sozialphilosophen –, soweit sie im 20. Jahrhundert zuhause sind, darf man dabei Sprachvergessenheit attestieren.

Erst aus dem Horizont der postmodernen Philosophie und des Neopragmatismus heraus hat die Sprachphilosophie eine politische Beachtung gefunden. Dabei darf ich vor allem auf Foucault, Derrida, Lyotard, Rorty und Rancière verweisen – außerdem auf Taylor und Brandom. An Wittgenstein schließen primär Lyotard und Brandom an. Aber auch bei den anderen genannten spielt er hintergründig eine wichtige Rolle. Die Vorlesungen stellen

---

* Für Korrekturen danke ich Michael Löhr, Bernd Lienemann für meine Web-Seite, für kritische Nachhilfen Ulrike Popp, Hans-Georg Pfarrer und Bernd Mayerhofer.

11

Wittgensteins experimentelles Denken dar, das in dieser Hinsicht Nietzsche ähnelt, und sie zeigen ansatzweise, wie postmoderne und pragmatische politische Philosophien darauf aufruhen.

Alle essentialistischen oder universalistischen Ansätze kümmern sich kaum um die Grundlagen der Politik in der Sprache. Gerade die Sprachphilosophie Wittgensteins, die selbst zwar kaum politische Perspektiven entfaltet, führt dabei vor, wie alle essentialistischen und allgemeinen Bestimmungen der Politik sprachlich zerbröseln. Politisches Denken kann sich daher nur im Kontext von Ereignis und Verantwortung situieren und muss dabei eine spielerische Ironie entfalten, mit der man Fundamentalismus, Nationalismus und Totalitarismus am nachhaltigsten politisch begegnet, wenn sich dadurch deren besessene Bemühungen um Ernsthaftigkeit sprachphilosophisch als zufällig und illusionär entpuppen.

Sprachphilosophisch entwirft sich Politik vor dem Hintergrund von Sprachspiel, Ereignis und Verantwortung individualistisch und hedonistisch, aber kommunikativ. Denn Sprache verbindet nun mal die Zeitgenossinnen, wiewohl individuell, also im individuellen Interesse. Das kann sich aber niemals atomistisch generieren, braucht vielmehr Gesellschaft und Umwelt. Eine sprachphilosophische Orientierung des sozialen Bandes entspricht damit den zivilgesellschaftlichen Entwicklungen der letzten Jahrzehnte mit ihren diversen Emanzipationsprozessen. Dabei kehren jenseits jeglicher Revolutionshoffnungen auch soziale Fragen wieder, in die *die* soziale Frage sprachphilosophisch zerfällt.

Die Vorlesungen stammen aus dem Wintersemester 2003/04. Damals hatte ich ein Manuskript ausgearbeitet, das ich vortrug. Das habe ich in der Vorbereitung dieser Publikation überarbeitet und aktualisiert, so dass die Leserin gelegentlich über spätere Daten stolpert.

1. Vorlesung
MACHT UND SPRACHE: EIN ANFANG IM *TRACTATUS LOGICO-PHILOSOPHICUS*

Politische Philosophie und Sprachphilosophie stellt keinen abstrusen Zusammenhang dar, wenn man sich allein zwei Angelegenheiten vergegenwärtigt: Jedes politische System, das sich auf eine bestimmte religiöse oder weltanschauliche Lehre beruft, was sich zwangsläufig nur mit dem massiven Einsatz staatlicher Gewalt durchsetzen lässt, entwickelt nicht nur eine bestimmte Sprache. Es versucht auch, diese mit repressiven Methoden durchzusetzen, indem es andere Sprachen ausschaltet, behindert, verfolgt. In jedem politischen System – auch jenen, die sich nicht explizit auf eine bestimmte religiöse oder weltanschauliche Lehre berufen – entwickelt sich politische Bedeutung, Sinn, bis hin zur Legitimation durch den Gebrauch bestimmter Sprachen. In der einen Richtung klingt das banal. Wo soll sich sonst Bedeutung entwickeln als in der Sprache als Bedeutungsträger und Bedeutungsproduzent!

Halt! Werden hier hartgesottene Materialisten rufen: Die Sprache produziert doch die Bedeutung nicht, sondern diese entwickelt sich in den Lebensumständen der Menschen, in den materiellen Bedingungen. Sind die entsprechenden Thesen von Marx denn auch weithin unbeliebt, umso emsiger werden sie bestätigt, gerade wenn man das dementiert. Denn auch Katholiken, Sozialdemokraten, liberale Rationalisten, Wirtschaftsführer und Gewerkschafter, der Sozialverband VDK gehen doch von materiellen Bedingungen aus, die das Leben der Menschen prägen und somit Bedeutung produzieren, die sich dann sprachlich ausdrückt. Ohne es zu wollen, frönen alle miteinander einem negativen mittelalterlichen Realismus. Wenn er denn wenigstens positiv wäre, dann wäre man gar nicht so weit weg von der modernen Fragestellung, bei der Realismus und Nominalismus zusammenfließen. Denn wie Heidegger gegen Marx einwendet, wer die Welt verändern will, muss sie zunächst interpretieren.

1.1. Die Macht der Sprache als Bedeutung

Die Situation ist indes noch tragischer, als die Kritiker des Verdiktes von Weber glauben, dass es keinen Übergang von deskriptiven zu normativen Sätzen gebe. Das Elend ist nicht evident. Das Elend muss als Elend sprachlichen Ausdruck finden: Erst dann ist es Elend. Elend ist erst der, dem das Wort *Elend* dies sagt. Oder umgekehrt, *Präsident* muss ein Wort sein, das demjenigen, der sich damit schmücken darf, beispielsweise Würde verleiht. Umgekehrt geraten hochangesehene politische Begriffe wie *Allgemeinwohl* zunehmend in Misskredit. Ihre Bedeutung verblasst, während Worte wie *Volk* und *Demokratie*, obgleich sie heftig befehdet werden, immer noch so etwas wie eine Meinungsführerschaft verteidigen. Nun will ich mich trotzdem nicht auf den Streit zwischen Idealismus und Materialismus einlassen. Vielleicht will ich ganz idealistisch oder wenigstens nominalistisch die Sprache deshalb untersuchen, weil auf jeden Fall jede

Bedeutung sprachlich formuliert wird. Wie gesagt, das Elend ist so elend, weil das die Sprache sagt. Krebs ist ein schreckliches Wort, aber nur weil es eine Bedeutung hat, die aus der Diagnose und der Prognose stammt.

Diese an sich banale Feststellung hat doch bisher wenig Widerhall in der politischen Philosophie gefunden. Hier redet man lieber von Macht und Ordnung und glaubt zu wissen wovon man redet. Im Zweifelsfall muss man es eben definieren. Und schon sind wir wieder in der Sprache. Philosophische Probleme sind häufig banal . . . und trotzdem weitreichend. Unter sprachphilosophischer Perspektive gewinnt die aristotelische Tradition – also jene von Thomas, Hegel und Marx – einen nominalistischen Einschlag. Deren jeweilige Gegner werden mir da eilig zustimmen, dieselbe Diagnose für sich aber nicht gelten lassen. Geschichtsphilosophie und politische Philosophie präsentieren sich in gegenläufiger Interpretation als Interpretationsphilosophie, letztlich als Frage, wie sich in der Sprache bestimmte politische Bedeutungen entfalten, wie sich darin Interessen ausdrücken – im Hintergrund natürlich auch noch irgendwie die von Paul Ricœur so benannte Schule des Verdachts. Doch diese folgt jenseits von Nietzsche noch dem Weg zur wahren Wirklichkeit und deren sprachlicher Entstellung. Wenn indes alle Wirklichkeit sprachlich gefasst ist – so lässt sich noch Hegel interpretieren – dann generiert sich die Wirklichkeit sprachlich. Und darunter fällt selbstredend auch die politische Wirklichkeit.

Macht, um zu einem zentralen Terminus des Politischen zu kommen, verwirklicht sich nicht metaphysisch, z.B. käme sie aus den Gewehrläufen. Da stützte sie sich ja allein auf physische Gewalt, was selbst schon das Problem ihrer Bedeutung aufwirft, wie sie bereits Walter Benjamin thematisiert. Macht verwirklicht sich vielmehr in jedweder Hinsicht sprachlich. Damit stellt sich die Frage nach der Bedeutung von Macht, was sie bedeutet, wie sie bedeutet, dass sie Bedeutung kreiert, wie sie Bedeutsames entstehen lässt. Und dass sie dabei vor allem nicht auf sich selbst gestellt bleiben kann: Macht = Macht! Das wäre eine Tautologie, die zunächst alleine bleibt, nichtssagend, beinahe sinnlos und doch nicht ganz alleine. Bereits das mathematische Zeichen (=) verbindet dieselben Zeichen. Also bereits zur Tautologie braucht es etwas anderes, das diese Tautologie erst herstellt und schon eröffnen sich die unendlichen Bezüge der Sprache. Selbst wenn man sich in der reinen Wiederholung erginge *Macht Macht Macht etc.*, bedient man sich Zeichen, die nur verständlich sind im Kontext von anderen Zeichen, den Buchstaben, der Grammatik etc.

Die Macht der Sprache! Oder Die Sprache der Macht! Solche Titel bieten sich jetzt an. Man könnte an eine Reihe von Autoren denken, an Michel Foucault oder Eric Voegelin, der in der Geschichte nach Ordnungsstrukturen sucht, die gerade nicht allein sprachlich sein sollen. Doch zunächst bieten sich Umformulierungen an wie: Die Macht der Bedeutung! Und Die Bedeutung der Macht! Für Foucault beruht der Diskurs auf Einschließungs- und Ausschließungsregeln. Im Diskurs entfaltet sich derart die Macht, wie umgekehrt Macht Diskurse entstehen lässt. Indes was hier Diskurse entstehen lässt, muss selbst schon Diskurs sein.

Wie generiert sich die Macht der Sprache, die Macht in der Sprache? Wie generiert die Macht die Sprache? Ergo: Wie generiert sich die Macht der Bedeutung und die Macht *in* der Bedeutung? Wie generiert die Macht die Bedeutung? Oder: Wie bedeutet Macht? Wie erzeugt die Bedeutung Macht? Ob es dabei auch noch nichtsprachliche Anteile *der* Macht oder *an* der Macht gibt, das darf ich einfach offen lassen. Es geht mir um die Macht der Sprache und die Sprache der Macht, eben nicht um die Macht, die aus den Gewehrläufen kommt. Es geht somit darum, wie sich das Politische in der Sprache entfaltet.

Müssen wir da nicht schlicht in die politische Philosophie schauen, oder vielleicht in die Alltagspolitik? Sollen wir vielleicht einfach Worte zählen, einzelnen Worten nachgehen, ihren Veränderungen oder nach Worten fahnden, die in der Politik neu auftauchen? Das wäre sicher auch eine Möglichkeit, die sich anbietet. Nur möchte ich hier viel elementarer vorgehen, nämlich nach den Dimensionen fragen, innerhalb derer Sprache schöpferisch, bedeutungsgebend, Welt stiftend und womöglich erfindend wirkt. Wie also die Einsichten der Sprachphilosophie des 20. Jahrhunderts letztlich auf die Politik rückwirken könnten, wie sich dementsprechend eben die Macht oder das Politische in der Sprache als Sprache entfaltet.

1.2. Die Sprache der Macht als Erlösung

Aber das ist noch nicht mein ganzes Anliegen. Ja, es ist eigentlich nur die Propädeutik desselben. Denn dass Macht in der Sprache auftritt, das wäre nun allerdings keine besondere Erkenntnis, die vielmehr beispielsweise bei Foucault oder auch bei Derrida und Lyotard weidlich diskutiert wird. Mir geht es primär um eine andere Tendenz. Die Sprache erscheint als das Organon der Vernunft, als das Medium der Kommunikation. Entweder ob ihres Vernunft entfaltenden Charakters oder dadurch, dass sie Kommunikation ermöglicht, gilt vielen die Sprache denn auch gerade als das Element, das sich der Macht entzieht, das der Macht sogar zu widerstreiten vermag. Und wenn nicht völlig der Macht, dann wenigstens der Gewalt. Der vernünftig argumentierende oder der sprachlich kommunizierende Mensch gilt als jemand, der sich Gewalt und Grausamkeit verweigert – eine Illusion, wie die Geschichte der Moderne und der Aufklärung vorführt, eventuell ihre Dialektik, der sie kaum entgeht, was man aber auch nicht ganz so pessimistisch einschätzen muss wie manche, beispielsweise wie Adorno. Insofern möchte ich vielmehr just danach fragen, inwieweit selbst dort, wo man explizit meint, man würde sich der Sprache vorbehaltlos nähern, man würde ihren Strukturen gerecht werden und ihr gerade keine Gewalt antun, eben im Begriff des Sprachspiels von Ludwig Wittgenstein, wie sich gerade dort die Macht und Gewalt generieren, ohne gleich in die Barbarei zurückzufallen. Und wenn man sich mit dem Sprachspiel der Sprache annähert, wenn man unterstellt, dass die Sprache spielt, wenn sie spricht, so könnte dieses Spiel womöglich nicht so harmlos und machtlos sein, und doch unabdingbar. Das Spiel der Kinder ist ebenfalls keineswegs so harmlos und ohne Gewalt bzw. Ausschluss- und Einschlussverfahren, wie man ihm gerne unterstellt. Aber genau darin könnten nicht nur die Macht der Sprache und die Sprache der Macht siedeln. Indem sich Bedeutendes, Bedeutsames, Deutendes durchsetzt, eben indem es deutet, wirkt es nicht schlicht kreativ, sondern immer auch ausschließend, abweisend, verbannend, implizit mächtig. „Ein Zeichen sind wir, deutungslos."[1] heißt es bei Hölderlin: Wenn das denn überhaupt geht, ein deutungsloses Zeichen zu sein! Aber im Deuten, davon ahnte offenbar schon Hölderlin, im Zeigen, Verweisen und Bezeichnen geht es nicht so schön friedlich und kommunikativ zu.

Das erweist sich aber als weniger schlimm, als es erscheint. Es verdirbt einige liebgewordene Werte und Gewohnheiten. Doch es befreit auch von Obsessionen. Es führt eventuell vor, dass Machtlosigkeit nicht so machtlos

---

[1] Zit. bei Martin Heidegger, Was heißt Denken? (1951-52), 4. Aufl. Tübingen 1984, 6

ist. Es setzt den Gedanken der Aufklärung vielmehr modern fort, nämlich sich aller vorschnellen Urteile zu entledigen und skeptisch gegenüber vermeintlichen Selbstverständlichkeiten zu werden.

Zu den besonders liebgewonnenen Ideen gehört seit dem Ende des Marxismus die überall anklingende Berufung auf die Ethik. Wenn die Technik sich verselbständigt, wenn die Politik pragmatisch wird und sich die Menschen massenweise dem Hedonismus hingeben, wenn nur noch Konsum oder Ökonomie zählen, dann soll die Ethik helfen, diesem Wertezerfall zu begegnen. Entweder berufen sich eher traditionell oder platonisch gestimmte Intellektuelle auf das Gute, die Frage nach dem guten und richtigen Leben wie Leo Strauss. Oder sie fragen nach dem Rechten und Gerechten wie John Rawls. Nun, meine gängige These lautet, was die Ethik betrifft, dass es auch zu viel des Guten gibt, dass das Gute nicht selbstverständlich gut ist, dass die Ethik nicht selbstverständlich die Werte der Menschlichkeit realisiert. Wie bemerkt doch Montesquieu: „Wer hätte das gedacht: Sogar die Tugend hat Grenzen nötig."[1]

Ob sich dasselbe für das Gerechte sagen lässt, ob es zu viel des Gerechten geben kann, wo auch immer dergleichen stattfinden sollte, will ich hier nicht explizit überprüfen. Mir geht es mit der Frage nach der Bedeutung, mit der Frage nach der sprachlichen Genese von Welt primär um die semantische Generierung von Werten, vor allem ethischen Werten, die der Legitimation des Politischen dienen und aus denen heraus sich auch die politische Macht erhebt.

Es geht mir also im weiteren darum, inwieweit die Macht der Sprache und die Sprache der Macht nicht allein ein politisches und vielleicht ontologisches Problem sind, das die Sprache sozusagen verschmutzt, so dass es

---

[1] Montesquieu, Vom Geist der Gesetze (1748), Stuttgart 1965, 211

darum gehen muss, sie davon zu reinigen, vielleicht dadurch dass man deren rationale oder kommunikative Strukturen stärkt. Nein die Macht der Sprache und die Sprache der Macht – das ist meine These – rekurriert auf den Zusammenhang von Bedeuten und Bewerten, Zeigen und Bezeichnen, rekurriert gerade also auf die vernünftigen und kommunikativen, also ethisch praktischen Strukturen der Sprache. Das Gute – und dieses könnte sich beispielsweise im Sprachspiel Wittgensteins zeigen, was momentan zumindest noch als eine wüste Hypothese erscheinen muss – entfaltet seine Macht in der vermeintlichen Schwäche der Sprache, die ja angeblich nur spricht und nicht schießt. Sprechen ist sicher angenehmer als schießen – das will ich gar nicht dementieren. Doch es ist nicht der Heiland, bzw. der Heiland selbst heilt nicht etwa durch Liebe allein, bzw. die Liebe, durch die er heilt, beruht selbst auf der Macht bzw. Gewalt des bedeutenden Charakters der Sprache. Der Protestantismus betont nicht umsonst das Wort der heiligen Schrift.

Nun ja, das ist alles nicht so schlimm. Ich will hier nicht in ein kulturpessimistisches Lamento verfallen. Ich will nicht einen Menschen im Stil von Hobbes beschwören, der aus der Perspektive von Nietzsches Willen zur Macht und ewigen Wiederkunft des Gleichen betrachtet in einer eiskalten Ewigkeit dahin vegetiert ohne Erlösung. Aber beim Wort Erlösung, darauf möchte ich denn schon bestehen, handelt es sich um eines der mächtigsten und gewalttätigsten Worte der christlichen Geschichte. Denn was heißt Erlösung und was soll dabei geschehen? Nichts, wenn es nicht in dieser Welt stattfindet! Vielmehr sollte sich die Moderne selbst ihrer gewaltsamen und machtbetonten Seiten versichern, aus der Einsicht in die Schwäche eine Macht gewinnen, die allerdings sich nicht in vermeintlicher Machtlosigkeit geriert wie die katholische Kirche, seit sie offiziell politisch abdanken musste, um dann hinterrücks das Missionierungswerk aus vermeintlich reinem guten Willen fortzusetzen. Nein, die Moderne weiß spätestens seit Nietzsche, Freud und Foucault, dass sie nicht so gut ist, wie sie einst sein wollte, dass sie keine Heilsversprechen geben kann, dass sie die Menschen daher auch nicht beschützen, sondern bestenfalls freisetzen kann in zweifellos problematische Freiheit, die nicht ohne Macht und Gewalt auskommt, wie sie der französische emanzipatorische Existentialismus entwirft. Wie dies geschieht – und vielleicht, dass man sich dessen bedienen kann, darf und sollte – dem nachzugehen, hat sich diese Vorlesung zur Aufgabe gemacht.

Im Zentrum der Vorlesung steht das Denken Wittgensteins, der vor allem in seinem Spätwerk mit dem Wort vom Sprachspiel den Stand des Denkens wohl in ihre typische Bewegung gesetzt hat, was einerseits der Sprache nachspürt, wie sie ist und dem ich nachspüren möchte, inwiefern just in diesem Sein der Sprache nicht nur das Kommunikative, das Befriedende, Vermittelnde, womöglich Gerechte, vor allem aber das Gute siedelt, sondern just weil sich in dem, was durch dieses alles erreichbar scheint, auch ein Wille zur Macht ausdrückt, der allen diesen Dingen ein schräges, ein gefährliches und vielleicht doch gerade dadurch ein menschliches und produktives Gesicht verleiht. Wenn man auf das Gute, Gerechte und Wahre nicht zurückgreifen kann, heißt das vielleicht das Ende eines positiv verstandenen Vernunftfortschritts, aber doch kein Aufgeben der Vernunft, sondern eine Einsicht in die Vernunft in ihrer Ambivalenz, der Humanität erst abzuringen wäre, die man auch erst zu konstruieren hat, die sich nicht aus der Überlieferung mehr selbstverständlich anweist. In dieser genealogischen Perspektive erweist sich der Fortschritt als schwieriger, komplexer, widersprüchlicher, rückschrittlicher, als man es je ahnte. Zudem hängt der Fortschritt auch noch vom Weltbild ab, das ihn deklariert.

1.3. Die endgültige (Er)lösung aller Probleme

Doch zunächst gilt es auf den frühen Wittgenstein einzugehen, auf den Wittgenstein des *Tractatus*, der noch anders denkt, positivistischer und dessen Sprachverständnis die Gleichung von Vernunft = Sprache = Macht eher bestätigt.

Ludwig Wittgenstein, in Wien 1889geboren, im selben Jahr wie Heidegger und Gabriel Marcel, und 1951 in Cambridge gestorben, begründet die moderne Sprachphilosophie und damit die Disziplin, die für das 20. Jahrhundert nicht nur typisch, sondern auch besonders einflussreich werden wird. Ihre Ausläufer reichen bis in die Computersprachen hinein. Wittgenstein entstammt einer großindustriellen Familie jüdischer Herkunft. 1913 nach dem Tode des Vaters erbt er ein beträchtliches Vermögen, das er 1919 seinen Geschwistern schenkt.

Wittgenstein studiert in Berlin, Manchester und Cambridge Ingenieurwissenschaften, Mathematik und Philosophie unter anderem bei Bertrand Russell, neben George Edward Moore, einem der Begründer der analytischen Philosophie, die sich primär mit der logischen Klärung von Begriffen befasst. Im ersten Weltkrieg wird er freiwillig Soldat – ein traumatisches Erlebnis, das ihn religiös inspiriert. Denn die Kriegserfahrung an der Front erzeugt in ihm das Gefühl des Ausgeliefertseins, der totalen Zufälligkeit, ob man überlebt. In dieser tragischen Zeit neigt Wittgenstein, der katholisch getauft und auch beerdigt wurde, wohl aber nicht als praktizierender Katholik bezeichnet werden kann, zu einem tiefen Glauben, der jedoch eher demjenigen Kierkegaards ähnelt. Trotzdem dementiert er nie, Katholik zu sein. In dieselbe Zeit datieren auch seine aktiven philosophischen Anfänge.

Wittgensteins Werk muss man in zwei Phasen einteilen, die seine beiden Hauptwerke markieren: Erstens, eine starke positivistische Ausrichtung des jungen Wittgenstein an der Logik und den Naturwissenschaften in seinem einzigen von ihm selbst publizierten Buch, das 1921 unter dem Titel *Tractatus logico-philosophicus* erscheint. Die *Tagebücher von 1914-1916* enthalten dazu bereits die Rohfassung. Zweitens, eine gegenüber der naturwissenschaftlichen und logischen Methodologie skeptische Phase, in der er sich eher pragmatisch auf die Alltagssprache besinnt. Die wichtigsten Thesen dieser Zeit – vor allem ein sehr differenziertes Sprachverständnis – versammelt er in seinem zweiten Hauptwerk *Philosophische Untersuchungen*, an dem er bis zu seinem Tod arbeitet.

Mit einer Reihe berühmter Philosophen ist er befreundet gewesen, auch mit Bertrand Russell, der sich mit den logischen Grundlagen der Mathematik auseinandersetzt. Doch mit ihm kommt es zum Bruch. In den zwanziger Jahren entwickeln sich Kontakte zum Wiener Kreis um Moritz Schlick, dessen logischer Empirismus sich vor allem um die Frage bemüht, wie Erfahrungswissenschaft methodisch überhaupt möglich ist. Der *Tractatus logico-philosophicus* beeinflusst nachhaltig alle neopositivistischen Philosophien.

Anfang der zwanziger Jahre versucht er sich als Dorfschullehrer in Niederösterreich und probiert dabei vergeblich, seine Thesen aus dem *Tractatus* umzusetzen. Mitte der zwanziger Jahre baut er für seine Schwester Margarete ein Haus in Wien, das ebenfalls die philosophische Konzeption seines *Tractatus* verkörpert und das man heute noch bewundern kann.

Mehrere Lehr- und Forschungsaufträge in England bekommt er in den dreißiger Jahren. Währenddessen,

1935, plant er, nach Russland zu emigrieren. Er ist entsetzt über die Kultur, wie er sie besonders in England erlebt. Dann will er 1936 Medizin studieren. Eine bittere familiäre Erfahrung erleidet Wittgenstein unter der Herrschaft des Nazi-Regimes in Österreich ab 1938. Mit einer enormen Summe Goldes muss sich die Familie freikaufen: Ein Bruder emigriert, während seine beiden Schwestern in Wien bleiben dürfen. 1939 erhält er schließlich den Lehrstuhl von George Edward Moore in Cambridge, den er jedoch vorzeitig 1947 wieder aufgibt. Er lebt in diesen Jahrzehnten abwechselnd in seiner Hütte in Norwegen, in Cambridge, Wien, London, ganz zuletzt auch längere Zeit in Dublin. Während des zweiten Weltkrieges arbeitet er freiwillig als Laborant in einem Hospital in London. 1951 stirbt Wittgenstein am 29. April in Cambridge.

In seinem frühen Werk *Tractatus logico-philosophicus*, in dem er sich an der Logik und den Naturwissenschaften orientiert, stößt man in der Einleitung auf folgende Sätze:

> „Was sich überhaupt sagen lässt, lässt sich klar sagen; und wovon man nicht reden kann, darüber muss man schweigen. Das Buch will also dem Denken eine Grenze ziehen, oder vielmehr – nicht dem Denken, sondern dem Ausdruck der Gedanken: Denn um dem Denken eine Grenze zu ziehen, müssten wir beide Seiten dieser Grenze kennen können (wir müssten also denken können, was sich nicht denken lässt). Die Grenze wird also nur in der Sprache gezogen werden können und was jenseits der Grenze liegt, wird einfach Unsinn sein."[1]

Bereits in seinem frühen Werk vermeidet Wittgenstein die Bemühung um eine herausgehobene Position. Wir sind immer in der Sprache, nie jenseits von ihr und

---

[1] Ludwig Wittgenstein, Tractatus logico-philosophicus (1921), Werkausgabe Bd. 1, Frankfurt/M. 1984, 9

sagen lässt sich nur das Sagbare nicht das Unsagbare –
eine Perspektive, die sich bis ins Spätwerk durchhalten
wird, die ob gezwungenermaßen oder nicht aber die Augen vor dem Anderen der Sprache zu verschließen
scheint. Doch wer will schon gegen ein solches Ausschlussverfahren Einwände erheben, wenn man das Unsagbare eben schlicht nicht sagen kann, wäre es sonst
nicht das Unsagbare.

Und etwas weiter heißt es voller Hybris, schwerlich
voller Ironie: „Dagegen scheint mir die *Wahrheit* der hier
mitgeteilten Gedanken unantastbar und definitiv. Ich bin
also der Meinung, die Probleme im Wesentlichen endgül-
tig gelöst zu haben."[1] Wittgenstein war ein ernsthafter
Mensch. Die Vorstudien zum *Tractatus* schreibt er im
Schützengraben. Darüber spaßt man nicht. Und er wollte
immer perfekt sein, so perfekt, dass er daran notorisch
bis hin zu selbstmörderischen Gedanken litt. Er verwei-
gerte angesichts der Krebsdiagnose gar die Therapie. 20
Jahre lang hätte er sich gegen den Selbstmord gewehrt,
jetzt würde er sich nicht mehr wehren.

Als Wittgenstein jene arroganten Sätze schreibt, tobt
gerade der ideologische Bürgerkrieg. Auf dem politischen
Schlachtfeld steht der Siegeszug der faschistischen Bewegungen kurz bevor. Auf der geistigen Ebene erringt der
Marxismus zunehmend die Lufthoheit. So richten sich
diese Worte natürlich gegen alle Formen der Geschichtsphilosophie, die sich gerade nicht an den Gesetzen der
Logik orientieren oder sich auf Erfahrungswissen beschränken würden, genauso wie gegen religiöse Welterklärungen. Doch seine Sätze schließen ob ihrer scheinba-
ren Bescheidenheit und Schwäche auch den Wahnsinn
oder das Begehren aus. Zumindest im offiziellen Diskurs
der Naturwissenschaften spielt dieser Diskurs denn auch
keine Rolle, worauf Foucault ja hinwies. Man darf in der

---

[1] Ebd., 10

Tat auch fragen, ob er eine und wenn ja gar welche Rolle er spielen soll?

Dagegen akzeptiert der junge Wittgenstein philosophisch vornehmlich im Anschluss an Frege und Russell nur, was sich logisch und klar sagen lässt. Später heißt es im *Tractatus* daher:

> „Die meisten Sätze und Fragen, welche über philosophische Dinge geschrieben worden sind, sind nicht falsch, sondern unsinnig. Wir können daher Fragen dieser Art überhaupt nicht beantworten, sondern nur ihre Unsinnigkeit feststellen. Die meisten Fragen und Sätze der Philosophen beruhen darauf, dass wir unsere Sprachlogik nicht verstehen. (Sie sind von der Art der Frage, ob das Gute mehr oder weniger identisch sei als das Schöne.) Und es ist nicht verwunderlich, dass die tiefsten Probleme eigentlich *keine* Probleme sind. Alle Philosophie ist ‚Sprachkritik‘."[1]

Wittgenstein war damit einer der ersten im 20. Jahrhundert, der au fond bereits 1921 das Ende der Philosophie erklärt: Die große Theorie, die universale Spekulation hat angesichts des naturwissenschaftlichen Empirismus und der Mathematisierung ihren Sinn verloren. Die Soziologie wird im Laufe des Jahrhunderts diese Entwicklung nachholen. Empirische Detailstudien sind gefragt. Die umfassende marxistische Gesellschaftstheorie ist nicht nur grundlos. Sie verliert im Laufe des Jahrhunderts und gegen Ende umso schneller alle ihre Anziehungskraft, ihre Erotik. Wieweit sie im ersten Viertel des 21. wiederkehrt, muss sich erst noch zeigen.

---

[1] Wittgenstein, Tractatus, 4.003-4.0031, 26

2. Vorlesung
SPRACHE UND WIRKLICHKEIT BEIM FRÜHEN WITTGENSTEIN

Mit den zuletzt zitierten Worten erklingt aber auch bereits das zentrale Thema des *Tractatus*: An sich, wenn man sie richtig verwenden würde und darauf auch achtete, besitzt die Sprache eine logische Struktur, die durch die Alltagssprache häufig verzerrt wird, oder durch metaphysische Gehalte – also durch vermeintlichen Sinn und vage Bedeutungen, die sich nicht auf Erfahrungstatsachen zurückführen lassen. Vielmehr verschärft der Kampf der Ideologien metaphysische Interpretationen der Wirklichkeit, die sich darum wenig scheren, was naturwissenschaftlich begründbar ist oder gar den Regeln der Logik entspricht. Wer nicht mehr den „Traum von einer Sache" – wie Marx 1843 in einem Brief an Arnold Ruge schreibt[1] – bloß träumen will, wer den Fortschritt befördern möchte, der muss sich an der Logik und den Naturwissenschaften orientieren – eine Bemühung wie sie sich im Wiener Kreis, beispielsweise bei Otto Neurath gleichfalls ausbuchstabierte und nicht viel später etwas anders bei Popper und dann in der Erlanger Schule. So schreiben Neurath, Rudolf Carnap und Hans Hahn:

---

[1] Karl Marx, Brief an Ruge, September 1843, Deutsch-Französische Jahrbücher, Marx Engels Werke (MEW) Bd. 1, Berlin 1972, 346

„Weiter gediehen ist die Klarlegung des *logischen Ur-sprungs der metaphysischen Irrwege*, besonders durch die Arbeiten von Russell und Wittgenstein. In den metaphysischen Theorien und schon in den Fragestellungen stecken zwei logische Grundfehler: eine zu enge Bindung an die Form der *traditionellen Sprachen* und eine Unklarheit über die logische Leistung des Denkens.“[1]

2.1. Die logische Welt der Tatsachen

Anstatt sich also von ideologischen Hoffnungen beseelen zu lassen, insistiert Wittgenstein bereits mit seinen folgenden berühmten Anfangssätzen des *Tractatus* darauf, dass man in den Wissenschaften die Logik der Sprache beachten müsse:

„Die Welt ist alles, was der Fall ist. Die Welt ist die Gesamtheit der Tatsachen, nicht der Dinge. Die Welt ist durch die Tatsachen bestimmt und dadurch, dass es alle Tatsachen sind. Denn, die Gesamtheit der Tatsachen bestimmt, was der Fall ist und auch, was alles nicht der Fall ist. Die Tatsachen im logischen Raum sind die Welt. Die Welt zerfällt in Tatsachen.“[2]

Die Welt stellt den Zusammenhang der Ereignisse dar, nicht die Ansammlung der einzelnen Dinge. Solche Zusammenhänge zeigen sich als das, was der Fall ist. Sie lassen sich sehen, präsentieren sich als Tatsachen. Man kann sie derart sprachlich formulieren; d.h. die Sprache

---

[1] Rudolf Carnap, Hans Hahn, Otto Neurath, Wissenschaftliche Weltauffassung – der Wiener Kreis (1929); in: Otto Neurath, Wissenschaftliche Weltauffassung, Sozialismus und Logischer Empirismus, Frankfurt/M. 1979, 88
[2] Wittgenstein, Tractatus logico-philosophicus (1921), 1-1.2, 11

drückt mit ihrer Struktur die Zusammenhänge, somit die Welt selbst aus, kann diese richtig wiedergeben, nicht notgedrungen verzerrt, einseitig oder gar falsch.

Offenbar gibt es für Wittgenstein auch keine andere, geheime Welt hinter den Tatsachen, die ihrer Entwicklung plötzlich eine unerwartete Wende geben könnte. In der marxistischen Dialektik dagegen spricht man von einem Umschlag von Quantität in Qualität: Der soziale Druck wächst, bis es zur sozialen Revolution kommt. Eine entscheidende Rolle spielen dabei zahlreiche Widersprüche, z.B. Klassengegensätze, die sich auch unterschwellig entwickeln können. Nach Wittgensteins Logik liegt die Welt in der Vielfalt der Tatsachen vor, die sich genau und klar beschreiben lassen. Widersprüche im dialektischen Sinn gibt es nicht; denn sie würden der Logik widersprechen. Wenn es sie denn gibt, so entspringen sie unlogischem Sprechen, einem Sprechen das Philosophie ja zu kritisieren hat:

„Was der Fall ist, die Tatsachen, ist das Bestehen von Sachverhalten. Der Sachverhalt ist eine Verbindung von Gegenständen (Sachen, Dingen). Es ist dem Ding wesentlich, der Bestandteil eines Sachverhaltes sein zu können. In der Logik ist nichts zufällig: Wenn das Ding im Sachverhalt vorkommen kann, so muss die Möglichkeit des Sachverhaltes im Ding bereits präjudiziert sein."[1]

Aus Tatsachen ergeben sich Sachverhalte. Derart, als Sachverhalt, lässt sich das, was der Fall ist erfassen und beschreiben. Die einzelnen Dinge existieren nicht für sich alleine, sondern nur in den Zusammenhängen, bezogen auf andere Dinge, eben in Sachverhalten, wie sich die einzelnen Sachen zueinander eben verhalten. Sachverhalte gehorchen der Logik, d.h. sie werden durch die Strukturen des Sachverhalts und der Zusammenhänge der

---

[1] Ebd. 2-2.012, 11

Dinge geprägt: Wenn zu einem Mord ein Messer verwendet wurde, kann zu diesem Mord keine Pistole benutzt worden sein. Oder wenn ich sagen will, dass einige Menschen schwarze Haare haben, darf ich nicht formulieren: Menschen haben schwarze Haare; denn damit impliziere ich, dass alle Menschen diese Haarfarbe haben, was ich ja auch gar nicht ausdrücken wollte und was evidenter Weise auch falsch ist.

Aus den Zusammenhängen, nicht aus den Einzeldingen entsteht die Welt. Dazu zählen nicht die nicht existierenden Sachverhalte, die aber zur Wirklichkeit gehören: „Die Gesamtheit der bestehenden Sachverhalte ist die Welt. Die Gesamtheit der bestehenden Sachverhalte bestimmt auch, welche Sachverhalte nicht bestehen. Das Bestehen und Nichtbestehen von Sachverhalten ist die Wirklichkeit."[1]

Welt und Wirklichkeit begegnen dem Menschen also nicht dunkel und unübersichtlich, nicht widersprüchlich und paradox, nicht esoterisch oder mystisch. Vielmehr ergeben sie sich eindeutig und zweifelsfrei aus den insgesamt – d.h. sowohl positiv wie negativ – vorliegenden Sachverhalten, positiv aus den wirklich vorhandenen und negativ aus dem, was es folglich nicht gibt bzw. nicht geben kann. Wenn der Stein auf der Erde immer nach unten fällt, dann kann er dort nicht plötzlich nach oben fallen, es sei denn eine andere angebbare Kraft bewegt ihn nach oben, z.B. der Arm eines Menschen, der den Stein nach oben wirft. Dass sich der Mensch allein durch gedankliche Kraft beispielsweise durch bestimmte Formen der Meditation, vom Boden erheben kann, gilt als ausgeschlossener, nicht bestehender Sachverhalt. Dahinter stecken entweder andere benennbare Kräfte oder es gilt einer solchen positivistischen Sicht als Aberglauben. Da mag die ehemalige Naturgesetzpartei auch noch so

---

[1] Wittgenstein, Tractatus logico-philosophicus (1921), 2.04-2.06, 14

viele Yogis vor den Kameras hüpfen lassen und man muss nicht mal an *special effects* denken. Revolutionstheorien wie jene von Marx erscheinen vor diesem Hintergrund gleichfalls als fragwürdig.

2.2. Bild und Wirklichkeit

Tatsachen und Sachverhalte drückt die Sprache genauso wie Bilder aus. Auf der Fotografie meines Zimmers sehe ich den Schreibtisch vor dem Fenster und auf dem Schreibtisch den PC stehen. Das Fenster befindet sich sowenig unter dem Schreibtisch wie der PC. Ich kann dieses Foto mit der Realität vergleichen. Auch hier steht der PC auf dem Schreibtisch und beide befinden sich zusammen vor dem Fenster. Wittgenstein schreibt:

„Die gesamte Wirklichkeit ist die Welt. Wir machen uns Bilder der Tatsachen. Das Bild stellt die Sachlage im logischen Raume, das Bestehen und Nichtbestehen von Sachverhalten vor. Das Bild ist ein Modell der Wirklichkeit. Den Gegenständen entsprechen im Bilde die Elemente des Bildes. Die Elemente des Bildes vertreten im Bild die Gegenstände. Das Bild besteht darin, dass sich seine Elemente in bestimmter Art und Weise zu einander verhalten. Das Bild ist eine Tatsache. Dass sich die Elemente des Bildes in bestimmter Art und Weise zu einander verhalten, stellt vor, dass sich die Sachen so zu einander verhalten. (. .) Das Bild ist *so* mit der Wirklichkeit verknüpft; es reicht bis zu ihr.“[1]

Wenn der PC auf dem Bild unter dem Schreibtisch steht, man im Zimmer den Schreibtisch aber auf dem Schreibtisch sieht, würde man wahrscheinlich sagen, dass

---

[1] Ebd., 2.063-2.1511, 14 f

dieses Foto einen anderen früheren oder späteren Sachverhalt wiedergibt. Wenn aber das Fenster ebenfalls unter dem Schreibtisch zu sehen wäre, in der Realität offenbar aber nicht, dann würde man wohl an eine Fotomontage glauben. Man könnte feststellen, dass dieses Bild den Sachverhalt offenbar nicht wiedergibt, weil die Beziehungen zwischen den Gegenständen in der Realität und den Elementen des Bildes nicht übereinstimmen. Das Bild entspricht nicht der Logik der Realität:

> „Was jedes Bild, welcher Form immer, mit der Wirklichkeit gemein haben muss, um sie überhaupt – richtig oder falsch – abbilden zu können, ist die logische Form, das ist, die Form der Wirklichkeit. (. .) Das Bild hat mit dem Abgebildeten die logische Form der Abbildung gemein."[1]

Das ist ein entscheidender Satz, drückt sich in ihm die Pointe im Denken des frühen Wittgenstein aus: Ob im Bild oder in der Welt, es herrscht dieselbe Logik, d.h. dasselbe Strukturverhältnis, das die Dinge zueinander einnehmen.

Beispielsweise entspricht ein surreal verfremdetes Bild nicht der logischen Form der Wirklichkeit. Man denke an die Traumdeutung Freuds: Träume folgen nicht der Logik der realen Welt des Wachbewusstseins, gilt in ihnen beispielsweise nicht das Kausalgesetz. Daher gibt das surreale Bild bzw. das Traumbild für Wittgenstein die Welt überhaupt nicht wieder, auch nicht falsch. Freud hat dazu eine Logik der Übersetzung bzw. der Interpretation erfunden, die Traumbilder auf ihre reale Bedeutung hin analysiert. Wittgenstein lässt dergleichen nicht gelten: die Macht der Sprache und zugleich die Sprache der Macht.

Eine ölverschmierte Möwe, die vielleicht bei einem Tankerunglück fotografiert wurde, gibt die Wirklichkeit

---

[1] Wittgenstein, Tractatus logico-philosophicus (1921), 2.18-2.2,16

des zweiten Golfkrieges von 1991 falsch wieder, obgleich der Irak damals kuweitisches Öl ins Meer fließen ließ. Die Möwe könnte auch dort fotografiert worden sein. Die logische Struktur des Bildes stimmt mit der logischen Struktur der Realität überein und entfaltet derart Bedeutung: Die ölverschmierte Möwe klagt an, ursprünglich die Ölfirma, später fälschlich richtig Saddam Hussein.

Entscheidend ist für Wittgenstein aber, dass das Bild die Verhältnisse in der Realität richtig abbildet. Dazu ist es in der Lage. Was richtig ist, diese Frage stellt sich für Wittgenstein in diesem Sinne nicht, auch nicht, was sich darin Richtendes und Bedeutendes zu ereignen vermag. Probleme, dass beispielsweise ein Bild die Dreidimensionalität nur perspektivisch spiegeln kann, dass dadurch Verzerrungen entstehen, so dass man jedenfalls den eindeutigen Abbildungscharakter bestreiten kann, solche Probleme sieht Wittgenstein ebenfalls nicht, stellen sie für ihn jedenfalls nicht die grundsätzlich logische Struktur der Realität in Frage, die sich in der Struktur des Bildes zu spiegeln vermag. Diese Möglichkeit ist vielmehr entscheidend und dass man dieser in fragwürdigen Fällen eben nachgehen muss. Als Alfred Hitchcock in seinem Film *Die rote Lola* (USA 1950) die Kamera lügen ließ, war das ein Skandal. Darf die Kamera einen Sachverhalt vorführen, der nicht besteht? Verdankt sich die Macht der Sprache nur dem bestehenden Sachverhalt? Wenn man an Leni Riefenstahls Triumpf des Willens (Deutschland 1934) denkt, offenbar nicht. Oder ist das dann nur noch die Sprache der Macht? Wie bemerkt Ernst Cassirer 1945:

> „In den letzten dreißig Jahren, in der Periode zwischen dem ersten und dem zweiten Weltkrieg, sind wir nicht nur durch eine ernst Krise unseres politischen und sozialen Lebens gegangen, sondern wir wurden auch vor neue theoretische Probleme gestellt. (. .) Vielleicht der wichtigste und beunruhigendste Zug in dieser Entwicklung des modernen politischen Denkens ist das Zutage-

treten einer neuen Macht: der Macht des mythischen Denkens. Das Übergewicht mythischen Denkens über rationales Denken in einigen unserer modernen politischen Systeme ist augenfällig. Nach einem kurzen und heftigen Kampf schien das mythische Denken einen klaren und endgültigen Sieg zu gewinnen." [1]

Damit bestätigt Cassirer den *Tractatus*.

2.3. Satz und Wirklichkeit

Wie ein Bild kann auch die Sprache die Wirklichkeit abbilden. Sie gibt die einzelnen Gegenstände genauso wie die Relationen zwischen ihnen an, eben wie diese sich auch in einem Bild ausdrücken: „Der Satz ist ein Bild der Wirklichkeit: Denn ich kenne die von ihm dargestellte Sachlage, wenn ich den Satz verstehe. Und den Satz verstehe ich, ohne dass mir sein Sinn erklärt wurde." [2]

Für Wittgenstein gibt es keine Bedeutung der Bedeutung. Was der Satz bedeutet, sagt er unmittelbar. Ich brauche dazu keinen zweiten Satz, der mir etwa erst sagte, was der erste Satz sagen wollte, aber aus unerfindlichen oder erfindlichen Gründen vielleicht nicht sagen konnte. Das bezieht Wittgenstein auf die Sätze der Naturwissenschaften. So ist mir sofort klar, in welchem Verhältnis sich die beiden Gegenstände zu einander befinden, wenn ich den Satz höre: Der PC steht auf dem Tisch. Dazu muss ich weder ein Bild noch den realen Sachverhalt sehen. Die Sprache repräsentiert also die Gegenstände – Tisch und PC – durch die Worte – Tisch und PC –,

---

[1] Ernst Cassirer, Der Mythus des Staates – Philosophische Grundlagen politischen Verhaltens (1946), 2. Aufl. Zürich, München 1978, 7
[2] Wittgenstein, Tractatus logico-philosophicus (1921), 4.021, 28

die man mir ebenfalls nicht erklären muss, die ich vielmehr unmittelbar verstehe, wenn ich sie denn verstehe. Sprachliches Verstehen ist für Wittgenstein grundsätzlich ein unmittelbarer Prozess. Dabei gilt einerseits: „Die Möglichkeit des Satzes beruht auf dem Prinzip der Vertretung von Gegenständen durch Zeichen."[1]

Andererseits gibt der Satz auch die Beziehung an, die jener Tisch und jener PC zu einander haben. Dem Satz ‚der PC steht auf dem Tisch' gelingt das vor allem durch die Präposition „auf". Gleichzeitig besitzt er dieselbe Gliederung wie die Sachlage, nämlich eine bestimmte Beziehung zwischen PC und Tisch anzugeben. Die logische Struktur des Satzes entspricht somit wie beim Bild der logischen Struktur des Sachverhalts bzw. der Wirklichkeit:

> „Nur insoweit ist der Satz ein Bild der Sachlage, als er logisch gegliedert ist. (. . .) Am Satz muss gerade soviel zu unterscheiden sein, als an der Sachlage die er darstellt. Die beiden müssen die gleiche logische (mathematische) Mannigfaltigkeit besitzen."[2]

Doch während die Elemente des Satzes die Gegenstände des Sachverhalts repräsentieren, d.h. das Wort ‚Tisch' bedeutet ‚dieser reale Tisch dort im Sachverhalt', vertritt der Satz diese logischen Verhältnisse der Realität nicht. Das ist ein entscheidender Unterschied bzw. ein entscheidendes Ausschlussverfahren, um wiederum an ein Wort Foucaults zu erinnern. Das Wort Tisch zeigt auf diesen Tisch. Es vertritt ihn im Satz. Das Wort Tisch ist wie der Tisch auf dem Foto keinesfalls dasselbe wie der reale Tisch, der die Bedeutung des Tisches ausmacht. Insofern gibt es hier den Eingriff der Konvention. Wir können uns darüber einigen, bei bestimmten Worten nur bestimmte Verweisungen gelten zu lassen: Diese Struktur

---

[1] Ebd., 4.0312, 29
[2] Ebd., 4.032-4.04, 29

der Vertretung bzw. der Repräsentation erlaubt somit den Eingriff, und zwar den Eingriff als Macht und eröffnet die Sprache der Macht – wiewohl Wittgenstein das derart nicht sehen würde, jedenfalls nicht 1921.

Dabei erlangt das Wort diese machtvolle Bedeutung aber nur im Zusammenhang des Satzes, also der wirklich gesprochenen Sprache. Natürlich kann ein Satz auch nur aus einem Wort bestehen. Dann geht es um den Zusammenhang des real Formulierten. „Nur der Satz hat Sinn; nur im Zusammenhang des Satzes hat ein Name Bedeutung."[1] Das erschwert natürlich auch die abstrakte Definition einer Wortbedeutung, die sich erst im Satz und somit im Zusammenhang zu den Dingen in der Welt entfaltet, somit zur Wirklichkeit. Der Eingriff – und damit antizipiere ich ein Wort des späten Wittgensteins – muss im Gebrauch stattfinden.

Anders erscheint das im Hinblick auf die Grammatik. Denn die Logik des Satzes vertritt nicht die Logik der Tatsachen bzw. der Realität in gleicher Weise, wie das Wort im Satzzusammenhang die Dinge vertritt. Der Satz enthält wie das Bild vielmehr dieselbe Logik. Die Logik, die in der Realität herrscht, herrscht gleichzeitig und in derselben Weise auch in der Sprache. Was heißt das? Realität, Bild und Satz entfalten in gleicher Weise die Logik als Strukturzusammenhang der Dinge bzw. der Tatsachen. Denn der Satz kann die Wirklichkeit deshalb abbilden, weil er mit denselben logischen Strukturen arbeitet; d.h. die Logik der Sprache entspricht der Logik der Welt bzw. der Wirklichkeit: „Mein Grundgedanke ist, dass die 'logischen Konstanten' nicht vertreten. Dass sich die Logik der Tatsachen nicht vertreten lässt."[2]

Damit sind wir wieder an der entscheidenden Stelle: In der Welt herrscht überall dieselbe Logik, ob im Bild, in

---

[1] Wittgenstein, Tractatus logico-philosophicus (1921), 3.3, 24
[2] Ebd., 4.0312, 29

der Sprache oder in den Sachverhalten. Oder anders herum formuliert: Es herrscht eine Einheit zwischen der logischen Struktur des Bildes bzw. der Sprache und der logischen Struktur der Welt. Gerade deswegen ist die Sprache in der Lage, die Welt richtig, d.h. logisch adäquat wiederzugeben. Daher kann ich die Sprache und damit die Zusammenhänge in der Welt richtig verstehen:

> „Der Satz zeigt seinen Sinn. Der Satz zeigt, wie es sich verhält, wenn er wahr ist. Und er sagt, dass es sich so verhält. Die Wirklichkeit muss durch den Satz auf ja oder nein fixiert sein. (. . .) Der Satz konstruiert eine Welt mit Hilfe eines logischen Gerüstes und darum kann man am Satz auch sehen, wie sich alles Logische verhält, wenn er wahr ist. (. . .) Man kann aus einem falschen Satz *Schlüsse ziehen*. Einen Satz verstehen, heißt, wissen was der Fall ist, wenn er wahr ist. (. . .) Man versteht ihn, wenn man seine Bestandteile versteht."[1]

Einen Satz wie ‚Der PC steht auf dem Tisch.‘ verstehe ich sofort, unmittelbar. Ich muss ihn dazu nicht in seine Elemente und in seine Strukturen auflösen. Ich verstehe seine Worte, also seine Elemente. Ich weiß auch sofort, unter welchen Bedingungen dieser Satz wahr ist, nämlich dann wenn der PC auf dem Tisch steht. Der Satz behauptet diese Sachlage, so dass ich ihn nun überprüfen kann. Dazu besitzt der Satz eine logische Struktur, die ich mit der Struktur der Sachlage vergleichen kann. Die Logik der Sprache stimmt ja mit der Logik der Welt überein, d.h. mit der Logik der Tatsachen bzw. Sachverhalte.

> „Der Sinn des Satzes ist seine Übereinstimmung, und Nichtübereinstimmung mit den Möglichkeiten des Bestehens und Nichtbestehens der Sachverhalte. Der einfachste Satz, der Elementarsatz, behauptet das Bestehen eines Sachverhaltes. Ein Zeichen des Elementarsatzes ist es, dass kein Elementarsatz mit ihm in Widerspruch

---

[1] Ebd., 4.022-4.024, 28

stehen kann. Der Elementarsatz besteht aus Namen. Er ist ein Zusammenhang, eine Verkettung, von Namen. Es ist offenbar, dass wir bei der Analyse der Sätze auf Elementarsätze kommen müssen, die aus Namen in unmittelbarer Verbindung bestehen. Die Angabe aller wahren Elementarsätze beschreibt die Welt vollständig. Die Welt ist vollständig beschrieben durch die Angaben aller Elementarsätze plus der Angabe, welche von ihnen wahr und welche falsch sind."[1]

Die Welt ist also vollständig und richtig beschreibbar, weil die Logik der Sprache und die Logik der Tatsachen identisch sind. Also kann man in diese anders als bei der Repräsentativfunktion von Worten gegenüber Gegenständen auch nicht eingreifen. Man kann sich nur an sie anpassen. Endet hier die Sprache der Macht eben in der unhintergehbaren Macht der Sprache, die zugleich die Macht der Tatsachen ist? Bzw. endet dort die Macht der Sprache, wo die Herrschaft der Logik beginnt? Und ist das eine gute Herrschaft? Oder öffnet sich ein neues Machtspiel in dieser Anpassungsfunktion? Viele Fragen stellen sich hier, wenn man in dieser Linie fortfährt. Sie führen unter anderem in die politische Philosophie der Technik und zu der Frage, wieweit die Technik den Naturwissenschaften zugrunde liegt und sie damit deren Wahrheit verschmutzen könnte. Grundsätzlich aber verlängert sich hier die Position, die im Konflikt der Ideologien den Naturwissenschaften Objektivität attestiert, auf deren Grundlage eine entsprechende Politik Wahrheit beansprucht. Von hier verläuft jene bereits angeführte Perspektive über politische Programme des Wiener Kreises unter entsprechenden Abwandlungen zu Popper:

„Wie die Lehre Hegels, dass unsere Idee durch nationale Interessen und Traditionen bestimmt sind, hatte auch die Lehre Marxens die Tendenz, den rationalen Glauben

---

[1] Wittgenstein, Tractatus logico-philosophicus (1921), 4.2-4.26, 38 f

an die Vernunft zu untergraben. Auf diese Weise von rechts und links bedroht, konnte eine rationalistische Einstellung zu den sozialen und ökonomischen Problemen kaum mehr Widerstand leisten, als historizistische Prophezeiungen und ein orakelnder Irrationalismus sie von vorne angriffen. Das ist der Grund, warum der Konflikt zwischen dem Rationalismus und dem Irrationalismus der wichtigste intellektuelle und vielleicht sogar moralische Konflikt unserer Zeit ist.“[1]

Aber zunächst stellt sich eigentlich eine andere Frage: Warum überhaupt sollen die Strukturen der Sprache und die Strukturen der Welt miteinander identisch sein? Warum sollen sie beide logisch sein? Kann man dafür einen Grund angeben?

Denn das ist keinesfalls selbstverständlich oder einleuchtend, wie es durchaus einem Common Sense erscheinen mag, auch und schon gleich gar nicht für eine sprachphilosophische Position. Die christliche Philosophie des Mittelalters ging vornehmlich davon aus, dass sich diese Übereinstimmung der göttlichen Schöpfung verdankt. Gott, der die Welt schuf, beseelte auch den Menschen mit Vernunft und Sprache, und zwar mit solchen, die in der Lage sind, die Welt auch richtig zu erfassen und abzubilden. Au fond schließt Wittgenstein wie der Positivismus an die realistische Position des Mittelalterns an, ohne natürlich auf deren Begründung zurückzugreifen, nämlich auf die göttliche Schöpfung.

Doch spätestens seit Immanuel Kant darauf hinwies, dass der Mensch die Welt nur so erkennen kann, wie es ihm seine Sinne und sein Denkvermögen erlauben, hat sich die Auffassung verbreitet, dass man das Ding an sich, wie es wirklich ist, nicht erfassen kann, dass der Mensch

---

[1] Karl Raimund Popper, Falsche Propheten – Hegel, Marx und die Folgen – Die offene Gesellschaft und ihre Feinde (1945), Bd. II, 2. Aufl. Bern, München 1970, 275

immer nur jene Erscheinungen des Dings wahrnimmt, für die er eine Auffassungsgabe hat. Beispielsweise besitzt der Mensch für die Welt der Radiostrahlen oder für Ultraschall kein Wahrnehmungsvermögen, während sich die Fledermäuse mit Ultraschall ohne Sehvermögen prima orientieren.

2.4. Die Logik der Welt als Sprache der Naturwissenschaften

Der junge Wittgenstein folgt in seinem *Tractatus* diesen Einwänden aus der Subjektphilosophie nicht. Der Mensch ist für ihn in der Lage, die Welt richtig zu erkennen und auszudrücken. Auch die Sprache ist von der Welt nicht durch irgendwelches Unvermögen getrennt. Sie besteht nicht nur aus Konzeptionen des Geistes, mit denen dieser die Welt ordnet, die aber die Dinge nie richtig erfassen – was der nominalistischen Position in der Scholastik bei Ockham nahekommt. Die Sprache stellt für Wittgenstein auch kein selbständiges System jenseits der gegenständlichen Welt dar. Die Sprache drückt die Welt angemessen aus. Allerdings gelingt das nicht der Alltagssprache, auch nicht der Philosophie, sondern gemäß des positivistischen Geistes der Zeit nur den Naturwissenschaften: „Der Satz stellt das Bestehen oder Nichtbestehen der Sachverhalte dar. Die Gesamtheit der wahren Sätze ist die gesamte Naturwissenschaft (oder die Gesamtheit der Naturwissenschaften)."[1]

Au fond unterstellt Wittgenstein damit wie die Hauptströmung der mittelalterlichen christlichen Philosophie

---

[1] Wittgenstein, Tractatus logico-philosophicus (1921), 4.1-4.11, 32

eine Einheit von Sprache und Welt, allerdings vornehmlich die Übereinstimmung einer bestimmten Sprache mit der Welt, nämlich der naturwissenschaftlichen Sprache, die sich von Unklarheiten, Doppeldeutigkeiten oder Widersprüchen gereinigt hat. An die Stelle der göttlichen Schöpfung als Garant der Einheit von Sprache und Welt tritt die Logik, bzw. die logische Strukturidentität zwischen Sprache und Welt. Doch woher nimmt Wittgenstein diese Auffassung? Die Naturwissenschaften können dergleichen schwerlich begründen. Soll das nun die Aufgabe der Philosophie sein? Zumindest hat die Philosophie grundsätzlich den Auftrag, den Naturwissenschaften zu dienen:

„Die Philosophie ist keine der Naturwissenschaften. (. . .) Der Zweck der Philosophie ist die logische Klärung der Gedanken. Die Philosophie ist keine Lehre, sondern eine Tätigkeit. Ein philosophisches Werk besteht wesentlich aus Erläuterungen. Das Resultat der Philosophie sind nicht ‚philosophische Sätze‘, sondern das Klarwerden von Sätzen. Die Philosophie soll die Gedanken, die sonst, gleichsam trübe und verschwommen sind, klar machen und scharf abgrenzen.“[1]

Die Naturwissenschaften stellen die Welt dar, wie sie wirklich ist. Die Philosophie soll sich ähnliche Aufgaben nicht anmaßen. Sie vermag keine vergleichbar exakten und klaren Sätze über die Wirklichkeit zu formulieren. Aber sie hat zumindest eine reflexive Aufgabe, nämlich sich vor allem über dieses Verhältnis von Sprache und Welt klar zu werden. Doch begründen lässt sich die Identität der Logik der Sprache und der Logik der Welt nicht. Es handelt sich – dessen ist sich Wittgenstein klar – um eine mystische, d.h. eine nicht begründbare Identität, deren Vorliegen man nur konstatieren, vorführen und beschreiben kann. Das ist die Aufgabe einer Philosophie

---

[1] Ebd., 4.111-4.112, 32

als Sprachkritik, die eben alle jene Sätze als sinnlos entlarvt, die darüber hinaus gelangen wollen, die diese evidente Einheit entweder in Frage stellen wollen, oder die diese Einheit glauben begründen zu müssen. Begründen – und damit rüttelt Wittgenstein an den Grundfesten der philosophischen Tradition – ist nicht mehr die Aufgabe der Philosophie. Begründen ist Spekulation und Metaphysik. Stattdessen geht es darum auch philosophisch Einsicht in das zu gewinnen, was der Fall ist – eine seit Hegel beinahe schon klassische Aufgabe der modernen Philosophie. Und diese Aufgabe soll Wittgensteins *Tractatus logico-philosophicus* erfüllen. Wenn man ihn richtig verstanden hat, beschäftigt man sich hinterher nur noch mit Sätzen der Naturwissenschaften, jedenfalls wenn man wahre Sätze über die Welt formulieren möchte. Wittgenstein bezeichnet denn auch sein Buch als eine Leiter, die man wegwirft, nachdem man mit ihr hinauf gestiegen ist. Und kurz vor Schluss heißt es definitiv:

„Die richtige Methode der Philosophie wäre eigentlich die: Nichts zu sagen, als was sich sagen lässt, also Sätze der Naturwissenschaft – also etwas, was mit Philosophie nichts zu tun hat –, und dann immer, wenn ein anderer etwas Metaphysisches sagen wollte, ihm nachzuweisen, dass er gewissen Zeichen in seinen Sätzen keine Bedeutung gegeben hat. Diese Methode wäre für den anderen unbefriedigend – er hätte nicht das Gefühl, dass wir ihn Philosophie lehrten – aber sie wäre die einzig streng richtige."[1]

Die Naturwissenschaften avancieren seit Galilei zum Orientierungspunkt der Philosophie, selbst dort wo es nicht so scheint, also selbst bei Adorno, wenn er schreibt: „Kriterium fortgeschrittensten Bewusstseins ist der Stand der Produktivkräfte im <Kunst->Werk, zu dem auch, im Zeitalter seiner konstitutiven Reflektiertheit, die Position

---

[1] Wittgenstein, Tractatus logico-philosophicus (1921), 6.53, 85

gehört, die es gesellschaftlich bezieht."[1] Und die Produktivkräfte als Marx' Motor der Geschichte beruhen spätestens seit dem 19. Jahrhundert auf den Naturwissenschaften.

2.5. Das Denkbare und das Undenkbare

Ist damit definitiv alle andere Erfahrung aus Philosophie wie aus der Naturwissenschaft ausgeschlossen, so heißt das allerdings nicht, dass es Sinn machte, nur noch in Sätzen der Naturwissenschaften zu sprechen. Im *Tractatus* begrenzt Wittgenstein vielmehr auch den Bereich der Naturwissenschaften, den Bereich dessen, was sich klar sagen lässt. Hier besitzt die Philosophie eine Aufgabe:

„Die Philosophie begrenzt das (.) Gebiet der Naturwissenschaft. Sie soll das Denkbare abgrenzen und damit das Undenkbare. Sie soll das Undenkbare von innen durch das Denkbare begrenzen. Sie wird das Unsagbare bedeuten, indem sie das Sagbare klar darstellt. Alles was überhaupt gedacht werden kann, kann klar gedacht werden. Alles was sich aussprechen lässt, lässt sich klar aussprechen."[2]

Sprache impliziert Klarheit, allemal die Sprache der Naturwissenschaften. Die Aufgabe der Philosophie bleibt, die Unklarheiten der Sprache aufzuklären und somit das Klare deutlich zu machen; denn es gibt offenbar nur klare, keine unklaren Bedeutungen. Das sind letztlich keine Bedeutungen. Diese positivistische Bemühung, zumindest die Sprache der Wissenschaften an den Naturwis-

---

[1] Theodor W. Adorno, Ästhetische Theorie (1970), Frankfurt/M. 1973, 285
[2] Wittgenstein, Tractatus logico-philosophicus (1921), 4.113-4.116, 33

senschaften zu orientieren und sie mit präziser Schärfe zu versehen, schließt einerseits zweifellos alles Unscharfe, Spekulative, Unklare, Traumatische aus. All das erscheint als das Gefährliche, als der Ausdruck von brutalen Machtansprüchen.

Im Sinne seiner Abbildtheorie der Wahrheit entspricht die Sprache dann der Welt, bzw. den Tatsachen, bzw. allem, was der Fall und was nicht der Fall ist. Die Macht der Tatsachen präsentiert sich derart als Macht der Vernunft, die der Wahrheit geschuldet wird und nicht der Willkür, gleichgültig ob die Anpassung an die realen Bedingungen sehr viele Zwänge entfalten könnte: die Logik der Welt entspricht der Logik der Sprache. Die Naturwissenschaften scheinen alles richtig zu erklären und adäquat zu beherrschen. Sie verdanken sich keinem Willen zur Macht. Sie sind klar und immer nachvollziehbar. Klarheit entfaltet keinen Machtwillen – so scheint es jedenfalls.

Andererseits gibt es für Wittgenstein selber offenbar neben dem Bereich des Sag- und Denkbaren auch den Bereich des Unsagbaren wie Undenkbaren. Nur wenn es sich um den Bereich des Unsagbaren handelt, dann kann man darüber auch nicht sprechen. Wie lautet doch der berühmte letzte Satz des *Tractatus*: „Wovon man nicht sprechen kann, darüber muss man schweigen."[1]

Man kann die Welt nicht von außen betrachten. Auch kann niemand aus seiner Welt heraustreten. Man ist immer schon in der Sprache, wenn man über die Sprache sprechen will. Das macht das Unsagbare so unzugänglich, das dann natürlich auch undenkbar erscheint. Denn alles Denkbare ist für Wittgenstein auch sagbar, das Undenkbare eben unsagbar. Mit der Sprache kann man die Grenze des Sagbaren zum Unsagbaren hin nicht überschreiten: „Die Grenzen meiner Sprache bedeuten die Grenzen

---

[1] Wittgenstein, Tractatus logico-philosophicus (1921), 7, 85

meiner Welt. Die Logik erfüllt die Welt; die Grenzen der Welt sind auch ihre Grenzen."[1]

Mit diesen Worten antizipiert Wittgenstein seine berühmte spätere Formel von der Sprache als Lebensform. Sprache und Welt fallen logisch in eins, sind aber doch nicht dasselbe, aber spiegeln sich adäquat, d.h. gemäß der logischen Strukturen: Wo die Sprache endet, endet auch die Welt und umgekehrt: Was sich nicht sagen lässt, was sich nicht logisch sagen lässt, gehört nicht zur Welt: Zweifellos die logische Welt als ein Aus- und ein Einschließungssystem, das nichts Entsprechendes außer sich zulässt, also keine anderen Diskurse: Die Macht der Naturwissenschaften, die sich auch immer stärker in der Politik ausbreitet.

Sprache und Leben, das Sagbare und meine Welt fallen in eins. So heißt es weiter: „Die Welt und das Leben sind Eins. Ich bin meine Welt (Der Mikrokosmos)."[2] Es gibt kein Leben, das sich nicht sprachlich formulieren würde, das nicht sprachlich erfasst werden könnte. Galilei wollte denn auch alle Probleme mit der naturwissenschaftlichen Methodik lösen. Welt und Leben werden wie die Wirklichkeit dementsprechend durch die Sprache bestimmt, aber natürlich durch eine Sprache, die sich in der Logik der Sachverhalte und der Dinge rückversichert, keine Privatsprache zu sein. Denn eine Sprache, die nur ich verstehe – so Wittgensteins berühmtes Privatsprachenargument – ist letztlich keine Sprache. In der Sprache spreche ich nämlich nicht mit mir selber, sondern mit anderen. Die Privatsprache würde den Lebensraum intern abgrenzen: „Dass die Welt *meine* Welt ist, das zeigt sich darin, dass die Grenzen *der* Sprache (der Sprache,

---

[1] Ebd., 5.6-5.61, 67
[2] Ebd., 5.621-5.63, 67

die allein ich verstehe) die Grenzen *meiner* Welt bedeuten."[1]

Die Welt, die sich mit der Sprache und ihrer Logik erfassen lässt, schließt intern offenbar jede jenseitige Erklärung aus. Jedenfalls wenn man sich wie Wittgenstein am Vorbild der Naturwissenschaften orientiert, dann bleibt innerweltlich keinerlei Raum für beispielsweise religiöse Zusammenhänge und oder auch andere Welterklärungen. Wittgenstein distanziert sich zwar offiziell nie vom Katholizismus. Doch diese Trennung von Sagbarem und Unsagbarem entspricht eher Konzeptionen eines fernen Gottes, der sich in den Lauf und die Geschicke der Welt nicht einmischt und von dem in der Welt auch nichts zu sehen und zu spüren ist, so dass beispielsweise für Hans Jonas der Mensch heute für die Welt alleine auf sich gestellt verantwortlich zeichnet: „Dass nur der Mensch sich kümmert, in seiner Endlichkeit nichts als den Tod vor sich, allein mit seiner Zufälligkeit und der objektiven Sinnlosigkeit seiner Sinnentwürfe, ist wahrlich eine präzedenzlose Lage."[2]

Jedenfalls dementiert Wittgenstein im *Tractatus* nicht das Göttliche schlechthin, formuliert er keine atheistische Position:

> „*Wie* die Welt ist, ist für das Höhere vollkommen gleichgültig. Gott offenbart sich nicht *in* der Welt. (. . .) Nicht *wie* die Welt ist, ist das Mystische, sondern *dass* sie ist. Die Anschauung der Welt sub specie aeterni ist ihre Anschauung als-begrenztes-Ganzes. Das Gefühl der Welt als begrenztes Ganzes ist das Mystische."[3]

Wie die Welt ist, lässt sich naturwissenschaftlich erklären, nicht aber dass sie ist. Alle Urknall-Theorie setzt

---

[1] Wittgenstein, Tractatus logico-philosophicus (1921), 5.62, 67

[2] Hans Jonas, Gnosis - Botschaft des fremden Gottes (1958), Frankfurt/M., Leipzig 1999, 399

[3] Wittgenstein, Tractatus logico-philosophicus (1921), 6.432-6.45, 84

bereits ein Seiendes voraus. Vom Standpunkt der Ewigkeit aus erscheint die Welt allerdings begrenzt zwischen Schöpfung und jüngstem Gericht. In der Welt der Naturwissenschaften lassen sich solche Grenzen nicht finden. Allerdings beschäftigen sich die Naturwissenschaften auch nicht damit, *dass* die Welt ist. Daran aber lässt sich auch keine Frage anschließen. Und Spekulationen sind keine Fragen, sondern sprachliche Missverständnisse, die sich in der logischen Sprache der Naturwissenschaften nicht formulieren lassen.

Das Mystische, die Begrenztheit findet Wittgenstein gerade nicht im Fragwürdigen oder Fraglichen. Wittgensteins Orientierung an der logischen Sprache der Naturwissenschaften schließt jedes metaphysische oder spekulative Denken innerhalb der Sprache aus: „Zu einer Antwort, die man nicht aussprechen kann, kann man auch die Frage nicht aussprechen. Das Rätsel gibt es nicht. Wenn sich eine Frage überhaupt stellen lässt, so kann sie auch beantwortet werden."[1]

Fragen zu stellen, das ist – gegen die Intention so mancher religiöser Vordenker wie Alfred North Whitehead oder Gabriel Marcel – eine säkulare Angelegenheit, heißt aber auch Hinterfragen und manchmal ohne Antwort. Noch deutlicher wird hier, dass eine bestimmte Seinsform, nämlich das Fragen aus dem Diskurs ausgeschlossen wird.

Anderes gilt indes interessanterweise für das Unsagbare. Das schließt Wittgenstein zwar aus dem Bereich des Sagbaren aus, aber es behält einen eigenen Status. Denn das schließt nicht ein Jenseits des Sagbaren, nämlich das Unsagbare aus. Wittgenstein stellt sogar fest: „Es gibt allerdings Unaussprechliches. Dies zeigt sich, es ist das Mystische."[2] Religiöse Erfahrung liegt also jenseits des

---

[1] Ebd., 6.5, 84
[2] Ebd., 6.522, 85

Sagbaren und Denkbaren. Doch soweit ist das Mystische denn auch nicht vom Sagbaren entfernt, wenn es sich zeigt: Auch die Einheit von Sprache und Welt in der Logik zeigt sich, und ist somit letztlich mystisch.

Für Wittgenstein kann man nur von Erfahrung sprechen, wenn man diese in der Sprache der Naturwissenschaften formuliert. Trotzdem erkennt er, dass damit die konkreten Lebensprobleme der Menschen in der Alltagswelt nicht gelöst werden:

> „Wir fühlen, dass selbst, wenn alle möglichen wissenschaftlichen Fragen beantwortet sind, unsere Lebensprobleme noch gar nicht berührt sind. Freilich bleibt dann eben keine Frage mehr; und eben dies ist die Antwort."[1]

Wittgenstein trennt in seiner positivistischen frühen Phase sehr deutlich zwischen einer diesseitigen Welt, die sich letztlich in der Sprache der Naturwissenschaften klar formulieren lässt – wenn damit auch nicht alle Lebensprobleme der Menschen gelöst werden – und einer Welt des in diesem Sinne Unsagbaren und Undenkbaren. Diese kann just daher der diesseitigen Welt auch keine Antworten geben. 15 Jahre später wird auch Edmund Husserl Ähnliches konstatieren:

> „Gerade die Fragen schließt <die Wissenschaft> prinzipiell aus, die für den in unseren unseligen Zeiten den schicksalsvollsten Umwälzungen preisgegebenen Menschen die brennenden sind: die Fragen nach Sinn oder Sinnlosigkeit dieses ganzen menschlichen Daseins."[2]

Keinesfalls kann man Wittgenstein als Atheisten bezeichnen. Vielmehr muss man seine Ablehnung bestimmter christlicher Dogmen just aus dieser Perspektive eines

---

[1] Wittgenstein, Tractatus logico-philosophicus (1921), 6.52, 85
[2] Edmund Husserl, Die Krisis der europäischen Wissenschaften und die transzendentale Phänomenologie (1936), Husserliana Bd. 6, Den Haag 1954, 4

Gläubigen verstehen, der sich über die Reichweite des Glaubens genau im Klaren ist:

„Der Tod ist kein Ereignis des Lebens. Den Tod erlebt man nicht. Wenn man unter Ewigkeit nicht unendliche Zeitdauer, sondern Unzeitlichkeit versteht, dann lebt der ewig, der in der Gegenwart lebt. Unser Leben ist ebenso endlos, wie unser Gesichtsfeld grenzenlos ist. Die zeitliche Unsterblichkeit der Seele des Menschen, das heißt also ihr ewiges Fortleben nach dem Tode, ist nicht nur auf keine Weise verbürgt, sondern vor allem leistet diese Annahme gar nicht das, was man immer mit ihr erreichen wollte. Wird denn dadurch ein Rätsel gelöst, dass ich ewig fortlebe? Ist denn dieses ewige Leben dann nicht ebenso rätselhaft wie das gegenwärtige? Die Lösung des Rätsels des Lebens in Raum und Zeit liegt außerhalb von Raum und Zeit."[1]

Wittgenstein religiöses Philosophieren ähnelt dem des dänischen Philosophen Sören Kierkegaard. Für diesen gibt es keine rationalen Gründe für den Glauben. Man glaubt auch nicht richtig, wenn man das nur zum Zweck tut, um unsterblich zu werden. Der Glaube, so Kierkegaard, verlangt vielmehr eine individuelle Entscheidung für den Glauben, die unabhängig von allen anderen Erwägungen sein muss:

„Das Bewusstsein von meiner Unsterblichkeit gehört mir ganz allein; gerade in dem Augenblick, wo ich mir meiner Unsterblichkeit bewusst bin, bin ich absolut subjektiv, und ich kann nicht unsterblich werden in Kompanie mit zwei anderen alleinstehenden Herren und der Reihe nach."[2]

---

[1] Wittgenstein, Tractatus logico-philosophicus (1921), 6.4311-6.4312, 84

[2] Sören Kierkegaard, Abschließende unwissenschaftliche Nachschrift zu den philosophischen Brocken (1846), Erster Teil, 3. Aufl. Gütersloh 1994, 164

Die Individualität der Glaubensentscheidung lässt auch alle Argumente für das Christentum schal werden, mit denen man gerade in der ersten Hälfte des 19. Jahrhunderts probierte, das Christentum historisch zu belegen. So stellt Kierkegaard kategorisch fest: „Es ist viel Wunderliches, viel Beklagenswertes, viel Empörendes vom Christentum gesagt worden; aber das dümmste, was man jemals gesagt hat, ist, dass es bis zu einem gewissen Grade wahr sei."[1]

In diesem Sinne einer absoluten Trennung zwischen dem naturwissenschaftlichen Diesseits und einem unsagbaren individuellen Jenseits ist denn auch Wittgensteins Ablehnung der Unsterblichkeit zu verstehen. Allemal hält er trotz seiner massiven Orientierung an den Naturwissenschaften dem religiösen Glauben einen Ort frei, den dann die Naturwissenschaften nicht unterwandern können: Der Glaube des Gelehrten im Zeichen eines positivistischen Geistes der Zeit.

---

[1] Kierkegaard, Abschließende unwissenschaftliche Nachschrift zu den philosophischen Brocken (1846), 220

3. Vorlesung
DIE GRENZEN DER SPRACHE IN DEN *PHI-LOSOPHISCHEN BEMERKUNGEN* (1930) UND IN *THE BIG TYPESCRIPT* (1933)

Im Rückblick auf den *Tractatus* stellt sich letztlich die Frage, inwieweit die Macht der Sprache in der logischen Struktur der Sprache liegt, die aber in der Alltagssprache natürlich häufig nicht zum Tragen kommt. Realisiert sich die Macht der Sprache gar in Naturwissenschaft und Technologien, die sich der logischen Struktur der Sprache womöglich am stärksten bedienen bzw. sich daran orientieren? Dergleichen scheint naheliegend, rekurriert die ökonomische Entwicklung ja sehr stark auf den technischen Fortschritt, der nicht nur globalisierend die Politik in vielfältiger Hinsicht prägt. Doch weniger ausschlaggebend erscheint in dieser Hinsicht die militärische Macht, die sich auf die Entwicklung modernster Technologien stützt, als vielmehr die mediale Präsentation des Politischen, die sich keinesfalls in einer logischen, sondern hochgradig metaphorischen Sprache realisiert. Führt die Macht der naturwissenschaftlichen Sprache zur Sprache der Macht? So einfach sieht es höchstens in positivistischer Perspektive aus, zu der man den Marxismus ruhig hinzuzählen darf. Die Frage muss sich folglich anders stellen, auch anders als Wittgenstein, der andere Probleme diskutiert. Aber aus der Entwicklung seiner Sprachphilosophie zeichnen sich langsam Perspektiven ab, die sich gegenüber den positivistischen deutlich abgrenzen.

3.1. Hat das Wort nur im Satzzusammenhang Bedeutung?

Denn wenn man bedenkt, dass die Sprache die Menschen nur in einem sehr geringen Teil in mathematischer oder logischer Perspektive prägt, dann kann man sich mit der dem *Tractatus* entnommenen Einschätzung kaum zufrieden geben, die vielmehr selber zu einer ideologischen Position im Konflikt der Interpretationen avanciert.

Zumindest nicht allein liegt die Macht der Sprache in ihrer logischen Struktur und deren angenommener Identität mit der Wirklichkeit. Auch Wittgenstein entfernt sich im Laufe der zwanziger Jahre von der Position des *Tractatus*. Das zeigt sich bereits in einem Manuskript *Philosophische Bemerkungen* aus den Jahren 1929/30, das Wittgenstein im Mai 1930 Bertrand Russell übergeben hatte als Grundlage für ein Gutachten zur Verlängerung eines Forschungsstipendiums. Darin heißt es in deutlicher Abkehr vom *Tractatus*:

> „Wenn man sagt: Nur im Satzzusammenhang hat ein Wort Bedeutung, so heißt das, dass ein Wort seine Funktion als Wort nur im Satz hat, und das lässt sich ebenso wenig sagen, wie, dass ein Sessel seine Aufgabe nur im Raum erfüllt. Oder vielleicht besser: Wie ein Zahnrad nur im Eingriff in andere Zähne seine Funktion ausübt."[1]

---

[1] Ludwig Wittgenstein, Philosophische Bemerkungen (1929/30), Werkausgabe Bd. 2, Frankfurt/M. 1984, 12, 58

Haben für Wittgenstein dann Worte als zusammenhanglose Worte doch eine Bedeutung? Natürlich kann man einwenden, dass es Zusammenhanglosigkeit gar nicht gibt: Selbst die Isolierung eines Wortes – wie immer das denn aussehen mag – belässt das Wort im Zusammenhang der Sprache. Es bleibt Sprache, selbst wenn ich mir ein Experiment ausdenke, bei dem ein bestimmtes Wort niemals in einem Satz vorkommen soll. Nur könnte man innerhalb des Sprachzusammenhangs zwischen der Funktion eines Wortes im Satz und seiner Erscheinung außerhalb von Sätzen unterscheiden, also in Lexika beispielsweise.

An anderer Stelle scheint sich die Ablehnung der Position des *Tractatus* noch weiter zu verschärfen: „Ein Wort hat nur im Satzverband Bedeutung: das ist, wie wenn man sagen würde, ein Stab ist erst im Gebrauch ein Hebel. Erst die Anwendung macht ihn zum Hebel.“[1] Aber ist ein Stab nicht doch ein schlichter Stab und kein Hebel? Lässt er sich bloß als Hebel verwenden? Oder ist der Stab wenigstens dann schon ein Hebel, wenn er in einer Vorrichtung steckt, in der er als Hebel wirkt, wenn man ihn gemäß der Vorrichtung bedient? Dann aber ist es wohl auch ein Hebel, wenn ich ihn nicht bediene. Andererseits sucht man sich einen Stab, wenn man einen Hebel braucht und sagt noch auf der Suche: Suchen wir uns doch einen Hebel! Nun handelt es sich hier aber bestenfalls um einen Vergleich. Worte sind doch keine Hebel. Aber das Wort ‚Ei‘ hat die Bedeutung ‚Ei‘, wenn es im Lexikon steht, wenn ich es in einer Reihe verwende, die keinen Satzzusammenhang darstellt, oder wenn ich es als ein Beispiel für ein Wort benutze. Man sieht schon, ob ein Wort nur im Satzzusammenhang Bedeutung hat, lässt sich kaum klären. Das scheint beinahe in die Frage nach der Bedeutung der Bedeutung zu weisen. ‚Ei‘ bedeutet

---

[1] Ebd., 14, 59

zwar ‚Ei‘, obgleich es kein Ei meint und doch gibt es eine Differenz zum ‚Ei‘ das im Zusammenhang wirklich ‚Ei‘ meint. Handelt es sich hier um verschiedene Bedeutungsdimensionen? Oder darf man nicht nach der Bedeutung der Bedeutung fragen. Aber man kann darüber doch zumindest reden. Später indes wird Wittgenstein diese Möglichkeit ablehnen. Andererseits stellt Wittgenstein seine Position aus dem *Tractatus*, nur im Satzzusammenhang habe ein Wort Bedeutung, auf jeden Fall in Frage.

3.2. Der Vorzug der Alltagssprache gegenüber der idealen Sprache

Vor allem aber beginnt Ende der zwanziger Jahre eine deutliche Abkehr von der Orientierung an der Logik bzw. an einer idealen Sprache, die von der Logik strukturiert wird und wirklich genauer, präziser, schlicht besser sein sollte, als die Alltagssprache, da sie mit der Struktur der Welt übereinstimmt, die Alltagssprache aber nicht.

Doch er hält noch an der Logik fest, wobei ich offen lassen möchte, wieweit er sie je aufgibt. Aber die Logik gewinnt langsam eine neue Rolle, bei der es nicht mehr um die Konstruktion idealer Sprachen geht, sondern immer stärker um die Alltagssprache. Was ist auch Sprache anderes als das, was gesprochen wird? Dazu gehört alles, was gesprochen wird, wobei man natürlich trotzdem fragen darf, ob und wie man sich denn da dem Ganzen des Gesprochenen nähern sollte, ob man sich nicht immer auf Bestimmtes beschränken muss. Doch woher nehme ich das Auswahlkriterium, was in einer Sprachanalyse sinnvoll ist und was nicht? Bleibt nicht auch der Bezug zur Alltagssprache grundsätzlich willkürlich?

Umgekehrt aber stellt Wittgenstein jetzt in den *Philosophischen Bemerkungen* den originären Sinn und den Vorteil einer an der Logik orientierten idealen Sprache gegenüber der Alltagssprache sehr geschickt in Frage:

> „Wie seltsam, wenn sich die Logik mit einer ‚idealen‘ Sprache befasste, und nicht mit *unserer*. Denn was sollte diese ideale Sprache ausdrücken? Doch wohl, das, was wir jetzt in unserer gewöhnlichen Sprache ausdrücken; dann muss die Logik also diese untersuchen. Oder etwas anderes: aber wie soll ich dann überhaupt wissen, was das ist? – Die logische Analyse ist die Analyse von etwas, was wir haben, nicht von etwas, was wir nicht haben. Sie ist also die Analyse der Sätze *wie sie sind*.“[1]

Die ideale Sprache entdeckt nichts Neues, keine reale Welt, während zuvor die Alltagssprache diese nicht erfasste. Wittgenstein deutet hier bereits an, dass es keine sprachlichen Hierarchien gibt, bessere oder schlechtere, also auch keine Metasprachen, die den subalternen Sprachen Vorschriften machen könnten oder über sie mehr aussagen würden als diese Sprachen selbst.

Schon in den *Philosophischen Bemerkungen* verlässt Wittgenstein die Pfade von Frege und des Wiener Kreises. Der Spott trifft, wenn er in Parenthese weiterschreibt: „Es wäre seltsam, wenn die menschliche Gesellschaft bis jetzt gesprochen hätte, ohne einen richtigen Satz zusammenzubringen.“[2] Man könnte dann auch gleich weiter fragen: Wie war das möglich, dass die Menschheit nach unendlichen Zeiten des falschen Sprechens plötzlich zu richtigen Sätzen gelangt sein kann? Verdankt sie das einfach Galilei? Oder ist viel mehr pas-

---

[1] Wittgenstein, Philosophische Bemerkungen (1929/30), 3, 52
[2] Ebd., 3, 52

siert, beispielsweise sozialer Wandel? Oder ist alles gleich geblieben?

Jedenfalls kann die Alltagssprache gar nicht so falsch sein, wie sie der Logik und einer an ihr orientierten idealen Sprache erscheinen mag. Vielmehr wirkt sie für Wittgenstein bereits am Ende der 20er Jahre als das Fundament auch jeder idealen Sprache. Die ideale Sprache formuliert letztlich dasselbe, was bereits die Alltagssprache sagt, vielleicht etwas stringenter, vielleicht etwas logisch korrekter, aber grundsätzlich nicht etwas Neues oder gar Anderes. Die Logik muss die Gehalte der Alltagssprache entfalten. Sie soll die üblichen Sätze und nicht die idealen Sätze analysieren. Hierzu wird sie allerdings immer noch gebraucht. Aber sie hat sich dabei auf das zu konzentrieren, was vorliegt, was in der Alltagssprache vorliegt. Denn derart präsentiert sich die Welt, wie sie ist, nicht in den idealen Termen der Logik bzw. idealer Sprachen, die die Welt ihrerseits auch nicht in ein neues Licht zu tauchen vermögen. Sie geben der Welt keine neue Bedeutung, wiewohl es so aussehen mag.

Offenbar verblasst verglichen mit dem *Tractatus* so langsam die hermeneutische Kraft der Logik bzw. der Idealität. Langsam stehen wir vor der Macht der Alltagssprache, die aber viel weiter reichen könnte als die künstliche Macht der idealen Sprache. Vielleicht hat sich Wittgenstein hier auf einen letztlich falschen Pfad begeben. Sprechen wir nicht längst technische Sprachen auch im Alltag? Besteht in diesem Sinne das aktuelle Alltagsdeutsch nicht aus vielen englischen Ausdrücken, die häufig einen technischen oder ökonomischen Hintergrund haben? Doch eins erscheint naheliegend: die Alltagssprache entfaltet eine Macht, die so wenig in der Kontrolle bzw. Einflussmöglichkeit des Menschen liegt wie logische Sprachen. Der Mensch sieht sich beiden gleichermaßen ausgesetzt. Er spricht im Kontext der Alltagssprache – ein Zusammenhang, dem er umso weniger zu entgehen scheint und den er umso weniger kontrollieren kann, je stärker logische Sprachen in die Alltagssprache eindringen.

3.3. Der Sinn der Komplexität in der Philosophie

Nicht nur wandelt sich Wittgensteins Position gegenüber der Logik. Auch gegenüber der Philosophie klingen seine Worte erheblich moderater, wenn man an die Stelle im *Tractatus* denkt, auf die im folgenden Zitat offenbar Bezug genommen wird. Jetzt erscheint die Täuschung des Philosophen eher auf einer anderen Bedeutung eines Wortes zu beruhen als die in der Mathematik gebräuchliche. Diese erscheint schon noch als eine ausgezeichnete, die andere aber nicht mehr so hoffnungslos absurd wie im *Tractatus*:

> „Auf die Frage, ob die Philosophen bisher immer Unsinn geredet haben, könnte man antworten: nein, sie haben nur nicht gemerkt, dass sie ein Wort in ganz verschiedenen Bedeutungen gebrauchen. In diesem Sinne ist es nicht unbedingt Unsinn zu sagen, ein Ding sei so identisch wie das andere, denn wer das mit Überzeugung sagt, meint in diesem Augenblick etwas mit dem Wort ‚identisch' (vielleicht groß), aber er weiß nicht, dass er hier das Wort in anderer Bedeutung gebraucht als es in 2+2=4 gebraucht ist."[1]

Ob z.B. Hegel das wirklich nicht weiß, darf man berechtigt bezweifeln. Bei Hegel kommt die Mathematik an einer bestimmten aber beschränkten Stelle seines Systems vor. Doch gleichgültig ob Wittgenstein mit dem letzten Satz Unrecht hat, wer offenbar etwas mit Über-

---

[1] Wittgenstein, Philosophische Bemerkungen (1929/30), 9, 55

zeugung sagt, der gibt dem Gesagten eine Bedeutung, die sich nicht schlicht dementieren lässt. Überzeugung erzeugt offenbar Bedeutung, obgleich sie den vielleicht gängigen oder wissenschaftlichen Bedeutungen widerspricht oder diese praktisch nicht tangiert – ein Phänomen der Sprache, das in der politischen Rhetorik eine herausragende Rolle spielt. Und Wittgenstein akzeptiert diese Funktion der Sprache. Wie könnte er sie auch dementieren, wenn er sich auf die Alltagssprache bezieht!

Doch wiederum, warum sollten die Philosophen nicht gemerkt haben, dass sie Worte anders verwenden! In der Philosophie gehört es zum ausgezeichneten Geschäft, Worte einzuführen, und Begriffe neu zu definieren. So langsam fängt Wittgenstein an, sich mit solchen Tendenzen der Philosophie zu versöhnen. Löst vielleicht Hegel auch einen besonders komplizierten Knoten im Gehirn auf und alles erscheint uns einfach? Aber dazu müssen wir ihn überhaupt erst mal verstehen. Und ist die Welt nach Hegel einfacher als vor Hegel? Einige beantworten diese Frage nicht mit Ja! Doch Wittgenstein gibt zumindest der komplizierten Philosophie noch einen Sinn:

„Warum ist die Philosophie so kompliziert? Sie sollte doch *ganz* einfach sein. – Die Philosophie löst die Knoten in unserem Denken auf, die wir unsinnigerweise hineingemacht haben; dazu muss sie aber ebenso komplizierte Bewegungen machen, wie diese Knoten sind. Obwohl also das Resultat der Philosophie einfach ist, kann es nicht ihre Methode sein, dazu zu gelangen. Die Komplexität der Philosophie ist nicht die ihrer Materie, sondern die unseres verknoteten Verstandes."[1]

Sicher, Philosophie soll weiterhin aufklärend wirken oder besser Knoten lösend. Sie soll am Ende die Komplexität nicht bloß reflektieren und dann genauso kompliziert werden, wie der vermeintliche Sachverhalt, den sie

---

[1] Wittgenstein, Philosophische Bemerkungen (1929/30), 2, 52

schildert. Ihre Aufgabe bleibt die Vereinfachung. Hier setzt Wittgenstein seine Ansätze aus dem *Tractatus* fort. Aber natürlich wird er auch in seinen späteren Werken eine neue Philosophie entwickeln, die sich bei der Bemühung um Einfachheit in immer komplexere Zusammenhänge verwickelt. Trotzdem will er philosophische Probleme im Hinblick auf das lösen, was passiert, letztlich pragmatisch, nicht durch avancierte Reflexion der Reflexion. Reduziert dieses Bemühen die Gewalt und die Macht der Sprache gegenüber den Sprechenden? Oder könnte sich darin gerade die Macht der Sprache über die Münder der Sprechenden hinweg erfüllen? Und schöpft sich daraus nicht letztlich das Gute, das Ethische? Vielleicht sogar das Politische?

3.4. Das unabdingbare Verbleiben innerhalb der Grenzen der Sprache

Wittgenstein beginnt, der Sprache nachzuspüren, man könnte sagen, beinahe dekonstruktiv, eben die Knoten auswickeln, in die sich das Denken bisher verschlungen hat. Doch er lässt das derart Dekonstruierte auch wiederum beiseite, reduziert eben Komplexität in Einfachheit. Das wäre gerade nicht der Sinn der Dekonstruktion, mit der Derrida der Komplexität gerecht zu werden versucht, um sie gerade nicht zu reduzieren. Derrida verlängert denn auch die Sprachanalyse in Richtung auf die Schrift, in der sich Macht und Gewalt noch deutlicher als in der Sprache aufführen:

> „Die Schrift ist die Verstellung der natürlichen und ersten und unmittelbaren Präsenz von Sinn und Seele im Logos. Als Unbewusstes bemächtigt sie sich der Seele.

Diese Tradition zu dekonstruieren kann jedoch nicht darin bestehen, sie umzukehren, die Schrift von Schuld reinzuwaschen; sondern vielmehr darin, zu zeigen, warum die Gewalt der Schrift nicht eine unschuldige Sprache überkommt. Es kann eine ursprüngliche Gewalt der Schrift nur geben, weil die Sprache anfänglich Schrift in einem Sinne ist, der sich fortschreitend enthüllen wird."[1]

Und doch ähneln Wittgensteins Bemühungen der Dekonstruktion: In den folgenden Worten klingt auch etwas vom späteren Verfahren des Sprachspiels an, wenn Wittgenstein einen Gedanken ausprobiert, um ihn dann beiseite zu legen. Solche Vorstellungen nämlich, denen Wittgenstein nachspürt, zeigen in dieser Bewegung ihre Fragwürdigkeit auf, bzw. grundsätzlich ihr Funktionieren, das somit etwas von der Arbeitsweise der Sprache zu erkennen gibt. Man probiert aus, wie sich ein Gedanke entwickeln lässt. Dabei zeigt sich einiges – und das wäre dann bereits ein früher Sinn des noch nicht geborenen Sprachspiels, an das zwar weniger Derrida, sondern Lyotard anschließen wird, und zwar in politikphilosophischer Perspektive, die dann aus der politischen Philosophie eine *linguistische politische Philosophie* machen wird. Doch was bleibt bei Wittgenstein dann übrig:

„Willkürlichkeit des sprachlichen Ausdrucks: Könnte man sagen: Das Kind muss das Sprechen einer bestimmten Sprache zwar lernen, aber nicht das Denken, d.h., es würde von selber denken, auch ohne irgendeine Sprache zu lernen? Ich meine aber, wenn es denkt, so macht es sich eben Bilder und diese sind in einem gewissen Sinne willkürlich, insofern nämlich als andere Bilder denselben Dienst geleistet hätten."[2]

---

[1] Jacques Derrida, Grammatologie (1967), Frankfurt/M. 1983, 66
[2] Wittgenstein, Philosophische Bemerkungen (1929/30), 5, 53

Gewisse Bilder könnten all unser Denken und wahrscheinlich auch Sprechen begleiten. Doch wieweit prägen sie das Denken selbst bzw. wären gar das Denken? Wenn diese Bilder austauschbar sein sollten – und Assoziationen können ja in schneller Folge abwechseln – dann wäre das Denken allerdings sehr unbestimmt. Damit könnte sich Wittgenstein sicher nicht anfreunden. Doch ganz abwegig wäre das auch nicht. Umso mächtiger würde die Sprache um sich greifen.

Denkt man also etwas anderes als das, was man spricht? Aber was hat das dann noch zu bedeuten? Wo ist der Unterschied? Vielleicht in Vorstellungen, aber diese lassen sich dann nicht ausdrücken, oder werden zumindest nicht ausgedrückt. Nur was man sprachlich ausdrücken kann, das lässt sich differenzieren, also auch nur ein Denken, das sich sprachlich formuliert.

Es gibt offenbar eine Macht der Sprache gegenüber dem Denken: Das Denken lenkt nicht das Sprechen. Es muss sich in die sprachliche Hülle begeben, um selbst überhaupt Differenzen entwickeln zu können. Das Denken erscheint nur dann wirksam, wenn es sich sprachlich formuliert. Ein Bild ist auch nicht nur da und wirkt an sich. Es muss verstanden werden. Man kann von einem Anblick überwältigt sein; doch sofort folgt die Frage danach, was sich darin aussagt, eben sagt, also spricht. Nur in dieser sprachlichen Transformation wirkt das Bild im Sinne von Differenzen, von Spuren, entfaltet es Bestimmungen, avanciert seine Macht wie die Macht der Sprache, die eben Bild und Denken beherrscht, indem sie beiden erst die Differenzen beimengt.

Hier mögen nun manche Leute von der Ganzheit träumen: die Sprache verwoben in eine übergeordnete Einheit, von der sie nur kündet. In der Tat würde diese Ganzheit die Macht der Sprache reduzieren und sie an sich reißen: Das Ganze beherrsche den Menschen, nicht die Differenz. Das Ganze verleihe die Bedeutung. Doch es gibt keine Bedeutung ohne Differenz. Alles andere wäre unio mystica. Also um es salopp zu sagen, eine Illusion, die dem Rausch geschuldet ist: Das Ganze ist nur ein Wort und der Sprache ausgeliefert: Es hat nur Sinn als Einheit gegenüber anderem, also auf der Grundlage der Differenz. Das andere Ganze ist kein Wort, keine Differenz, kein Gedanke – eventuell ein Bild, doch nur ein diffuses, dem man nicht mal Unschärfe attestieren könnte. Denn was stellt man sich vor, wenn man an das Ganze denkt? An das Universum? Und dabei an wie viele Sterne? Und wie viele schwarze Löcher? Das sprachlose Ganze, das Unsagbare besitzt doch keine Macht. Es ruft in keine Ordnung, sowenig wie es sie vorgibt, ja auch gerade nicht in das Chaos, das der Mensch nach Nietzsche benötigt um einen neuen Stern zu gebären. Die Mystik denkt da allerdings anders.

Sprache und Denken sind unzertrennlich – das ist vielleicht die einzige Ganzheit, von der zu reden Sinn macht. Wittgenstein schreibt an derselben Stelle weiter:

„Und andererseits ist ja die Sprache auch natürlich entstanden, d.h., es muss wohl einen ersten Menschen gegeben haben, der einen bestimmten Gedanken zum ersten Mal in gesprochenen Worten ausgedrückt hat. Und übrigens ist das Ganze gleichgültig, weil jedes Kind, das die Sprache lernt, sie nur in dieser Weise lernt, dass es anfängt in ihr zu denken. Plötzlich anfängt; ich meine: Es gibt kein Vorstadium, in welchem das Kind die Sprache zwar schon gebraucht, sozusagen zur Verständigung gebraucht, aber noch nicht in ihr denkt."[1]

Über den Anfang der Sprache macht sich Wittgenstein keine besonderen Gedanken. Es müsste wohl einen Anfang gegeben haben. Sonst würde heute schlechterdings nicht gesprochen: Man kann nicht immer schon sprechen, dann würde heute nie gesprochen – ein Paradox

---

[1] Wittgenstein, Philosophische Bemerkungen (1929/30), 5, 53

der Unendlichkeit. Doch fällt der Anfang des Sprechens aus dem Bereich dessen hinaus, was wir heute als Erfahrungshorizont haben. Insofern bleiben beide Gedankengänge gleich gültig. Denken und Sprechen lassen sich nur sehr schwer und höchstens indirekt differenzieren. Jedenfalls kann man das Denken nicht ohne das Sprechen vorführen, sowenig wie es eine sprachlose Welt oder Wirklichkeit gäbe. Ich sagte schon: die Macht der Sprache über das Denken. Doch sie dehnt sich mächtig aus, über Welt und Wirklichkeit und konstituiert dadurch die Politik – was sich ähnlich, wiewohl anders auch Aristoteles vorstellte.

Trotzdem hat dem nicht erst jüngst Noam Chomsky widersprochen. Denn die Strukturen des Sprechens und des Denkens entsprechen sich keineswegs und das meiste, was gedacht wird, wird beispielsweise nicht sprachlich externalisiert. So insistiert Chomsky auf einer These des Aristoteles, die er allerdings etwas modifiziert: Der Laut hat nicht eine Bedeutung, sondern die Bedeutung hat einen Laut. Dementsprechend schreibt er: „Aber die fundamentalen Eigenschaften des Bauplans der Sprache deuten darauf hin, dass eine reiche Tradition im Recht ist, wenn sie Sprache im Wesentlichen als ein Werkzeug des Denkens betrachtet." [1]

Zwar kann man sich ein Sprechen in allen seinen Dimensionen auch nicht ohne Denken vorstellen. Ansonsten wäre das Sprechen kein Sprechen. Tiere sprechen nun mal so wenig, wie sie denken. Das gilt auch für Computer und Roboter, die selbst dann weder denken noch sprechen, wenn sie offensichtlich sprechen und dabei auch etwas zu denken scheinen – mögen sie auch immer schneller rechnen und ihre Schöpfer dabei in den Schatten stellen. Denken erweist sich also als unabdingbar zum Sprechen und vielleicht wird Chomsky Recht behalten.

---

[1] Noam Chomsky, Was für Lebewesen sind wir? Berlin 2016, 59

Trotzdem lässt sich wenig von der Macht des Denkens über die Sprache zeigen, jedenfalls nicht im reinen Denken. Man könnte hier zu Ausdrücken neigen wie das Noumenon Kants oder die Entscheidung Kierkegaards. Doch wie sagte Heidegger: „Die Sprache spricht." [1] Jede Form, das Gedachte verständlich zu machen, setzt Sprache voraus, findet nur sprachlich statt, geht gar mit Heidegger von der Sprache selbst aus, mag das Denken auch primär sein. Die Sprache bleibt also grundsätzlich sozusagen unter sich und kann sich keiner Basis in einer anderen Instanz, eben im Denken versichern, selbst wenn sie sie haben sollte. Just deshalb kann man Sprechen auch nicht so lernen wie irgendeine andere Tätigkeit, eben durch eine bestimmte Form der Anleitung:

> „Das heißt aber, dass jede Art des Verständlichmachens einer Sprache schon eine Sprache voraussetzt. Und die Benützung der Sprache in einem gewissen Sinne nicht zu lehren ist. D.h. nicht durch die Sprache zu lehren, wie man etwa Klavierspielen durch die Sprache lernen kann. – D.h. ja nichts anderes als: Ich kann mit der Sprache nicht aus der Sprache heraus." [2]

Immer schon muss ich sprechen, wenn ich das Sprechen lernen will, auch wenn das irgendwann angefangen haben muss. Ich lerne eine Fremdsprache auch nur dadurch sprechen, dass ich sie spreche, nicht dadurch dass ich ihre Grammatik und ihre Vokabeln kenne. Ich lerne schwimmen, nur durch den Sprung in den Strom – so ein Bonmot Heideggers – nicht dadurch dass ich mir die Regeln merke. Wittgenstein verlängert hier die These, die im *Tractatus* anklingt und die in seinen späteren Werken eine zunehmende Dynamik gewinnt: Ich kann nur über das Sagbare mit der Sprache sprechen; ich kann

---

[1] Martin Heidegger, Die Sprache (1950); in: ders. Unterwegs zur Sprache, 7. Aufl. Pfullingen 1982, 20
[2] Wittgenstein, Philosophische Bemerkungen (1929/30), 6, 54

nicht ohne Sprache sprechen; ich kann mich mit der Sprache nicht aus der Sprache heraus begeben; letztlich es kann keine Metasprache geben – was aber im *Tractatus* noch so direkt nicht festgestellt wird. Allerdings – darauf hat Umberto Eco hingewiesen – gibt es Metasprache im fehlerhaften Zusammenspiel von Codes:

> „Behauptet man, es gebe überhaupt keine Metasprache, so verwechselt man die Theorie der Codes mit der Theorie der Zeichenerzeugung; empirische Subjekte können die Codes gerade deshalb metasprachlich verwenden, weil es keine Metasprache gibt: In einem selbstwidersprüchlichen Systeme ist nämlich alles Metasprache."[1]

Diese Dimension wird Wittgenstein auch später noch ausblenden. Macht die Sprache wirklich Fehler? Oder macht der Mensch Fehler? Bestraft ihn die Sprache dann wirklich? Dieser Gedanke hat etwas Hoffnungsfrohes – Lyotard wird sich in seiner politischen Philosophie darauf berufen – und doch besitzt dieser Gedanke einen theologischen Kern: Nichts auf der Welt, auch die Sprache, wird dem Menschen eine ausgleichende Gerechtigkeit zuteilwerden lassen.

Wie aber lernt der Mensch überhaupt Sprechen, wenn es ihm niemand erklären kann wie das Klavierspielen: Letztlich nur durch die Praxis des Sprechens selbst, eben durch das Sprechen, durch das Handeln, ohne Hilfe von außen. Die These, dass der Mensch aus der Sprache nicht heraus gelangen kann, entwickelt Wittgenstein vor allem im *Big Typescript*, das Anfang der dreißiger Jahre entsteht eben wie die *Philosophischen Bemerkungen* im Übergang zwischen der Phase des *Tractatus* zur Phase, als er sich eher mit grammatischen Fragen beschäftigte. Insofern beginnt das Werk bereits mit dem Problem des

---

[1] Umberto Eco, Semiotik – Entwurf einer Theorie der Zeichen (1976), München 1986, 402

Verstehens und der Bedeutung, kommt zum Thema Grammatik, aber endet noch mit der Logik und der Mathematik. Wittgenstein löste sich von der Logik-Auffassung des *Tractatus*, wollte aber noch ein systematisches Buch schreiben, das den Gliederungsprinzipien des *Tractatus* folgt. Andererseits versucht The *Big Typescript* ähnlich wie der späte Wittgenstein sich schlicht den einzelnen Phänomenen der Sprache zu nähern. Denn – wie es schon in den *Philosophischen Bemerkungen* anklingt – es ist nicht so einfach über die Sprache zu sprechen. Man kann sich die Sprache nicht von außen zum Gegenstand, zum Objekt machen – es sei denn, man betrügt sich darüber. In gewisser Hinsicht übernimmt bei Wittgenstein die Sprache die Rolle der Natur, denkt gerade auch der späte Wittgenstein nicht konstruktivistisch. In diesem Sinne stellt Wittgenstein im *Big Typescript* umso nachdrücklicher fest, dass man sich der Sprache nicht von außen nähern kann: „Die Erklärung einer Sprache (der Zeichen einer Sprache) führt uns nur von einer Sprache in eine andere."[1]

Man gelangt nicht zur äußeren Wirklichkeit als etwas Nichtsprachlichem, Materiellem beispielsweise. Damit insistiert Wittgenstein au fond darauf, dass es nichts Nichtsprachliches gibt, mit dem man sich vernünftig auseinander setzen könnte, was man verstehen könnte: Verstehen heißt immer Sprache verstehen, nicht eine andere äußere Welt. Wie das Denken drückt sich auch das äußerliche Nichtsprachliche, das wie auch immer Materille nur sprachlich aus und lässt sich nur sprachlich verstehen. Aber im Sinn des *Tractatus* besteht ja zwischen Sprache und Welt eine mystische Strukturidentität, die jedoch in den Dreißigern zunehmend aufbricht.

---

[1] Ludwig Wittgenstein, The Big Typescript (1933), Wiener Ausgabe Bd. 11, Wien, New York 2000, 3.4.1.14, 123

Selbstredend verbleibt daher auch der Spracherwerb immer innerhalb der Sprache. Wittgenstein schreibt im *Big Typescript*:

> „Man kann sich das Lernen einer Sprache in anderem Sinne aber analog dem Fingerhutsuchen vorstellen, wo die gewünschte Bewegung durch ‚heiß' ‚heiß', ‚kalt' ‚kalt' herbeigeführt wird. Man könnte sich denken, dass der Lehrende statt dieser Worte auf irgendeine Weise (etwa durch Mienen) angenehme oder unangenehme Empfindungen hervorruft, und der Lernende nun dazu gebracht wird, die Bewegung auf den Befehl hin auszuführen, die regelmäßig von der angenehmen Empfindung begleitet wird (oder zu ihr führt)."[1]

Auch Sprache lernt man durch Eingewöhnung, durch Erfolg und Misserfolg, allemal innerhalb der Sprache, die allem Handeln Sinn und Bedeutung verleiht, es überhaupt erst zum Handeln erhebt – Hunde handeln nicht – so dass man im Anschluss an Wittgenstein eben vom Sprechakt reden kann. Wittgenstein bildet hier, wie er selbst sagt, nur eine Analogie. Man darf daher diesen Vergleich mit dem Befehl, dem Erfolg und dem guten Gefühl nicht zu eng fassen. Man kann es sich so vorstellen, wie derart beschrieben. Es wäre eine mögliche Interpretation dieses Lernens. Aber es ist natürlich nicht genau dieser Prozess, sondern hat dazu höchstens gewisse Ähnlichkeiten. Denn dieser Prozess des Lernens entzieht sich letztlich unserer genauen Einsichtnahme, da wir immer schon in ihm drin und ihm ausgeliefert sind – auch wenn dergleichen nicht ohne Anfang sein kann. Doch im Spracherwerb zeigt sich in diesem Sinne wiederum die Sprache als Macht, als menschen- und weltbildende Kraft. Man kann sich höchstens betrügen, wenn man meint, diesen Spracherwerb wirklich von außen steuern und gestalten zu können.

---

[1] Ebd., 3.230.6.1, 124

Genauso wenig vermag die Sprache – das stellt Wittgenstein in den *Philosophischen Bemerkungen* fest – die Evidenz aufzuheben. Sie verbleibt in ihrem Horizont. Doch sie formuliert sie: Beide gehören zusammen und damit braucht auch die Evidenz die Sprache: „Man kann nicht die Möglichkeit der Evidenz mit der Sprache überschreiten."[1] Die Macht der Sprache bleibt also auch im Hinblick auf die Evidenz bestehen: Was Evidenz besitzt, beeindruckt den Menschen. Hier scheint gar keine Gewalt, sondern nur die Macht des Faktischen vorzuliegen, eben jene Objektivität oder wahre Erkenntnis, die den Menschen zu recht zu beherrschen scheint. Aber ohne Sprache gibt es denn doch keine Evidenz. Die Macht des Evidenten muss sich zumindest mit der Sprache verbünden.

So eröffnen sich hier zwei Perspektiven, die Richard Rorty folgendermaßen vorführen wird:

> „Können wir die Untersuchung ‚der Natur der menschlichen Erkenntnis' als eine Untersuchung gewisser menschlicher Interaktionsweisen betrachten, oder bedarf sie eines ontologischen Fundaments (. . .)? Sollen wir ‚S weiß, dass p' (. . .) als eine Äußerung über den Status der Verlautbarungen des S bei seinesgleichen betrachten, oder als eine Äußerung über die Relation zwischen Subjekt und Objekt, der Natur und ihrem Spiegel? Zwischen diesen Ansätzen zu wählen bedeutet, zwischen Wahrheit als ‚Was zu glauben gut für uns ist' und Wahrheit als ‚Kontakt mit der Wirklichkeit' die Wahl zu treffen. [2]

---

[1] Wittgenstein, Philosophische Bemerkungen (1929/30), 7, 55
[2] Richard Rorty, Der Spiegel der Natur – Eine Kritik der Philosophie (1979, Frankfurt/M. 1987, 196

4. Vorlesung
DIE FRAGWÜRDIG WERDENDE IDENTITÄT VON SPRACHE UND WIRKLICHKEIT

Wie aber kann man nun Sprache verstehen, wenn man immer im sprachlichen Zirkel verbleibt, also aus der Sprache nicht heraustreten kann, sich beim Erwerb sowenig wie beim Verstehen auf etwas Nichtsprachliches berufen kann? Wittgenstein orientiert sich pragmatisch, und somit auch nicht ganz ohne Rekurs auf ein Anderes der Sprache, das der Sprache offenbar Sinn und Bedeutung verleihen soll, was ihr aus eigener Kraft letztlich doch irgendwie mangelt:

> „Die Sprache muss von der Mannigfaltigkeit eines Stellwerks sein, das die Handlungen veranlasst, die ihren Sätzen entsprechen. Merkwürdigerweise hat das Problem des *Verstehens* der Sprache mit dem Problem des Willens zu tun. Einen Befehl zu verstehen, noch ehe man ihn ausführt, hat eine Verwandtschaft damit, eine Handlung zu wollen, ehe man sie ausführt."[1]

Sprache soll zum Handeln führen, wenn Sprechen nicht sogar selbst bereits als Handeln fungiert. Dergleichen gilt es zu verstehen. Sonst wäre nicht klar, was Handeln überhaupt ist. Als Beispiel dient Wittgenstein der Befehl, ein nicht unproblematischer Vergleich, der nicht nur dem Zeitgeist sondern auch der Schwierigkeit ge-

---

[1] Wittgenstein, Philosophische Bemerkungen (1929/30), 13, 58

schuldet ist, das Handeln überhaupt als solches zu verstehen. Aber Denken oder Verstehen geht jeglichem Verhalten voraus. Hier erscheint Wittgenstein eine ähnliche Einschätzung zu haben wie Chomsky. Dabei ist Wittgenstein indes 1930 nicht klar, was ihm ob seiner Kriegserfahrung hätte klar sein müssen, dass seit der Einführung des Drills bei Militär etwa um 1800 herum Befehle gar nicht mehr verstanden werden müssen. Das beschreibt Foucault:

„Das Verhältnis des Zuchtmeisters zum Zögling läuft über Signale: es geht nicht um das Verstehen des Befehls, sondern um die Wahrnehmung des Signals und die alsbaldige Reaktion darauf entsprechend einem vorgegebenen Code. Die Körper befinden sich in einer kleinen Welt von Signalen, denen jeweils eine einzige obligatorische Antwort zugeordnet ist: es handelt sich um eine Dressurtechnik, die ‚despotisch die winzigste Vorstellung und das geringste Murmeln ausschließt‘; der disziplinierte Soldat ‚beginnt zu gehorchen, was immer man befiehlt, (. . .)‘"[1]

Sprache kann auch fast gar nichts mit Verstehen, Denken oder dem Willen zu tun haben, sondern nur mit Reiz-Reaktions-Schematismen, wie sie sich im Zeitalter der Informatisierung nicht zuletzt durch die Beschleunigung von Informationsvorgängen verbreiten. Man denke nur an die Daumenbewegung auf dem Touchscreen des sogenannten smarten Telefons.

---

[1] Michel Foucault, Überwachen und Strafen – Die Geburt des Gefängnisses (1975), Frankfurt/M. 1977, 214

4.1. Sinn und Bedeutung aus Absicht und Zweck: die Macht der Sprache

Selbst Kant gibt zu, dass der Begriff des Willens auf Metaphysisches rekurriert. Man unterstellt etwas, was sich in der Erfahrungswelt in dieser Form nicht zeigt, eben der Wille. Nun hat sich aber in der angelsächsischen Welt die Willens- und Entscheidungsmetaphysik bis heute als sehr populär erhalten. In Deutschland entsteht angesichts von Leuten wie Carl Schmitt daran häufiger mal ein Zweifel. Wittgenstein vergleicht hier denn auch den Willen mit dem Befolgen eines Befehls. Letzteres lässt sich beobachten, während man noch so lange zuschauen kann, ohne dass man zu sehen vermag, wie aus dem Wollen einer Handlung letztlich die Handlung folgt, also den Willen bzw. wie dieser arbeitet. Dergleichen moniert längst Nietzsche:

> Die Handlungen sind *niemals* Das, als was sie uns erscheinen! Wir haben so viel Mühe gehabt, zu lernen, dass die äusseren Dinge nicht so sind, wie sie uns erscheinen, nun wohlan! Mit der inneren Welt steht es ebenso! Die moralischen Handlungen sind in Wahrheit ,etwas Anderes', – mehr können wir nicht sagen: und alle Handlungen sind wesentlich unbekannt. Das Gegenteil war und ist der allgemeine Glaube: wir haben den ältesten Realismus gegen uns; bis jetzt dachte die Menschheit; ,eine Handlung ist das, als was sie uns erscheint'.“[1]

---

[1] Friedrich Nietzsche, Morgenröte (1880-81), Kritische Studienausgabe (KSA) Bd. 3, München u.a.O. 1999; 116

Wittgenstein beschränkt sich denn auch nicht auf den Willen, sondern greift auch auf teleologische Vorstellungen zurück. Sprechakttheoretisch verfolgt man mit den meisten sprachlichen Äußerungen bestimmte Zwecke, man handelt, genauer man sprechhandelt. Derart erklärt Wittgenstein die Verstehensmöglichkeit von Sprache teleologisch und somit doch durch etwas Äußeres: „Man kann sagen: Der Sinn eines Satzes ist sein Zweck. (Oder von einem Wort ‚its meaning is its purpose.')"[1] Aber lassen wir mal die Unterstellung beiseite, hier würde sich eine bestimmte Metaphysik einschleichen, die Wittgenstein übersieht. Bleiben wir in der Sprache. Man versteht Wille und Zweck im Sinne von Hervorbringung, von Zielgerichtetheit. Sinn und Bedeutung präsentieren sich als Zweck und Absicht. Man könnte hier unterstellen, dass Bedeutung also schlicht hervorgebracht wird, sprachlich generiert wird. Denn wir sind letztlich sprachlich immer dabei etwas zu äußern, nach außen zu bringen, laut werden zu lassen und just darin entsteht Sinn und Bedeutung. Beide liegen also nicht vor, sondern entstehen im Sprechakt. Derart schöpfen sich Sinn und Bedeutung, indem eine Welt sprachlich Gestalt gewinnt, entspringen sie einer mächtigen Generierung der Welt durch die Sprache.

Hierbei spielen Intention und Bild zusammen, gehören zusammen, hören aufeinander und doch zeigt sich, dass sich die Bedeutung primär der Intention verdankt, die auch das Bild erfasst:

> „Wie ist das Bild gemeint? Die Intention liegt nie im Bild selbst, denn wie immer das Bild geschaffen ist, immer kann es auf verschiedene Weise gemeint sein. Das sagt aber nicht, dass, wie das Bild gemeint ist, sich erst zeigen wird, wenn eine bestimmte Reaktion eingetreten sein wird, denn die Intention drückt sich schon

---

[1] Wittgenstein, Philosophische Bemerkungen (1929/30), 15, 60

jetzt darin aus, wie ich das Bild *jetzt* mit der Wirklichkeit vergleiche."[1]

Bild und Intention gehören zusammen und sind doch nicht einfach auseinander ableitbar. Auch Sätze können verschiedenen gemeint sein und dann auch noch anders verstanden werden. Und doch enthalten sie immer schon eine Intention. Man könnte sagen, dass es Bildern wie Sätzen wesentlich ist, dass sie etwas intendieren. In dieser Kraft aber steckt ihre Sinn und Bedeutung verleihende Perspektive, wie umgekehrt ihr Sinn und ihre Bedeutung eng mit dem zusammenhängt, was oder insoweit sie etwas intendieren. Nur ist das offenbar nicht schlicht festgelegt. Man könnte also festhalten, dass Sprache Bedeutung durch ihren intentionalen Charakter entwirft, hinter dem ein Mensch in bestimmter Situation steht. Nur, dass dieser auch nicht mehr hergibt als ein sprachliches Phänomen. Seine Intention gibt der Sprache semantisches Gewicht. Trotzdem verbleibt die Semantik in der Sprache während sie sich in der Intention verdunkelt.

Wittgenstein vergleicht diese Vorgänge auch mit dem Wunsch:

„Wenn ich wünsche, dass p der Fall ist, so ist ja nicht p der Fall und in dem Sachverhalt des Wünschens muss p vertreten sein, wie ja im Ausdruck des Wunsches. Auf die Frage ‚Worauf ist p eine Anweisung?' bleibt mir nichts übrig, als es zu *sagen*, d.h., ein weiteres Zeichen zu geben."[2]

Die Bedeutung von P hat keinen Umweltreferenten. Denn P ist ja im Wunsch gerade nicht der Fall. P steht für etwas Gewünschtes, vertritt etwas, das der Fall sein soll. Man kann es eigentlich nur wiederholen, wenn danach gefragt wird. Und doch bleibt ein Rest der Differenz. Wittgenstein schreibt weiter:

---

[1] Ebd., 24, 65
[2] Ebd., 26.66

„Aber kann man nicht dadurch eine Anweisung geben, dass man eine Handlung vormacht? Gewiss; und nun muss man dem Andern mitteilen ‚jetzt mache es nach'. Man hat vielleicht auch hierfür schon Beispiele gehabt, aber dann muss man ihm sagen, dass jetzt das geschehen soll, was früher geschehen ist. Das heißt doch: Einmal kommt der Sprung vom Zeichen zum Bezeichneten."[1]

Hier klingt denn zuletzt wieder der *Tractatus* durch. Als gäbe es etwas Vorliegendes, das nicht sprachlich wäre, bzw. nicht in der Sprach versammelt wäre. Doch man kann dergleichen auch rein sprachlich interpretieren. Auch das Bezeichnete ist Sprache. Erst die Sprache lässt es vorliegen, indem sie es als solches bezeichnet. Doch es kommt bei der Bedeutung darauf an, dass irgendwann wirklich bedeutet wird, dass die Anweisung gegeben wird, dass der Wunsch in Erfüllung geht. Der Übergang vom Zeichen zum Bezeichneten ist das Bezeichnen, das wirklich stattfindet. Bedeutung und Sinn brauchen diese Generierung, die eben in Wunsch, Intention, Wille und Zweck sich formuliert, also im Vorgang des Sprechens selbst. Doch die Angelegenheit purer betrachtet, dann geht es um das Bedeuten, um einen Akt der Sinnstiftung im Vorgang des Sprechens, der sich darin aber doch nicht erschöpft, der auch immer über sich selbst hinaus weist, eben eine anscheinend nichtsprachliche Welt generiert wie umgekehrt sich in ihr zurecht findet oder materialistischer an diese nichtsprachliche Welt anknüpft, an das was mit der Sprache nicht gemein ist, wenn es überhaupt so etwas gibt. Die Macht, die Gewalt oder schlichter die Intention der Sprache heißt Bedeuten! Oder noch schlichter: der Vorgang des Sprechens bedeutet, tut etwas, wirkt auf anderes und je nach Kontext entfaltet sich dadurch Macht selbstredend auf der mikrologischen Ebene, mit

---

[1] Wittgenstein, Philosophische Bemerkungen (1929/30), 26, 66

der sich auch Foucault beschäftigt. Oder Wittgenstein formuliert es an anderer Stelle eher technisch, wie im Bedeutung Verleihen gleichzeitig ein deskriptiver und ein normativer Anspruch stecken, die sich gegenseitig zu entfalten helfen: „Jede Vorschrift kann als Beschreibung, jede Beschreibung als Vorschrift aufgefasst werden.“[1] Wie führt doch John Austin 1962 den Begriff der Performanz ein:

> „Wenn ich vor dem Standesbeamten oder am Altar sage ‚Ja’, dann berichte ich nicht, dass ich die Ehe schließe; ich schließe sie. Wie sollen wir Sätze oder Äußerungen dieser Art nennen? Ich schlage als Namen ‚performativer Satz‘ oder ‚performative Äußerung‘ vor.“[2]

4.2. Das fragwürdige Verhältnis von Sprache und Wirklichkeit

Etwas bedeutet aber nichts, wenn es nicht verstanden wird. Sprache ist keine, wenn ich sie nur alleine verstehe – Wittgensteins Privatsprachenargument, eben dass Privatsprache keine Sprache ist. Also braucht das Bedeuten, das Beabsichtigen, das Bewerten den anderen Menschen, dem nur dadurch etwas bedeutet werden kann, dass er die Bedeutung, die Absicht, die Bewertung auch versteht. Bedeuten und Verstehen – die sprachphilosophische und die hermeneutische Perspektive – spielen hier zusammen, bedingen einander bzw. sind ohne einander nicht möglich. Sie entwerfen zusammen die linguistische politische Philosophie.

---

[1] Ebd., 14,59
[2] John Langshaw Austin, Zur Theorie der Sprechakte (How to do things with Words (1962), Stuttgart 1972, 27

Trotzdem bleibt dieses Zusammenspiel ein weiterer Hort für Differenzen, Missverständnisse, Konflikte: „Wenn ich eine Aufforderung verstehe und ihr nicht Folge leiste, so kann das Verstehen nur in einem Vorgang bestehen, der die Ausführung *vertritt*, also in einem *anderen* Vorgang als dem der Ausführung."[1]

Zunächst aber muss man doch unterscheiden zwischen dem Verstehen und dem Folgeleisten. Behavioristisch allerdings gibt es hier keinen Unterschied. Nichtfolgeleisten als Vorgang betrachtet – beispielsweise ich verharre und bewege mich nicht – unterliegt aber dem Verdacht, dass ich die Aufforderung entweder überhört oder ihren Sinn nicht verstanden haben könnte. Es könnte auch heißen, dass ich noch überlege, ob ich der Aufforderung wirklich Folge leisten soll. Auf jeden Fall zeigt sich hier das Problem, dass das Bedeuten das Verstehen braucht und von diesem auch abhängig ist. Denn eine Aufforderung, die ich ignoriere, verliert auch etwas an bedeutender Kraft. Natürlich kann sie durch eine demonstrative Weigerung diese indirekt trotzdem erhalten wie im Beispiel aus der Sprechakttheorie: „Karl Otto, spring nicht an den Kronleuchter!' Klirr". Oder hat Karl-Otto die Nachricht zu spät erreicht? Oder hört er Walkman und die Mutter weiß das nicht? Wenn ich aber letztlich so tue, als hätte ich sie gar nicht gehört – wenn doch ziemlich evident ist, dass ich sie gehört haben muss – raubt das der Aufforderung an Bedeutung.

Ein solches Problem taucht auch dort auf, wo es darum geht, dass man auf ein Ereignis wartet, obgleich es hier nur um ein Selbstverstehen geht. Trotzdem muss ich irgendwie feststellen, ob denn nun wirklich das Ereignis eingetreten ist, auf das ich gewartet habe:

„Wenn ich ein Ereignis erwarte, und es kommt dasjenige, welches meine Erwartung erfüllt; hat es dann einen

---

[1] Wittgenstein, Philosophische Bemerkungen (1929/30), 27, 66

Sinn zu fragen, ob das wirklich das Ereignis ist, welches ich erwartet habe? D.h., wie würde ein Satz, der das behauptet, verifiziert werden? Es ist klar, dass die *einzige* Quelle meines Wissens hier der Vergleich des *Ausdrucks* meiner Erwartung mit dem eingetroffenen Ereignis ist."[1]

Hier gibt es für Wittgenstein offenbar einen Automatismus. Ich erwarte ein Ereignis. Tritt es ein, dann ist mir das evident: Ich verstehe das Ereignis und ich sehe es gleichzeitig. Nichtsdestotrotz gibt es Fälle des Zweifels. Letztlich verleiht meine Erwartung dem Ereignis seinen Sinn als Ereignis. Wenn es die Erwartung erfüllt, dann ist es das erwartete Ereignis, sonst schlicht nicht. Es ist evident, wird also gleichzeitig gesehen und verstanden – nennen wir das eine hermeneutisch aufgepäppelte Phänomenologie. Habe ich Kriterien, nach denen ich dergleichen noch zusätzlich überprüfen könnte? Wittgenstein meint offenbar "Nein":

> „Das Ereignis, das die Erwartung ersetzt, beantwortet sie; d.h., im Ersetzen besteht die Beantwortung, es kann also keine Frage geben, ob das nun wirklich die Antwort ist. Eine solche Frage hieße, den *Sinn* eines Satzes in Frage stellen."[2]

Wir sind hier unversehens wieder in die Problematik des Verhältnisses von sprachlicher und nichtsprachlicher Welt geraten: Ein äußeres Ereignis, das ja eigentlich zumindest so aussieht, als wäre es keine Sprache oder müsste keine sein, nehmen wir eine Sonnenfinsternis, soll natürlich sprachlich formulierte, nicht nur gedankliche Erwartungen erfüllen: Auch hier gilt für Wittgenstein, dass es keine rein gedanklichen Erwartungen geben kann, die nicht in Wort gefasst sind. Sonst habe ich eben nur das dumpfe Gefühl einer dunklen Erwartung. Um

---

[1] Ebd., 16, 60
[2] Ebd., 29,68

eine Sonnenfinsternis erwarten zu können, muss ich einiges an Astrophysik wissen. Doch selbst wenn ich nur die Dunkelheit bemerke, muss ich diese als solche bemerken, also ihrer bewusst sein, sie also in Sprache gefasst haben. Und nur wenn ich eine Erwartung habe, dass es während des Tages nicht plötzlich dunkel werden kann, ich also schon einiges wissen muss, dann würde mich eine Sonnenfinsternis erschrecken, von der ich bis dahin nichts weiß. Sonnenfinsternis als Ereignis ist folglich kein natürlicher Vorgang, sondern ergibt sich aus den Kenntnissen und Lebensweisen der Menschen.

Einerseits rekurriert Sprache auf die Evidenz der äußeren Welt. Doch wenn ich dieser nachgehen möchte, verfließt sie und scheint wiederum in der Sprache, im Verstehen, in der Erinnerung gar aufzugehen. Wittgenstein bemerkt im *Big Typescript*:

> „Vielleicht ist die eigentliche Schwierigkeit die: dass ich das Wort ‚rot‘ erkläre, indem ich auf etwas Rotes zeige und sage ‚das ist rot‘, während doch dieses Rote später meinem Blick entschwindet. Und nun scheinbar etwas Anderes an seine Stelle tritt (die Erinnerung oder wie man es heißen mag)“[1]

Aber wenn ich von einem roten Auto spreche, habe ich dann das immer vor meinem inneren Auge? Kann ich nicht einfach Worte sprechen, ohne deren Bezüge im Geiste zu sehen? Und selbst wenn da immer etwas erscheinen würde, hat das für die Verwendung des Wortes, für mein Bedeuten und das Verstehen anderer eine weitergehende Bedeutung? Nichts tritt offenbar dazu! Auch die Wirklichkeit erhöht nicht die Relevanz meiner Rede. Ob im Hintergrund des Fernsehstudios sich der Blick auf den Berliner Reichstag öffnet oder ob der Moderator nur über den Reichstag redet, ohne dass man ihn sieht, verleiht seiner Rede doch nicht mehr oder weniger Bedeu-

---

[1] Wittgenstein, The Big Typescript (1933), 3.132.2.1, 125

tung. Das Bedeuten wie das Verstehen, beide werden offenbar schwieriger und lassen sich nicht mehr im Rahmen einer simplen Abbildtheorie wie noch im *Tractatus* entwerfen. Wittgenstein kehrt sich schon in den *Philosophischen Bemerkungen* langsam davon ab:

> „Die Übereinstimmung von Satz und Wirklichkeit ist der Übereinstimmung zwischen Bild und Abgebildetem nur so weit ähnlich wie der Übereinstimmung zwischen einem Erinnerungsbild und dem gegenwärtigen Gegenstand."[1]

Wittgenstein beginnt die Abbildtheorie aufzugeben. Satz und Wirklichkeit stehen nicht mehr selbstverständlich im selben Verhältnis zueinander wie Bild und Abgebildetes. Sie stützen sich nicht mehr einfach gemeinsam auf dieselbe logische Struktur. Selbst die Repräsentanz von Gegenständen in der Realität durch die Worte funktioniert nicht mehr mit derselben Selbstverständlichkeit. Diese ganzen Relationen werden komplizierter. Denn das Erinnerungsbild erweist sich prinzipiell als etwas anderes, als etwas Verfremdetes als der Gegenstand. Längst ist nicht mehr klar, ob hier noch dieselbe Logik gilt, jedenfalls nicht in selbstverständlicher Identität. Vor allem aber lässt sich überhaupt in Frage stellen, was denn das Erinnerungsbild ist: Was ist eine Erinnerung? Ist eine Erinnerung immer ein Bild? Oder gäbe es Erinnerungen auch ohne Bild? Wie wäre das beispielsweise bei einem von Geburt an Blinden?

Ernst Cassirer, der sich in seinem Werk intensiv mit der Symbolik auseinandersetzt, kommt bereits 1923 zu einer ähnlichen Einschätzung, wie sie Wittgenstein in den Dreißigern entwickelt. Cassirer schreibt:

> „Dies gilt für die Kunst, wie es für die Erkenntnis gilt; für den Mythos wie für die Religion. Sie alle leben in eigentümlichen Bildwelten, in denen sich nicht ein em-

---

[1] Wittgenstein, Philosophische Bemerkungen (1929/30), 19,62

pirisch Gegebenes einfach widerspiegelt, sondern die sie vielmehr nach einem selbständigen Prinzip hervorbringen. Und so schafft auch jede von ihnen sich eigene symbolische Gestaltungen, (. . .). Keine dieser Gestaltungen geht schlechthin in der anderen auf oder lässt sich aus der anderen ableiten, sondern jede von ihnen bezeichnet eine bestimmte geistige Auffassungsweise und konstituiert in ihr und durch sie zugleich eine eigene Seite des ‚Wirklichen'."[1]

4.3. Die der Wirklichkeit geschuldete Macht der Sprache und die der Sprache geschuldete Wirklichkeit

Nur wenn man unterstellt, es gäbe eine nichtsprachliche Welt, die der Sprache Strukturen vorgibt und die die Sprache mehr oder weniger gut abbildet, dann entsteht nicht das Problem, das indes Nominalismus und mittelalterlicher Realismus eint, dass die Sprache entweder vor- oder nachträglich auf die Welt einwirkt und diese prägt, so dass aber dann auch ein Überprüfungskriterium an der Wirklichkeit fragwürdig oder zumindest schwach wird. In der Perspektive des mittelalterlichen Realismus betrachtet präsentiert sich das Wort als Urbild und der materielle Gegenstand nur als verfremdetes Abbild. Nominalistisch erweist sich das Wort als Symbol der Wirklichkeit, das dieser erst Sinn und Zusammenhang verleiht. Also in beiden Fällen wird die Realität au fond durch die Sprache erst geschaffen. Das gilt selbst noch für solche hartgesottenen Nominalisten wie Max Weber. Sein

---

[1] Ernst Cassirer, Philosophie der Symbolischen Formen – Erster Teil – Die Sprache (1923), GW Bd. 11, Hamburg 2001, 14

Idealtypus als wissenschaftlicher Begriff entspricht nicht der Wirklichkeit, verleiht dieser aber erst ein Gesicht:

> „Für die Forschung will der idealtypische Begriff das Zurechnungsurteil schulen: er ist keine ‚Hypothese‘, aber er will der Hypothesenbildung die Richtung weisen. Er ist nicht eine Darstellung des Wirklichen, aber er will der Darstellung eindeutige Ausdrucksmittel verleihen. [1]

Somit trennen sich nach Weber Begriff und Wirklichkeit, womit er die Entwicklung der Sprachphilosophie im 20. Jahrhundert antizipiert – mit einer avancierten Einschätzung. Ähnlich bleibt das Verhältnis auch für Wittgenstein problematisch. Daher – und dagegen ist ja nicht viel einzuwenden, auch nicht gegenüber der Position des *Tractatus* – muss man immer wieder erneut nach diesem Verhältnis fragen. Kann man es überhaupt auf einer allgemeinen Ebene klären? Ist nicht die Idee der Allgemeinheit – das Problem der Universalien – längst fragwürdig geworden und muss durch den genauen Blick in den Sachverhalt ersetzt werden? Behielte hier der *Tractatus* doch nicht irgendwie Recht?

Wittgenstein stellt jedenfalls grundsätzlich weiterhin fest: „Die Erinnerung und die Wirklichkeit müssen in *einem* Raum sein. Ich kann auch sagen: Die Vorstellung und die Wirklichkeit sind in *einem* Raum.“[2]

Wie weit kann man sie wirklich auseinander halten? Jetzt befinden sie sich jedenfalls nicht mehr in einer notwendig identitären logischen Struktur. Langsam beginnt das Wort die Wirklichkeit nicht mehr abzubilden. Sie befinden sich nur noch im selben Raum. Das gilt auch für das Symbol, das ja besagter Weise das Eine für etwas

---

[1] Max Weber, Die ‚Objektivität‘ sozialwissenschaftlicher und sozialpolitischer Erkenntnis (1904), Aufsätze zur Wissenschaftslehre, Tübingen 1973, 190
[2] Wittgenstein, Philosophische Bemerkungen (1929/30), 38,72

Anderes setzt, also den Apfel der Eva für die Erkenntnis und damit verbunden den Ausgang aus dem Paradies. Wittgenstein will sich mit solcher Stellvertretung nicht mehr zufrieden geben. Auch hier – so könnte man mutmaßen – fehlt denn das Bindeglied: die Kraft des Bedeutens. So greift Wittgenstein nach einer Ergänzung:

> „Vielleicht muss man sagen, dass der Ausdruck ‚Interpretation von Symbolen' irreführend ist und man sollte statt dessen sagen ‚der Gebrauch von Symbolen'. Denn ‚Interpretation' klingt so, als würde man nun dem Wort ‚rot' die Farbe Rot zuordnen (wenn sie gar nicht da ist) usw. Und es entsteht wieder die Frage: Was ist der Zusammenhang zwischen Zeichen und Welt? Könnte ich nach etwas suchen, wenn nicht der Raum da wäre, worin ich es suche?! Wo knüpft das Zeichen an die Welt an?"[1]

Symbole stellen nicht einfach etwas dar, einen bestimmten Zusammenhang. Sie erzeugen ihn dadurch, dass sie gebildet werden, dadurch dass sie gebraucht werden. So bezeichnet Cassirer denn auch „den Menschen nicht als *animal rationale*, sondern als *animal symbolicum*".[2]

Im Gebrauch von Sprache, im Gebrauch von Symbolen entsteht für Wittgenstein hier noch nicht einfach die Welt. Dieser Zusammenhang ist ja auch nicht so einfach. Für Wittgenstein tritt an die Stelle des logischen Zusammenhangs aus dem *Tractatus* jetzt der Raum, in dem sich Sprache und Welt gemeinsam vorfinden. Dort könnte das Zeichen an die Welt anknüpfen. Doch damit ist die genaue Frage nach diesem Zusammenhang natürlich noch längst nicht gelöst: Wo treffen sich das Zeichen Rot und die Farbe Rot? Offenbar braucht man die Farbe für das

---

[1] Wittgenstein, Philosophische Bemerkungen (1929/30), 32, 70
[2] Ernst Cassirer, Versuch über den Menschen (1944), Hamburg 1996, 51

Zeichen nicht. Ich kann „rot" schreiben und es verwundert eher und zählt als eine Form der Didaktik, wenn ich das mit roter Tinte oder Kreide täte. Das ist au fond überflüssig. Rot kann ich auch in Weiß darstellen. Vielleicht ist das aber gerade deshalb möglich, weil sich Sprache und Welt im selben Raum befinden. Oder man könnte es auch anders formulieren: Sprache und Welt sind doch zwei Seiten einer und derselben Medaille, vielleicht nicht mal zwei verschiedene: Man denke an die Materialität des Zeichens. Vielleicht ist diese nicht so unwichtig, wie es Philosophie und Wissenschaft lange unterstellten.

> „Immer wieder ist es der Versuch, die Welt in der Sprache abzugrenzen und hervorzuheben – was aber nicht geht. Die Selbstverständlichkeit der Welt drückt sich eben darin aus, dass die Sprache nur sie bedeutet und nur sie bedeuten kann. Denn, da die Sprache die Art ihres Bedeutens erst von ihrer Bedeutung, von der Welt erhält, so ist keine Sprache denkbar, die nicht die Welt darstellt."[1]

Welt und Sprache gehören offenbar zusammen und befördern sich gegenseitig. Man könnte schließlich auch sagen, dass die Welt der Sprache Bedeutung verliehe. Wenn es nichts gäbe, wohin das Zeichen weisen könnte, woher würde es dann seine hermeneutische, seine Bedeutung verleihende, seine Verständnis erzeugende Kraft nehmen? Verdankt sich der Welt die hermeneutische Macht der Sprache? Nur fragt sich natürlich sofort: Was ist die Welt anderes als Sprache, als Zeichen: Lassen wir das Problem hier weiter offen. Doch eines darf man festhalten: Sprache braucht die Welt, vielleicht nur deswegen weil sie sie erzeugt und insofern gilt der Satz Gadamers: „Wer Sprache hat, ‚hat' die Welt."[2] Auch Wittgenstein

---

[1] Wittgenstein, Philosophische Bemerkungen (1929/30), 47, 80

[2] Hans-Georg Gadamer, Wahrheit und Methode – Grundzüge einer philosophischen Hermeneutik (1960), 6. Aufl. Tübingen 1990, 457

erkennt diese Perspektive in den *Philosophischen Bemerkungen* an: „Ich werde jede Tatsache, deren Bestehen Voraussetzung für den Sinn eines Satzes ist, als *zur Sprache* gehörig rechnen."[1]

Wenn die Sprache ihre hermeneutische, also ihre Sinn und Bedeutung gebende Kraft von der Welt erhält, die Welt aber zur Sprache gehört, jedenfalls soweit sie sich aus Tatsachen generiert – und was soll positivistisch betrachtet die Welt anderes sein? – dann gebiert sie ihre Macht doch aus sich selbst: Sprache bestimmt, bedeutet, und das umso mehr, wenn sie sich auf Tatsachen bezieht, wenn sie sich auf die Welt bezieht: Das ist die Macht der Empirie und in gewisser Hinsicht auch die Verabschiedung der Theologie, des mittelalterlichen Realismus und dessen Wiederkehr als generativer Nominalismus oder im weiteren auch als Konstruktivismus, obgleich dieser bei Wittgenstein noch nicht so deutlich wird.

Die Sprache generiert und konstruiert die Welt und erhält aus der so verstandenen und bedeutenden – nicht im originären Sinne geschöpften – Welt ihre Macht. Die Macht der Sprache präsentiert sich als Selbstläufer. Es muss nicht verwundern, wenn daraus die Sprache der Macht erwächst. Dabei übernimmt die Macht zwar die Rolle der Natur, aber einer gesetzlosen anarchischen, auf die eigentlich noch nie Verlass war. Zumindest stellt es sich als äußerst schwierig heraus, die Regeln der Sprache zu eruieren. Ihnen spürt Wittgenstein nach. Im anarchischen Kontext würden sich Macht und Gewalt kaum unterscheiden. Vielmehr näherte sich hier die Macht Nietzsches Begriff des Willens zur Macht an, über den er schreibt:

„Der Wille zur Macht *interpretiert*: bei der Bildung eines Organs handelt es sich um eine Interpretation; er grenzt ab, bestimmt Grade, Machtverschiedenheiten. (.

---

[1] Wittgenstein, Philosophische Bemerkungen (1929/30), 45, 78

.) In Wahrheit ist *Interpretation ein Mittel selbst, um Herr über etwas zu werden (Der organische Prozess setzt fortwährendes Interpretieren voraus.)*"[1]

Natürlich gibt sich Wittgenstein damit nicht zufrieden. Der Regelbegriff in der Sprache bleibt für ihn eminent wichtig. Insofern trennen sich dann wieder Macht und Gewalt. Dergleichen gilt noch für das Problem des Solipsismus, das sich mit dem wittgensteinschen Privatsprachenargument letztlich auflöst: die Welt ist immer schon meine Welt, aber meine Welt gehört damit auch zur Welt der anderen, wäre sie sonst keine Welt: „Wenn ich sage, die Darstellung muss von meiner Welt handeln, so kann man nicht sagen, ‚weil ich sie sonst nicht verifizieren kann‘, sondern, weil sie sonst von vornherein keinen Sinn für mich hat."[2]

Allemal sind das keine müßigen Gedankenspielereien. Wer die Welt verstehen will, kann nicht schlicht die Welt verstehen wollen. Er muss sie dort verstehen, wo sich die Welt entwirft. Er muss die Welt im Entwurf verstehen, genauer er muss die Sprache verstehen, wie sie arbeitet, wie sie den Menschen sprechen lässt. Er wird ihren Regeln nachsinnen, die doch zwangsläufig der Sprache nie genügen, da er die Sprache immer nur von innen betrachten kann, selbst und gerade wenn er Bezug zur Welt zu nehmen trachtet. Es muss sicher offen bleiben, inwieweit er der Macht der Sprache aufsitzen wird, inwieweit sich ein Wille zur Macht – also in gewisser Hinsicht so etwas wie grundlose Gewalt ankündigt –, wenn er bei seiner Betrachtung Fehler macht. Doch Wittgenstein könnte Recht behalten, wenn er sagt:

„Eine falsche Auffassung des Funktionierens der Sprache zerstört natürlich die *ganze* Logik und alles, was mit

---

[1] Friedrich Nietzsche, Nachlass 1885-1887, KSA Bd. 12, München u.a.O. 1999, 139
[2] Wittgenstein, Philosophische Bemerkungen (1929/30), 34, 71

ihr zusammenhängt und bringt nicht an irgendeiner Stelle nur eine kleine Störung hervor. Wenn man das Element der Intention aus der Sprache entfernt, so bricht damit ihre ganze Funktion zusammen."[1]

Insofern gewinnt die Sprache eine Art naturalistischen Charakter. Sie ist Macht und nicht Wille zur Macht, nicht reine Gewalt. Und doch bleibt die Frage wie bei Eco, ob der Fehler nicht funktionieren kann. Und dann würde sich Macht und Wille zur Macht kaum mehr unterscheiden. Wittgenstein formuliert denn auch zumindest indirekt politische Konsequenzen, die sich aus seiner Sprachanalyse ergeben, die in ein Bildungsprogramm auslaufen würden:

> „Die Menschen sind tief in den philosophischen d.i. grammatischen Konfusionen eingebettet. Und, sie daraus zu befreien, setzt voraus, dass man sie aus den ungeheuer mannigfachen Verbindungen herausreißt, in denen sie gefangen sind. Man muss sozusagen ihre ganze Sprache umgruppieren. – Aber diese Sprache ist ja so entstanden / geworden, weil Menschen die Neigung hatten – und haben – *so* zu denken. Darum geht das Herausreißen nur bei denen, die in einer instinktiven Auflehnung gegen die Unbefriedigung *mit* der Sprache leben. Nicht bei denen, die ihrem ganzen Instinkt nach in *der* Herde leben, die diese Sprache als ihren *eigentlichen* Ausdruck geschaffen hat."[2]

---

[1] Wittgenstein, Philosophische Bemerkungen (1929/30), 20, 63
[2] Wittgenstein, The Big Typescript (1933), 5.24.4.1. 6, 285

5. Vorlesung
DIE FRAGE DER BEDEUTUNG IM *BLAUEN BUCH*

Für Hannah Arendt legitimiert sich politische Macht durch eine öffentliche Kommunikation und durch ein gemeinsames Handeln der Bürger. Durch reine Gewalt ist sie nicht zu ersetzen. Sie schreibt über die antike Polis: „Politisch zu sein, in einer Polis zu leben, das hieß, dass alle Angelegenheiten vermittels der Worte, die überzeugen können, geregelt werden und nicht durch Zwang oder Gewalt."[1] In einem weiteren Sinn üben aber auch Natur und selbstverständlich Gesellschaft Macht über den Menschen aus, die wohl dann legitimiert erscheinen könnten – sofern das überhaupt nötig ist –, wenn sie gesetzlichen Abläufen entsprechen und nicht dunkler planloser Willkür. Die modernen Naturwissenschaften ließen sich ja auch in dem Sinne verstehen, dass sie Natur rationalisieren, sie damit als legitime Macht installieren, indem sie sie der barbarischen Kraft dunkler, letztlich unkalkulierbarer Gewalt entziehen, die man höchstens mystisch oder mythisch beschwören kann. Parallel dazu verläuft die Unterscheidung von Rechtsstaat und politischer Willkür bzw. eben Gewalt. Der Rechtsstaat verleiht dem politischen wie dem privaten Handeln der Bürger Sicherheit

---

[1] Hannah Arendt, Vita activa oder Vom tätigen Leben (1958), 11. Aufl. München, Zürich 1999, 36

und Orientierung. Ob im politischen oder im technischen Handeln muss man sich daher nach Ernst Cassirer den vorliegenden Gesetzlichkeiten anpassen, wie es bereits Francis Bacon in aufklärerischer Absicht empfahl:

> „Es gibt schließlich eine Logik der sozialen Welt, wie es eine Logik der physischen Welt gibt. Es gibt gewisse Gesetze, die nicht ungestraft verletzt werden können. Selbst in dieser Sphäre müssen wir Bacons Rat befolgen. Wir müssen lernen, den Gesetzen der sozialen Welt zu gehorchen, ehe wir es unternehmen diese Welt zu beherrschen."[1]

5.1. Die Sprache zwischen Macht und Gewalt

Nicht Gewalt, aber doch Macht soll von politischem oder technischem Handeln ausgehen, und auch nicht der teilweise blinde Wille zur Macht im Sinne Nietzsches. Voraussetzung dazu bleibt natürlich eine irgendwie vernünftig einsehbare und nachvollziehbare Ordnungsstruktur sowohl in Natur wie in Gesellschaft, an der man sich orientieren, an die man sich anpassen, der man sich unterwerfen muss, aber um sie dadurch auszunützen. Wittgensteins *Tractatus* schreibt diese Entwicklung in der Übereinstimmung von Wirklichkeit und Sprache fort: die Logik der Tatsachen in Natur und Gesellschaft findet sich in der Logik der Sätze wieder. Wirklichkeit und Sprache legitimieren gegenseitig ihre Struktur zusätzlich zu ihrem Rekurs auf die Logik. Der Mensch muss sich ihnen anpassen, indem er möglichst Sätze der Naturwissenschaften formuliert, selbst wenn ihn das wenig zufrieden stellt und er seine Lebensprobleme dabei als nicht gelöst emp-

---

[1] Cassirer, Der Mythus des Staates (1946), 386

findet. Au fond muss er solche Probleme verdrängen, wenn er sich in der richtigen Sprache, in wahren Sätzen äußern will. Aber der Mensch sieht sich eben keineswegs blinden Gewalten gegenüber, sondern einer rationalen bzw. logischen Struktur, die ihn vernünftiger Weise prägt, eben gesetzlicher, struktureller, der Natur adäquater als alle anderen Weltauffassungen vorher und ringsherum: die Macht der Natur und der naturwissenschaftlichen Sprache fallen in der gemeinsamen logischen Struktur in eins und durchdringen die gesamte Wirklichkeit: die Sätze der Alltagssprache wie der Sozial- und Geisteswissenschaften müssen sich an den Sätzen der Naturwissenschaften orientieren, wenn sie wahr sein wollen. Will der Mensch in der Wahrheit leben – was immer das heißen mag – trifft ihn das auch: die Konsequenz ist jedenfalls, dass er sich an Sprache und Natur in logischer Perspektive anpasst. Passt er sich damit an sich selber an? Weiß er, wer er selber wirklich ist? Hilft ihm das?

Wiewohl natürlich aus völlig anderen Perspektiven beginnt auch Wittgenstein an dieser Übereinstimmung von Sprache und Welt zu zweifeln. Sätze bilden für den späteren Wittgenstein Sachverhalte nicht mehr einfach ab: Die Zusammenhänge werden problematischer. Die Ordnungen, genauer die Regeln und Gesetze der Welt wie der Sprache verlieren an Eindeutigkeit. Die abbildende Kraft des Wortes fällt aus dem Satzzusammenhang heraus, wodurch das Wort eine eigene semantische Dynamik entfaltet: Bildet diese aber noch eindeutig ab? Schwerlich! Die ideale Sprache transformiert sich in eine abstrakte, die ohne die Alltagssprache keinen realen Sinn besitzt, also auch nicht mehr so eindeutig richtig abbildet. Wenn definitiv die Grenzen der Sprache die Grenzen meiner Welt sind, eher die Sprache die Welt als die Welt die Sprache prägt, dann lässt sich innerhalb einer so verstandenen Sprache bzw. in einer solchen Situation auch keine Metasprache bilden. Sie transferiert sich ins Unsagbare. Wir sind zum innersprachlichen Leben verurteilt. Ob das die Freiheit bedeutet?

Damit zerbröselt zunächst langsam die äußere Legitimation der Macht von Natur und Gesellschaft. Hannah Arendt ebnet den Weg zu einer linguistischen politischen Philosophie mit ihrer Unterscheidung, nach der sich Macht nicht auf Gewalt stützt, sondern auf Kooperation, somit Kommunikation, also Sprache:

> „Macht entspricht der menschlichen Fähigkeit, nicht nur zu handeln oder etwas zu tun, sondern sich mit anderen zusammenzuschließen und im Einvernehmen mit ihnen zu handeln. Über Macht verfügt niemals ein Einzelner; sie ist im Besitz einer Gruppe und bleibt nur solange existent, als die Gruppe zusammenhält."[1]

An die Stelle von Natur und Gesellschaft als jene Mächte, die den Menschen beherrschen und prägen, an die er sich anzupassen hat, tritt zunehmend allein die Sprache. Zumindest wird immer unklarer, was sich denn dahinter noch verbirgt – die Sprache orientierend und kontrollierend. Nicht dass es keine äußere Welt für den späten Wittgenstein mehr gäbe! Doch welche Rolle sie für die Sprache spielt, das verschwimmt im Unscharfen. Bzw. dem entspricht die sprachliche Unschärfe eher als die sprachliche Exaktheit.

Der Mensch muss sprechen lernen, um überhaupt Mensch zu sein. Nehmen wir an, originärer Weise bzw. entwicklungspsychologisch will er das. In einer monistischen Welt tauchen im weiteren wahrscheinlich weniger Schwierigkeiten auf, ergibt sich das ganze Problem noch nicht in der Brisanz wie in einer pluralistischen Welt der vielen Sprachen. In einer Welt, in der diverse Sprachen miteinander konkurrieren, in der der Mensch zumindest ansatzweise eine Wahl zu haben scheint, präsentiert sich

---

[1] Hannah Arendt, Macht und Gewalt (1970), 15. Aufl. München, Zürich 2003, 45

just in dieser Wahlmöglichkeit die Sprache nicht nur als eine selbstverständliche, prägende, also mächtige Struktur. In der Auswahlmöglichkeit entsteht so etwas wie ein Legitimationsproblem, wenn Sprache nicht mehr einfach unwidersprochen vorliegt, kehrt sich in der Macht der Sprache ein stärkeres Moment der Gewalt hervor. Jetzt muss der Mensch nicht nur sprechen lernen, er muss vielmehr diverse Sprachen lernen. Doch welche, das ist nun nicht mehr so leicht zu entscheiden bzw. ist nicht mehr immer schon entschieden – besser: bestimmt. Dieser Frage wächst daher ein Moment der Willkürlichkeit zu: die unübersichtliche Welt lässt sich nicht mehr schlicht berechnen. Man kann sich ihr auch nicht mehr einfach anpassen bzw. unterwerfen. Es entsteht jenes Entscheidungsdilemma, das Kierkegaard zuerst formulierte, lange bevor es das existentialistische Denken in der ersten Hälfte des 20. Jahrhunderts bestimmt.

Selbstverständlich taucht nun nicht simple Gewalt in der Sprache auf. Der Mensch bleibt ja selbst Teil der Sprache, verleiht dieser Gewalt damit auch immer schon eine gewisse Legitimation, erhebt sie somit zu einer Macht, der er sich unterwirft, anpasst, die er aber auch gebraucht, derer er sich bedient. Die Sprache widerstreitet und widerstrebt auch offensichtlich der äußeren physischen Gewalt und entfaltet die gewaltlos überzeugende Kraft des Arguments. Das betonen ja vor allem Karl-Otto Apel und Jürgen Habermas, der schreibt: „Es gibt keine reine Vernunft, die erst nachträglich sprachliche Kleider anlegte. Sie ist eine von Haus aus in Zusammenhängen kommunikativen Handelns wie in Strukturen der Lebenswelt inkarnierte Vernunft."[1]

Bleibt die Sprache nicht gewaltfrei und doch mächtig just aus diesem Grund, obgleich sie nicht mehr so selbst-

---

[1] Jürgen Habermas, Der philosophische Diskurs der Moderne, Frankfurt/M. 1985, 374

verständlich mit der Welt übereinstimmt? Doch man kennt auch die Gewalt der Sprache. Woher nähme sie ihre gewaltlose Macht, wenn ihr die Rückkoppelung nicht mehr sicher zusteht? So wirkt diese Macht im Hinblick auf ihre Legitimation weiterhin schwach, doch eher aus einer Intention geboren, in der der Mensch sich selbst zu konstituieren sucht, indem er dem anderen begegnet. Zwangsläufig fragt er daher weiter nach Gewissheiten in der Sprache. Wo gilt es nach dergleichen zu fahnden? Natürlich weiterhin in dem, was die Sprache sagt, in ihrem Sinn, in ihrer Bedeutung.

Bereits in den frühen dreißiger Jahren beginnt sich Wittgenstein in Abkehr vom *Tractatus* mit diesem Problem zu beschäftigen. Wenn sich die Bedeutung bestimmen lässt, dann besitzt die Sprache eine Rückkoppelung, die ihre Macht legitimiert, sie nicht als bloße blinde Überwältigung erscheinen lässt. So erkennt Wittgenstein die Bedeutung beispielsweise in der Absicht, dem Zweck, überhaupt der Intention gegeben, in diesem Sinne auch im Befehl und der Vorschrift, zudem in der Erinnerung, in der Erwartung, im Wunsch, aber ebenso in der Evidenz, somit auch wieder im Zusammenspiel von Sprache und Welt, nämlich im Ereignis des Einblicks. Wie schon die Aufzählung verdeutlicht, lässt sich das Problem der Bedeutung offenbar aber nicht eindeutig lösen, lässt sich Bedeutung nicht klar erklären, nicht mal präzise darstellen. Wittgenstein bemüht sich um deutliche Zusammenhänge. An einzelnen Stellen scheinen diese auch durchaus gelungen. Doch sie bleiben auf diese einzelnen Aspekte beschränkt: Die Bedeutung hat keine klare Bedeutung mehr, die sich in der gemeinsamen logischen Struktur von Welt und Sprache und in der Vertretung von Gegenständen durch Worte präsentierte.

Weder prägen die Bedeutung vermeintlich klare Regeln und Strukturen der Sprache, noch vermag sie selbst solche Regeln zu bestärken oder gar aufzustellen. Die

Bedeutung von Sprache – genauer: von Sätzen – gibt dann aber auch keine eindeutige Wirklichkeit, keine klaren Tatsachen wieder. Die Welt spricht wissenschaftlich nicht präziser als die Alltagssprache zu den Menschen. Wenn man das noch durch das Problem der Pluralität der Sprachen erweitert, dann erlaubt die Sprache keine Übersichtlichkeit der Welt mehr. Genauso wenig liefert sie eindeutige Bestimmungen des Menschen, der sich in ihr bewegt, wie er von den Bewegungen der Sprache mitgerissen wird. Die Sprache – von eindeutig begrenzenden wie vermeintlich klärenden Fesseln befreit, die Natur und Wirklichkeit entstammen würden – prägt trotzdem weiterhin den Menschen und vielleicht umso nachhaltiger – also womöglich auch zwanghafter –, je weniger sie logischen oder rationalen Strukturen entspricht, bzw. je undeutlicher ihre Regeln werden könnten, denen sich der Mensch anpassen muss. Sind diese eindeutig und klar, erscheint diese Aufgabe zunächst legitimierter, vor allem leichter, kann sich der Mensch leichter auf sie einstellen, wirken sie eher im Sinne Arnold Gehlens in der Form rhythmischer Gleichförmigkeit, wozu der Mensch ja neigen soll und die ihm nach Gehlen vor allem die Technik liefert: „Die konstitutionell menschlichen Merkmale des Handlungskreises und des Entlastungsprinzips stehen als Determinanten hinter der gesamten technischen Entwicklung."[1]

Sind dagegen die Strukturen diffuser, verkomplizieren sich solche Bemühungen, scheint sich der Mensch eher gar uneinheitlichen, womöglich wechselnden Strukturen anpassen zu müssen, bzw. scheinen diese auf den Menschen in gewisser Weise gar gewaltsam zu wirken.

---

[1] Arnold Gehlen, Die Seele im technischen Zeitalter, Hamburg 1957, 16

5.2. Sprachlicher Sinn im Gebrauch von Sprache

Selbstverständlich vorausgesetzt, dass Wittgenstein nicht das Problem der Gewalt oder der Macht unmittelbar in seinen Sprachstudien beseelt, ist es daher nicht verwunderlich, wenn im Ausgang vom *Tractatus* die Frage nach der Bedeutung zur zentralen Frage in Wittgensteins Spätwerk avanciert. Sie stellt kein Abstraktum dar. In ihr eröffnet sich vielmehr das Problem des Verhältnis von Sprache und Welt, die Rückversicherung, inwieweit die Sprache nicht bloße Konvention, nicht bloße Willkür ist, nicht bloße Gewalt gegenüber dem Menschen entfaltet – eben einst musste der Mensch sich an die Natur anpassen, jetzt an die Sprache, heißt diese früher Latein oder Französisch – um zu verdeutlichen, dass man diese Struktur natürlich retrospektiv betrachten muss – heute RAI-Italienisch, Hochdeutsch, Englisch, Genetik oder Informatik. Mit der Frage der Bedeutung steht und fällt das Grundproblem der Aufklärung, wieweit die Vernunft Natur rekonstruiert oder ob sie sie bloß konstruiert. Findet der Mensch in der Sprache eine Heimat, die er in der Natur verloren hat? Oder muss dem Menschen dieser neue Wohnort gleichfalls ziemlich unwirtlich vorkommen? Kann er sich überhaupt an die Regeln der Sprache anpassen? Stellen diese eine Macht oder eine Gewalt für ihn dar? Nicht zuletzt, weil die Sprache womöglich gar keine Regeln kennt?

Was heißt Bedeutung? Das *Blue Book* ist ein Diktat, das Wittgenstein sieben Studenten im akademischen Jahr 1933/34 in Cambridge gab und das er danach auf

Matrizen schreiben und vervielfältigen ließ. Vermutlich entstanden etwa 30 Exemplare, denn er wollte auf keinen Fall, dass Abschriften von Leuten gelesen werden, die seine Texte missbrauchen könnten. Das *Brown Book* diktierte er im Studienjahr 1934/35 zweien seiner Schüler, nämlich Francis Skinner und Alice Ambrose. Vom *Brauen Buch* ließ Wittgenstein drei Abschriften herstellen, die er Freunden zu lesen gab. Doch entstanden auch illegale Kopien. Die Kopien des *Blauen Buches* hatten einen blauen, die des *Braunen* einen braunen Einband. Die Namen haben also keine Bedeutung. Daran anschließend habe ich auch den Obertitel dieses Buches gewählt, den ich wiederum mit der Assoziation des Romantitels *Das Blau des Himmels* von Georges Bataille aus dem Jahr 1936 verbinde, sowie mit den *Blaubüchern*, in denen englische Fabrikinspektoren dem Parlament offen die Arbeitsbedingungen in der frühen Industrie schilderten und auf die Friedrich Engels zurückgriff, um sein Werk *Die Lage der arbeitenden Klasse in England* zu schreiben, das 1845 erschien und das man als Grundlegung der modernen Sozialwissenschaften bezeichnen kann.

Was heißt Bedeutung, wenn sich Bedeutung weder in der Absicht, noch im Zweck, noch in der Intention, in diesem Sinne auch nicht im Befehl und der Vorschrift erschöpft, sowenig wie in der Erinnerung, in der Erwartung, im Wunsch; und auch wenn sich Bedeutung nicht durch die Evidenz, somit auch wieder durch Zusammenspiel von Sprache und Welt präzisiert und sie im Ereignis eher zum Problem wird? Wittgenstein schreibt im *Blauen Buch*:

> „Ohne Sinn oder ohne Gedanken wäre ein Satz ein ganz und gar lebloses triviales Ding. Und weiter scheint es klar zu sein, dass das Hinzufügen von inorganischen Zeichen den Satz keineswegs lebendig machen kann. Und der Schluss, den man daraus zieht, ist folgender: was zu den toten Zeichen hinzugefügt werden muss, um

einen lebendigen Satz aus ihnen zu machen, ist etwas Unkörperliches, das sich in seinen Eigenschaften von allen bloßen Zeichen unterscheidet. Wenn wir jedoch irgendetwas, das das Leben des Zeichens ausmacht, benennen sollten, so würden wir sagen müssen, dass es sein *Gebrauch* ist."[1]

Absicht, Zweck, Intention, Befehl, Vorschrift, Erinnerung, Erwartung, Wunsch, Evidenz und Ereignis haben eins gemeinsam, nämlich bestimmte Gebrauchsformen der Sprache zu sein. Die Sprache nur für sich genommen bedeutet nichts, gleichgültig wie viele Zeichen man noch hinzufügt. Sie muss gesprochen, sie muss gebraucht werden. Das allein haucht ihr Leben ein, verleiht ihren Sätzen Bedeutung.

Wenn man aber von Sprache spricht, dann meint man normalerweise auch nicht einen toten Korpus von Zeichen. Vielmehr impliziert man damit, dass Sprache gesprochen und verstanden wird. Selbst sogenannte tote Sprachen werden heute noch von Experten verstanden, wenn auch selten gesprochen. Doch dergleichen Verständnis verleiht den Schriftzeichen Sinn, haucht ihnen immer noch ein Leben ein. Insofern stellt Wittgenstein denn fest: „Das Zeichen (der Satz) erhält seine Bedeutung von dem System der Zeichen, von der Sprache, zu dem es gehört. Kurz: Einen Satz verstehen, heißt, eine Sprache verstehen."[2] Das sind Formulierungen die Wittgenstein fast genauso in *The Big Typescript* wählte. Mit dem Satz ergibt sich die Gesamtheit aller möglichen Sätze bzw. die Sprache. Es gibt nicht nur einen Satz, sondern eine Vielzahl von Sätzen, die gesprochen werden und derart die

---

[1] Ludwig Wittgenstein, Das Blaue Buch (1933/34), Werkausgabe Bd. 5, Frankfurt/M. 1980, 20

[2] Ebd., 21; vgl. Wittgenstein, The Big Typescript (1933), 3.156.3.1 1, 73

Sprache darstellen. Aber die Sprache ist eben kein abstrakter Korpus, sondern lebt im Gebrauch.

5.3. Was fügt der Geist dem Zeichengebrauch hinzu?

Wie aus dem ersten Zitat zu ersehen war, gehört zu diesem Gebrauch das Verstehen bzw. das Denken. Der Gebrauch besteht nicht nur aus dem Spiel von Zeichen, sondern auch darin, dass ein geistiges Wesen dieses Spiel antreibt. Denken und Sprechen – das ergab sich schon im *Tractatus* – gehören zusammen und lassen sich au fond nicht voneinander trennen, auch wenn sich das Denken nicht anders als durch Sprache bestimmen lässt. In diesem Sinne schreibt Wittgenstein:

„Es scheint, dass es *gewisse definitive* geistige Vorgänge gibt, die mit dem Arbeiten der Sprache verbunden sind, Vorgänge, durch die allein die Sprache funktionieren kann. Ich meine die Vorgänge des Verstehens und Meinens. Die Zeichen unserer Sprache erscheinen tot ohne diese geistigen Vorgänge; und es könnte der Eindruck entstehen, dass es die einzige Funktion der Zeichen ist, solche Vorgänge hervorzurufen, und dass diese Vorgänge eigentlich das sind, wofür wir uns interessieren sollten. Wenn du gefragt wirst, was die Beziehung zwischen einem Namen und dem Ding, das er benennt, ist, wirst du demnach geneigt sein zu antworten, dass die Beziehung eine psychologische ist, und vielleicht denkst du besonders an den Assoziationsmechanismus, wenn du das sagst."[1]

---

[1] Wittgenstein, Das Blaue Buch (1933/34), 18

Die Worte klingen merkwürdig verhalten: Eigentlich sollte man sich für das Verstehen interessieren; eigentlich rufen Zeichen solche Vorgänge des Verstehens hervor. Eigentlich scheint damit die Sprache primär psychologisch konstituiert zu sein. Doch der Schein trügt. Das Verstehen mag wichtig sein. Aber kann man sich dafür wirklich interessieren? Muss man sich nicht doch für die Zeichen interessieren? Allein diese kann man doch beobachten oder wahrnehmen. Wittgenstein schreibt weiter:

„Wir sind versucht zu denken, dass die Aktion der Sprache aus zwei Teilen besteht; einem inorganischen Teil, dem Handhaben von Zeichen, und einem organischen Teil, den wir als Verstehen, Meinen, Deuten und Denken dieser Zeichen bezeichnen können. Diese letzteren Tätigkeiten scheinen in einer seltsamen Art von Medium stattzufinden, dem Geist; und der Mechanismus des Geistes, dessen Beschaffenheit wir, wie es scheint, nicht ganz verstehen, kann Wirkungen erzielen, die kein körperlicher Mechanismus erzielen kann. So kann z.B. ein Gedanke (der solch ein geistiger Vorgang ist) mit der Wirklichkeit übereinstimmen oder nicht mit ihr übereinstimmen; ich bin fähig, an einen Menschen zu denken, der nicht anwesend ist; ich bin fähig, ihn mir vorzustellen, ihn mit einer Bemerkung, die ich über ihn mache, zu ‚meinen‘ auch wenn er Tausende Meilen entfernt oder gar tot ist. ‚Was für ein seltsamer Mechanismus der Mechanismus des Wünschens sein muss, wenn ich etwas wünschen kann, das niemals geschehen wird‘, könnte man sagen.“[1]

Der Geist entwickelt also noch dazu sehr seltsame Effekte, von denen wir ja bereits wissen, dass es sich um Bedeutungsdimensionen handelt. Der Geist erzeugt Vorstellungen, denen in der Realität gerade nichts entspricht. Allein solche Vorstellungen präsentieren sich als die Be-

---

[1] Wittgenstein, Das Blaue Buch (1933/34), 18

98

deutung der entsprechenden Wünsche, und als nichts anderes in der Realität. Also in der Tat darf man auf den Geist bei der Dimension der Bedeutung keinesfalls verzichten. Dabei kann sich der Geist auch Dinge vorstellen, zu denen es in der Realität durchaus ein Pendant gibt. Spiegelt jetzt etwa der Geist Reales wie Nichtreales als Bedeutung der Sprache? Tritt er damit an die Stelle, die im *Tractatus* das Bild einnahm, das ähnlich wie der Satz Logik und Symbolik der Welt präsentierte?

5.4. Denken als Operieren mit Zeichen

Allemal, Wirkungsweisen des Geistes oder des Denkens entziehen sich der genauen Analyse und weisen auf die andere Seite der Sprache, auf die Sprachzeichen. Da man nicht wirklich sagen kann, was denn Denken ist, wie es funktioniert, wenn man es nur als rein geistigen Prozess begreift, dreht Wittgenstein die Perspektive um. Er stellt fest:

> „Es ist also irreführend, vom Denken als einer ‚geistigen Tätigkeit‘ zu sprechen. Wir können sagen, dass Denken im wesentlichen eine Tätigkeit des Operierens mit Zeichen ist. Diese Tätigkeit wird mit der Hand ausgeführt, wenn wir schreibend denken; mit dem Mund und Kehlkopf, wenn wir sprechend denken; und wenn wir denken, indem wir uns Zeichen oder Bilder vorstellen, kann ich dir kein *Agens*, das denkt, angeben."[1]

Das wird Chomsky später anders sehen. Michael Tomasello wird gar den Denkenden beschreiben:

> „Menschenaffen repräsentieren die Welt kognitiv in einem abstrakten Format, sie vollziehen komplexe kausa-

---

[1] Ebd., 23

le und intentionale Schlussfolgerungen mit einer logischen Struktur, und sie scheinen zumindest in einem gewissen Sinn zu wissen, was sie tun, während sie es tun. Obwohl das noch kein vollentwickeltes menschliches Denken sein mag, enthält es doch sicherlich einige Schlüsselkomponenten."[1]

Für Wittgenstein muss sich das Denken äußern. Nur von dem Denken, das sich äußert, besitzt man ein Zeugnis. Daher weiß man grundsätzlich nicht, was man unmittelbar vor Eintritt des Todes denkt – eine gruselige Angelegenheit; doch wahrscheinlich denkt man auch nichts besonders Neues im finalen Augenblick. Es wäre doch schade. Man schreibt, man redet und erzählt von seinen Gedanken. Warum sollte man dabei lügen? Die Selbsterfahrung bestätigt solche Erzählungen. Trotzdem, ohne Äußerung, ohne Zeichen bleiben die Gedanken dunkel. Aber Primaten kann man beobachten, wie sie logisch schließen.

Wenn indes solche Äußerungen vorliegen, dann stellt sich natürlich die Frage nach dem Autor. Wer schreibt, redet, erzählt hier eigentlich. Die Antwort bleibt trotz Selbsterfahrung vage. Wittgenstein schreibt:

„Wenn du dann sagst, dass in solchen Fällen der Geist denkt, dann würde ich deine Aufmerksamkeit lediglich auf die Tatsache lenken, dass du eine Metapher gebrauchst, dass der Geist hier in einem andern Sinn ein Agens ist als dem, in dem man von der Hand sagen kann, dass sie das Agens beim Schreiben ist."[2]

Wer lenkt die Gedanken? Wodurch unterscheidet sich der Geist von solchen Gedanken? Ist der Mensch seine Gedanken? Oder ist er Herr seiner Gedanken? Ist er sein Geist oder Herr seines Geistes? Who is who? Dass die

---

[1] Michael Tomasello, Eine Naturgeschichte des menschlichen Denkens, Berlin 2014, 220
[2] Wittgenstein, Das Blaue Buch (1933/34), 23

Hand schreibt, das sieht man. Dass der Geist erzählt, das hört man nicht. Oder hat jemand schon mal einen Geist reden hören. Ach, unsere Mystiker erzählen davon tagtäglich. Doch wer interessiert sich schon für den unsichtbaren Hund unter dem Tisch, solange er nicht bellt! Der Geist ist eine Metapher ähnlich dem Gespenst. Und wo treibt er sich rum? Wittgenstein schreibt weiter:

> „Wenn wir über den Ort sprachen, wo das Denken stattfindet, haben wir ein Recht zu sagen, dass dieser Ort das Papier ist, auf dem wir schreiben, oder der Mund, der spricht. Und wenn wir vom Kopf oder vom Gehirn als dem Ort des Denkens sprechen, dann gebrauchen wir den Ausdruck ‚Ort des Denkens‘ in einem andern Sinn.“[1]

Das Denken hat keinen Ort, es sei denn auf dem Papier und in Form von Schall und Rauch: der Weltgeist haust in den Bibliotheken und heute im Netz. Wer garantiert mir, so Wittgenstein, in seiner Schrift *Über Gewissheit*, dass in meinem Kopf wirklich ein Gehirn ist und das der Schädel nicht leer ist. Es wäre eine Überraschung. Allemal der Geist konkretisiert sich in der Sprache. Alles andere sind Metaphern.

Nur Heinrich Heine erzählt 1824 in seiner *Harzreise* davon, dass er sich im Hotel in Goslar über sein Spiegelbild im Mondschein erschreckte, als die Glocke zwölf schlug und er daraufhin prompt Geräusche eines schleppend gehenden alten Mannes im Gang hörte und herein kam der verstorbene Doktor Saul Ascher, ein Kantianer, der ihm logisch demonstrierte, dass es keine Gespenster gibt:

> „Mir unterdessen lief der kalte Schweiß über den Rücken, meine Zähne klapperten wie Kastagnetten, aus Seelenangst nickte ich unbedingte Zustimmung bei jedem Satz, womit der spukende Doktor die Absurdität al-

---

[1] Ebd., 23

ler Gespensterfurcht bewies, und derselbe demonstrierte so eifrig, dass er einmal in der Zerstreuung statt seiner goldenen Uhr eine Handvoll Würmer aus der Uhrtasche zog und, seinen Irrtum bemerkend, mit possierlich ängstlicher Hastigkeit wieder einsteckte. ‚Die Vernunft ist das höchste –‘, da schlug die Glocke eins, und das Gespenst verschwand.“[1]

5.5. Bedeutung als der besondere Gebrauch der Sprache

Was bleibt von der Bedeutung, wenn sie im Geist nur metaphorische Orte und keinen nachweisbaren Träger findet? Warum darf man sich denn nicht auf die Selbsterfahrung stützen? Das darf man schon. Aber der Gegenstand Wittgensteins ist die Sprache und hierbei im Besonderen die Frage nach der Bedeutung. Die Philosophie darf weder den Horizont ihres Gegenstandes überschreiten, noch darf sie den Sinn ihrer Sätze überinterpretieren. In diesem Sinne stellt Wittgenstein fest:

> „In der Philosophie liegt die Schwierigkeit darin, nicht mehr zu sagen, als was wir wissen. Z.B. einzusehen, dass wir, wenn wir zwei Bücher in richtiger Reihenfolge aufgestellt haben, sie damit nicht an ihre endgültigen Plätze gestellt haben.“[2]

Die Philosophie muss sich darauf konzentrieren, das zu sagen, was sie beschreiben kann, nicht das, was sie sich nur ausdenkt oder was sie vermutet, selbst wenn sie

---

[1] Heinrich Heine, Die Harzreise (1824); in: ders., Reisebilder – Erster Teil, Berliner Ausgabe Bd. 3, Werke und Briefe, Berlin, Weimar 1980, 45
[2] Wittgenstein, Das Blaue Buch (1933/34), 75

gute Gründe dafür haben mag. Die Philosophie wird erstens keine endgültigen Sätze über die Bedeutung formulieren können und sie wird zweitens sich darauf beschränken müssen, das zu sagen, was sich sagen lässt, auch wenn es nicht der Präzision der Naturwissenschaften entspricht. Nichtdestotrotz kann sie dem Problem ja immer weiter nachgehen. Viel treffender als der folgende Satz wird man über die Bedeutung im Allgemeinen nicht sprechen können: „Wir neigen dazu, zu vergessen, dass es allein der besondere Gebrauch eines Wortes ist, der dem Wort seine Bedeutung gibt."[1]

Klingt das nicht nach einem beinahe endgültigen Satz? Ist damit die Bedeutung nicht ziemlich genau bestimmt? Doch man muss sich diesen Satz genauer anschauen: „allein der besondere Gebrauch eines Wortes" gibt „dem Wort seine Bedeutung". Und hier muss man nochmals den Ausdruck „der besondere Gebrauch" beachten. Also keine allgemeine Bedeutung entsteht hier im Gebrauch. Es gibt ja auch keinen allgemeinen Gebrauch, sondern nur einen konkreten, wenn ein Wort nun mal gebraucht wird. Damit pluralisiert sich die Bedeutung. Sie wird gerade nicht konkreter und geregelter bestimmt. Hat das Wort gar keine allgemeine Bedeutung, wenn es diese nur in Situation erfährt? Hier klingt wieder jene These aus dem *Tractatus* an, dass ein Wort nur im Satz Bedeutung habe. Geraten wir dadurch wiederum in dasselbe Dilemma, dass es dagegen doch ein Lexikon gibt, dass es Leute gibt, die Worte definieren, Wissenschaftler, Juristen, Politiker, Journalisten, Schriftsteller?

Doch woher sollte auch eine solche allgemeine Bedeutung stammen? Wittgenstein stellt fest:

„Philosophen sprechen sehr häufig davon, die Bedeutung von Wörtern zu untersuchen, zu analysieren. Aber lasst uns nicht vergessen, dass ein Wort keine Bedeu-

---

[1] Ebd., 109

tung hat, die ihm gleichsam von einer von uns unabhängigen Macht gegeben wurde, so dass man eine Art wissenschaftlicher Untersuchung anstellen könnte, um herauszufinden, was das Wort *wirklich* bedeutet. Ein Wort hat die Bedeutung, die jemand ihm gegeben hat."[1]

Zwar schwingen sich diverse Institutionen immer wieder auf, als sprachliche Autoritäten zu gelten. Zweifellos gibt es auch Menschen oder Gruppen, die großen Einfluss auf die Sprache haben. Wie bemerkt doch Cassirer:

„Große Dichtung macht einen deutlichen Einschnitt, eine Zäsur, in der Sprachgeschichte. Die italienische, die englische, die deutsche Sprache waren beim Tode Dantes, Shakespeares, Goethes nicht mehr diejenigen, die sie bei ihrer Geburt gewesen waren."[2]

Trotzdem bleibt die institutionelle Autorität in seltsamer Weise künstlich. Sie gründet nie in der Sprache als Sprache. Andere versuchen die großen Dichter zu imitieren. Hier beseelen sich zweifellos gewisse Mächte gegenseitig – die Sprache der Macht greift auf die Macht der Sprache zurück –; doch die Macht über die Sprache misslingt in letzter Konsequenz. Es gibt zwar keine Privatsprache; trotzdem kann jeder sprechen, wie er will. Gott und das Gewissen sollten das einst kontrollieren, bis das Unbewusste notorisch dazwischen haperte und heute jegliche Lenkungskompetenz verloren ist. Eine Grammatik lässt sich nur noch als empirische schreiben, eben wie man bisher geschrieben hat.

---

[1] Wittgenstein, Das Blaue Buch (1933/34), 52
[2] Ernst Cassirer, Versuch über den Menschen (1944), 343

6. Vorlesung
UNTERWEGS ZUM SPRACHSPIEL IM *BLAUEN* UND IM *BRAUNEN BUCH*

Die Bedeutung bleibt etwas Besonderes, genauer besonderer Praxis geschuldet, wie die Literaten schreiben oder wie der Nachbar Mails schreibt. Doch trotz aller Besonderheit der Bedeutung ist die Sprache nicht regellos! Manche meinen ja, die Quintessenz von Wittgensteins Bedeutungstheorie könnte man auf die Formel bringen: die Bedeutung eines Wortes läge in der Regel für seinen Gebrauch. Das klingt einleuchtend. Wie man es dreht und wendet, selbst wenn jeder sprechen kann, wie er will, er muss verstanden werden. Insofern verbindet die Sprache noch dort, wo sie Feindschaften generiert. Nicht die Autorität schafft das soziale Band, sondern die Sprache, und zwar ein lockeres Band aus lockeren Regeln. Insofern ebnet Wittgenstein den Weg zu Richard Rortys Position:

> „Die Vorstellung, liberale Gesellschaften würden durch philosophische Überzeugungen zusammengehalten, scheint mir lächerlich. Zusammengehalten werden Gesellschaften durch gemeinsame Vokabulare und gemeinsame Hoffnungen"[1]

Auch wenn jeder die Vokabulare nach eigenen Vorstellungen benutzen kann, sie müssen gegenseitig zumin-

---

[1] Richard Rorty, Kontingenz, Ironie und Solidarität (1989), Frankfurt/M. 1992, 147

dest in einem beschränkten Rahmen verstanden werden. Müssen sie also deswegen allgemeine Regeln haben, die sie erst verständlich machen?

6.1. Grenzen der Regelhaftigkeit des Sprachgebrauchs

Nur fragt sich, ob es solche eindeutigen Regeln gibt. Wittgenstein schreibt:

> „Und schließlich gibt es nicht eine bestimmte Klasse von Merkmalen, die alle Fälle des Wünschens charakterisiert (zumindest nicht, was den gewöhnlichen Gebrauch des Wortes angeht). Wenn du andrerseits eine Definition des Wünschens geben willst, d.h. wenn du eine scharfe Grenze ziehen willst, dann steht es dir frei, diese Grenze nach deinem Belieben zu ziehen; und diese Grenze wird niemals vollständig mit dem tatsächlichen Gebrauch zusammentreffen, da dieser Gebrauch keine scharfe Grenze hat."[1]

Offenbar ist der Mensch in der Lage, den Gebrauch von Worten zu bestimmen und sogar Regeln dafür anzugeben. Nur wird man niemals damit alle Fälle der Bedeutung erfassen. Die Sprachregeln, die den Gebrauch bestimmen, sind nicht präzise und notorisch unvollständig. Jederzeit kann ja ein Dichter ein noch so präzise bestimmtes und weitgehend auch nur so verwendetes Wort anders verwenden oder gar wie Ernst Jandl mit der Sprache spielerisch umgehen. Und in entsprechenden Kontexten können sich Bedeutungen verschieben, sich metaphorisch oder symbolisch auf- und nachladen. Selbst bei so vergleichsweise einfachen bzw. eben alltagssprachlichen

---

[1] Wittgenstein, Das Blaue Buch (1933/34), 40

Worten wie „Wunsch" lässt sich die Bedeutung nicht klar festlegen, bzw. der Gebrauch regeln. Aber au fond versteht sich dergleichen von selbst, hat ein Wort „Wunsch" doch einen viel größeren semantischen Horizont als beispielsweise ein technisches Wort wie „Homepage".

In der Tat geht Wittgenstein überhaupt davon aus, dass in der Sprache feste Regeln höchstens selten vorkommen: „Denn bedenke, dass wir im allgemeinen die Sprache nicht nach strengen Regeln gebrauchen – man hat sie uns auch nicht nach strengen Regeln gelehrt."[1] Dass die Ausnahme die Regel bestätige, gehört dabei zu den am häufigsten geäußerten Ausdrücken. Dabei ist das schlechterdings Unsinn.

Als nicht besonders sinnvoll erweist sich auch das Bemühen, das noch den *Tractatus* beseelte:

> „Andererseits vergleichen wir in unsern Diskussionen die Sprache beständig mit einem Kalkül, der sich nach exakten Regeln vollzieht. Dies ist eine sehr einseitige Betrachtungsweise. In der Praxis gebrauchen wir die Sprache sehr selten als einen derartigen Kalkül."[2]

Immer wieder, besonders in positivistischen Wissenschaftstheorien sucht man nach exakten Regeln und Definitionen. Doch damit erfasst man nicht die Sprache, wie sie gesprochen wird. Die erkenntnistheoretischen Probleme, die sich mit den modernen Naturwissenschaften einstellten, führten zur Forderung nach einer exakten Sprache. Auch wenn es immer noch Vertreter dieser Auffassung gibt, so sollte man sie doch heute aufgeben, ähnlich wie sich die Erlanger Schule einst auflöste.

Die „User" einer Sprache oder die, die in einer Sprache leben, kennen zumeist ihre Regeln gar nicht. Sie sprechen einfach und verstoßen dabei unablässig gegen die Regeln.

---

[1] Ebd., 49
[2] Ebd., 49

„Nicht nur, dass wir nicht an Regeln des Gebrauchs – Definitionen etc. – denken, wenn wir die Sprache gebrauchen; in den meisten Fällen sind wir nicht einmal fähig, derartige Regeln anzugeben, wenn wir danach gefragt werden."[1]

Nur wer fremde Sprachen lernt, kümmert sich um Regeln, natürlich nur um sie vergessen zu haben, wenn er die Sprache wirklich gelernt hat und sie endlich spricht. Solche Regeln sind wohl eher bloße Eselsbrücken, um eine Sprache einzuüben, auch um Kindern manche Feinheiten beizubringen, gerade was die Rechtschreibung betrifft. Und Wittgenstein insistiert noch weiter auf seiner These, wenn er an der Stelle fortfährt:

„Wir sind unfähig, die Begriffe, die wir gebrauchen, klar zu umschreiben; nicht, weil wir ihre wirkliche Definition nicht wissen, sondern weil sie keine wirkliche ‚Definition' haben. Die Annahme, dass sie eine solche Definition haben müssen, wäre wie die Annahme, dass ballspielende Kinder grundsätzlich nach strengen Regeln spielen."[2]

Die These von der Bedeutung als Regel für den Gebrauch eines Wortes relativiert sich damit dramatisch. Sie ist nicht falsch. Aber man muss sich klarmachen, dass dergleichen Regeln keinen allgemeingültigen Charakter haben und zumeist situativ bezogen sind. In welcher Situation man spricht, dementsprechend verwendet man ein Wort gemäß einer Regel. Aber diese Regel könnte nur für diesen Fall gelten. Es gibt keine festgelegten Bestimmungen in der Sprache. Es gibt höchstens willkürlich festgelegte. Es gibt keinen Papst, keinen Gott, der die Sprache ordnete und Regeln vorgäbe. Man kann deskriptiv angeben, welchen Regeln eine Handlung folgte, präskriptiv ist das höchsten schemenhaft möglich.

---

[1] Wittgenstein, Das Blaue Buch (1933/34), 49
[2] Ebd., 49

Allerdings – das ist die Konsequenz dieser Einsicht, die sich im 20. Jahrhundert Bahn brach – die Sprache als chaotische Natur betrachtet verlangt vom Menschen ein höheres Maß an Anpassungsfähigkeit, eine ständige Anstrengung als die geregelte Sprache der Diktatur, der Wissenschaften oder der Technik – hier hallt Gehlens Entlastungsgedanke nach. Mit dem Chaos zu leben mutet schwieriger an als in Ordnung. Chaos scheint gar gewaltsamer und ungerechter. Hobbes will die Zeitgenossen überzeugen, dass sie sich lieber dem Tyrannen unterwerfen, als im Chaos zu leben, wenn der Staat ihr Leben sichert, das sie im Chaos selber erhalten müssen. Man könnte das Argument auf die Sprache übertragen und als Kulturleistung die Reglementierung der Sprache betrachten. Doch die Diktaturen scheitern regelmäßig an der Sprachstruktur. Darin gründet die Hoffnung von Lyotard, dass der Kapitalismus an der Sprache scheitern wird.

Zudem verschärft sich dieses Problem, wenn nicht nur die jeweiligen Bedeutungen nicht erschöpfend zu bestimmen sind, sondern wenn Bedeutung als solche sich nicht definieren lässt. Hier endet für Wittgenstein die Bestimmbarkeit: Man kann nicht von der Bedeutung der Bedeutung sprechen: „'Jedes Zeichen kann im Prinzip gedeutet werden; aber die *Bedeutung* darf nicht gedeutet werden können. Sie ist die letzte Deutung."[1] Anders formuliert: die Bedeutung lässt sich nicht definieren. Man kann ihr nur nachspüren. Das ist die Lebensaufgabe, mit der sich Wittgenstein beschäftigt. Oder eigentlich kann es keine Bedeutung der Bedeutung geben. Doch es gibt sie. Sie ist vielleicht sogar der Motor des Diskurses, der Interpretation der Interpretation. Wenn die Sprache das leisten würde, was viele von ihr verlangen, dann dürfte es gar keine Frage nach der Bedeutung geben. Dann hätte jeder Ausdruck eine eindeutige, sofort einsichtige Bedeu-

---

[1] Ebd., 61

tung. Definitionen brechen den unendlichen Bedeutungs-
regress höchstens ab, um sich nicht in Hegels schlechter
Unendlichkeit zu verlieren. Dasselbe gilt für sehr viele
Sprachhandlungen, die Bedeutung dadurch festlegen
wollen, dass der Angesprochene nicht mehr wagt nachzu-
fragen, sondern so tut, als würde er verstehen.

6.2. Welche Bedeutung gewinnt die Sprache als Form des Lebens?

Freilich ist es durchaus möglich, sich mit der Bedeutung
auseinanderzusetzen. Doch man kann sich immer nur
mit der Bedeutung von Worten und Sätzen beschäftigen.
Dann muss man sie in einen bestimmten Kontext stellen.
Sonst kommt man deren Bedeutung nicht auf die Spur,
also der jeweiligen Bedeutung. Dergleichen bleibt natürlich nicht ohne Folgen für lieb gewonnene Gewohnheiten.
Wenn man vom Grund des Handelns spricht, dann meint
man Motiv oder Triebfeder. Dann denkt man vor allem
auch an Begründung. Die Frage nach dem Grund führt
andererseits zur Erklärung, zur Angabe von Kausalketten,
in die die Handlung verstrickt ist, aus denen sie hervor-
geht. Aber was versteht man da, wenn man einen Grund
hört, oder einen Grund angibt? Wittgenstein schreibt:

> „Wenn man einen Grund für etwas, das man getan oder
> gesagt hat, gibt, so bedeutet das, dass man einen Weg
> zeigt, der zu dieser Handlung führt. In einigen Fällen
> bedeutet das, dass man den Weg angibt, den man selbst
> gegangen ist; in andern Fällen bedeutet es, dass man ei-
> nen Weg beschreibt, der dahin führt und mit bestimmten
> akzeptierten Regeln übereinstimmt."[1]

---

[1] Wittgenstein, Das Blaue Buch (1933/34), 33

Wenn man einen Grund angibt, dann stellt man letztlich bestenfalls einen Zusammenhang oder eine Art Identität her: „Der Kopfschmerz, das ist das Wetter." Gerade solche Identifizierung erweist sich als höchst problematisch. Vielleicht hat Wittgenstein allerdings Recht, dass man dabei nur sehr individuelle Regeln der Wortverwendung angibt. Für Wittgenstein bleibt der Grund bzw. die Ursache in den Naturwissenschaften natürlich etwas anderes als dergleichen in der Alltagssprache. Hier reduziert sich der Grund auf eine beschränkte Gebrauchsregel in speziellen Situationen.

Und die Regel wandelt sich. Sie reicht niemals dorthin, wo sie derjenige gerne hätte, der nach Grammatikregeln fahndet. Welcher Regel beispielsweise folgt denn der Gebrauch des Wortes „rot"? Scheint diese Regel nicht klar zu sein, wenigstens wenn es um die reine Farbe geht ohne metaphorische Implikationen. Doch so einfach zeigt sich die Bedeutung nicht mal dort, wo der Gebrauch klar erscheint: Wittgenstein schreibt im *Braunen Buch*:

> „Nimm an, ich hätte jemandem das Wort ‚rot' erklärt, indem ich auf verschiedene rote Gegenstände gezeigt, und die Worte ‚Das heißt 'rot'' dazu ausgesprochen habe; was heißt es nun, wenn ich sage: ‚Wenn er die Bedeutung jetzt verstanden hat, wird er mir etwas Rotes bringen, wenn ich es verlange'? Dies scheint zu sagen: Wenn er das erfasst hat, was allen diesen Gegenständen gemeinsam ist, die ich ihm gezeigt habe, wird er in der Lage sein, meinen Befehl zu befolgen. Aber was ist ihnen allen gemeinsam? Kannst Du mir sagen, was einem lichten und einem dunklen Rot gemeinsam ist?"[1]

Offenbar kann niemand einfach die Farbe „Rot" lernen. Der Gebrauch eines solchen Wortes – wahrscheinlich jeden Wortes – realisiert sich nur im sprachlichen

---

[1] Ludwig Wittgenstein, Eine Philosophische Betrachtung (Das Braune Buch, 1934/35), Werkausgabe Bd. 5, Frankfurt/M. 1980, 99, 197

Zusammenhang mit vielen anderen Worten gemeinsam. Dieses Rot und jenes Rot sind nicht beide rot, weil sie etwas eint, das sie an sich haben. Doch in einem praktischen Zusammenhang lernt man, selbst dort Zusammenhänge zu finden, wo die Unterschiede eher auf der Hand liegen. Die Bedeutung liegt so wenig im Grund wie in einer Gemeinsamkeit, noch in einer Regel. Aber an diese Form des Sprachspiels schließt der Erlanger Konstruktivismus an und gründet darauf sein ganzes System, ist ja klar, dass abstrakte Definitionen zirkulär sind und nicht weiterhelfen. Aber was Wittgenstein mit spitzen Fingern anfasst und dann massiv relativiert, erheben Paul Lorenzen und Wilhelm Kamlah 1967 zum Grundprinzip der Einführung von Wissenschaftssprachen:

„Wir beginnen nun mit einer einfachen sprachlichen Handlung, indem wir z:b. sagen: ‚Dies ist ein Fagott.‘ Genauer, wir denken uns eine Situation, in der ein Musikschüler über die Holzblasinstrumente aufgeklärt wird: Der Lehrer nimmt ein Fagott in die Hand und sagt, den angeführten Satz. Der Satz stellt eine sprachliche Handlung dar, die in diesem Falle verbunden ist mit einer Handlung des Hinweisens. Diese ‚deiktische‘ Handlung, wie wir sagen wollen, wird zugleich von der zeigenden oder greifenden Hand und dem Wörtchen ‚dies‘ ausgeführt (. . .). Wir vermeiden also Beispielssätze von der Art jenes Lehrbuchsatzes ‚die Rose ist rot‘, für den man sich eine Situation nicht ausgedacht hat.“[1]

Dass die deiktische Zeigehandlung keineswegs eindeutig ist, das hat man in Erlangen lange geflissentlich übersehen. Auch dass die originäre ‚methodisch zirkelfreie‘ Einführung eines ‚Prädikators‘ der Basissprache, eines Wortes, das sich in Verbindung mit einer solchen Zeigehandlung bringen lässt, ständig wiederholt werden müsste etc.

---

[1] Wilhelm Kamlah, Paul Lorenzen, Logische Propädeutik – Vorschule des vernünftigen Redens, Mannheim, Wien, Zürich 1967, 27

Doch einer der Vordenker der analytischen Philosophie Willard van Orman Quine sieht in solchen Elementarsätzen, wie sie mal von Russell auf den Weg gebracht wurden, immer noch ein entscheidendes Bindeglied: „Beobachtungssätze sind ja schlechterdings das Verbindungsmittel jedwelcher Sprache, sei es der wissenschaftlichen, sei es der übrigen, mit der realen Welt, um die es unserer Sprache zu tun ist."[1] Das Problem bleibt, inwieweit Sprache und Welt überhaupt auseinandertreten.

Dem Erlanger Konstruktivismus ging es dabei um Wissenschaft, der nicht zum Scherzen zumute ist. Daher muss sie sich vom folgenden Beispiel Wittgensteins nicht betroffen fühlen. Doch auch mit der Verwendung und deren Regel reicht man an den folgenden Fall kaum heran, mag dieser konstruiert klingen. Wieweit reicht nun mal eine Bedeutung? „'Etwas im Scherz (im Ernst) meinen' – Meinst Du jedes Wort eines Scherzes im Scherz?"[2]

Hier scheint sich wieder der Geist aufzudrängen: Wir verstehen das Wort „Rot". Nein, wir verwenden es normalerweise richtig. Aber damit kann man sich wiederum auch nicht zufrieden geben. Denn man kann sich durchaus andere Verwendungsweisen vorstellen. Im *Braunen Buch* fällt denn bereits zumindest ansatzweise das Wort von der Sprache als Lebensform: „Umgekehrt könnte ich mir auch eine Sprache (und das heißt wieder eine Form des Lebens) denken, die zwischen Dunkelrot und Hellrot eine Kluft befestigt."[3]

---

[1] Willard van Orman Quine, Unterwegs zur Wahrheit – Konzise Einleitung in die theoretische Philosophie (1992), Paderborn, München 1995, 7
[2] Wittgenstein, Das Braune Buch (1934/35), 227
[3] Ebd., 108a, 202

6.3. Familienähnlichkeit anstatt Allgemeinheit: Der Sinn der Deskription

Der Universalien-Streit in der Scholastik konzentrierte sich auf die Gattungs- bzw. Allgemeinbegriffe. Man darf wohl annehmen, dass sich deren Sinn drastisch reduziert, wenn „Rot" keine allgemeine Eigenschaft von Dingen mehr ist, die diese gemeinsam haben, so dass sie etwas bestimmtes gemeinsam haben, was wieder dieses Rot ihnen gleichermaßen beibringt. Wittgenstein dementiert damit nicht, dass es in der Sprache Allgemeinheiten gibt. Aber grundsätzlich lässt sich die Bedeutung von Worten dadurch nicht bestimmen, dass man etwas als Bedeutung angibt, was diesen allen gemein wäre. Das gilt auch für die Regel des Gebrauchs. Bzw. diese zeigt, dass eine Regel etwas anderes ist als ein allgemeingültiges Gesetz.

„Was nun diese Untersuchungsmethode erschwert, ist unser Streben nach Allgemeinheit. Dieses Streben nach Allgemeinheit ist das Ergebnis einer Anzahl von Bestrebungen, die mit bestimmten philosophischen Verirrungen verbunden sind. Da ist (a) die Bestrebung, nach etwas Ausschau zu halten, das all den Dingen gemeinsam ist, die wir gewöhnlich unter einer allgemeinen Bezeichnung zusammenfassen. Wir sind z.B. geneigt zu denken, dass es etwas geben muss, das allen Spielen gemeinsam ist, und dass diese gemeinsame Eigenschaft die Anwendung der allgemeinen Bezeichnung ‚Spiel' auf die verschiedenen Spiele rechtfertigt; während Spiele doch eine Familie bilden, deren Mitglieder Familienähnlichkeiten haben."[1]

---

[1] Wittgenstein, Das Blaue Buch (1933/34), 37

Den Begriff der Allgemeinheit ersetzt Wittgenstein durch den der Familienähnlichkeit. Er vermeidet damit den Aspekt der Gemeinsamkeit und ersetzt ihn durch Ähnlichkeit. Es gibt gewisse Parallelen zwischen den verschiedenen Verwendungsweisen der Farbe „Rot". Aber es gibt eben keine Gemeinsamkeit. Was sollte ihnen auch gemeinsam sein. Das was ihnen die Idee eines Gottes letztlich eingab? Damit kann man sich schwerlich zufrieden geben. Und der Gebrauch konstruiert keine Gemeinsamkeit, sondern eine Ähnlichkeit. Es kann nicht zweimal denselben Gebrauch geben. Selbst wenn ich sage, ich würde von einer Sache immer denselben Gebrauch machen, so ist es nie derselbe, sondern ein ähnlicher, eine Wiederholung. Doch eine Wiederholung wiederholt sich nicht einfach, sondern entwickelt Ähnlichkeiten.

„Unser Streben nach Allgemeinheit hat eine weitere Hauptquelle: unsere Voreingenommenheit für die naturwissenschaftliche Methode. Ich meine die Methode, die Erklärung von Naturerscheinungen auf die kleinstmögliche Anzahl primitiver Naturgesetze zurückzuführen; in der Mathematik ist es die Methode, die Behandlung verschiedener Probleme mittels einer Verallgemeinerung zu vereinheitlichen. Philosophen haben ständig die naturwissenschaftliche Methode vor Augen und sind in unwiderstehlicher Versuchung, Fragen nach der Art der Naturwissenschaften zu stellen und zu beantworten. Diese Tendenz ist die eigentliche Quelle der Metaphysik und führt den Philosophen in vollständiges Dunkel. Ich möchte hier sagen, dass es niemals unser Anliegen sein kann, irgendetwas auf irgendetwas zurückzuführen oder irgendetwas zu erklären. Philosophie *ist* wirklich ‚rein deskriptiv'."[1]

Was Wittgenstein im *Tractatus* hochhielt, die naturwissenschaftliche Methodik erscheint ihm jetzt auf die Philosophie übertragen gar als Quelle der Metaphysik –

---

[1] Ebd., 39

der Abschied von fast aller bisherigen Philosophie, außer dass Nietzsche das schon sagte: „Wir operieren mit lauter Dingen, die es nicht gibt, mit Linien, Flächen, Körpern, Atomen, teilbaren Zeiten, teilbaren Räumen (. . .).“[1] Wie auch das folgende – die Fortsetzung einer Revolution! Denn wie heißt es kurz zuvor: „Wir beschreiben besser - wir erklären ebenso wenig wie alle Früheren.“[2] Philosophie kann nicht erklären. Ihr Sinn kann nicht sein, eines durch ein anderes zu bestimmen – auch nur eine Variante, die Bedeutung zu bestimmen. Von dieser Methode verabschieden sich manche Philosophien im 20. Jahrhundert langsam und gehen zur Deskription über. Diese aber kennt keine Allgemeinheit mehr, sondern nur noch Ähnlichkeiten. Das macht die Welt allerdings nicht übersichtlicher, jedenfalls nicht in jenem Sinne nach dem die Welt übersichtlich erscheint, wenn sie sich erklären lässt.

6.4. Sprachgebrauch und Sprachspiele

Was heißt Bedeutung? Wie kann man dieser Frage noch nachgehen? Zahlreiche Aspekte und Bestimmungen der Bedeutung wurden ausgeschlossen oder zumindest relativiert. Zuletzt blieb der Begriff der Ähnlichkeit. Inwiefern könnte er den Weg in die Nähe der Bedeutung weisen? Und wohin weist er überhaupt? Denken wir an die vorhergehenden Bemerkungen über das Denken und den Geist, wenn Wittgenstein schreibt:

„Wenn wir sagen, dass Denken wesentlich ein Operieren mit Zeichen ist, dann könnte deine erste Frage sein:

---

[1] Friedrich Nietzsche, Die fröhliche Wissenschaft (1881-82), KSA Bd. 3, München u.a.O. 1999, 112, 473
[2] Ebd. 112, 472

‚Was sind Zeichen?' - Statt dir irgendeine allgemeine Antwort auf diese Frage zu geben, werde ich dir vorschlagen, bestimmte Fälle, die wir ‚Operieren mit Zeichen' nennen würden, unter die Lupe zu nehmen."[1]

Also keine allgemeine Definition wird gesucht, sondern man soll nachschauen, wie Zeichen verwendet werden. D.h. ich muss mich daran machen, die Zeichenverwendung zu beschreiben. Eine Beschreibung ist aber nur vom Einzelfall, nicht von einer ominösen allgemeinen Konstruktion möglich. Daher schreibt Wittgenstein weiter:

„Betrachten wir ein einfaches Beispiels für das Operieren mit Wörtern. Ich gebe jemanden den Befehl: ‚Hol mir sechs Äpfel vom Kaufmann', und ich will ein Verfahren beschreiben, nach dem man von einem solchen Befehl Gebrauch machen kann: Die Wörter ‚sechs Äpfel' stehen auf einem Stück Papier, das Papier wird dem Kaufmann ausgehändigt, der Kaufmann vergleicht das Wort ‚Apfel' mit Schildern an verschiedenen Laden. Er stellt fest, dass es mit einem der Schilder übereinstimmt; zählt von eins bis zu der Zahl, die auf dem Stück Papier steht, und bei jeder Zahl nimmt er einen Apfel aus der Lade und tut ihn in eine Tüte. – Und hier hast du einen Fall vom Gebrauch von Wörtern."[2]

Gerade dieses Beispiel wird Wittgenstein noch häufiger wiederholen, um Bedeutung anhand von Verwendungsweisen zu verdeutlichen.

Hier taucht denn auch bereits der berühmte Ausdruck auf, der Wittgensteins Spätwerk beherrscht und der das Denken vieler Nachfahren geprägt hat:

„Ich werde in Zukunft immer wieder deine Aufmerksamkeit auf das lenken, was ich Sprachspiele nennen werde. Das sind einfachere Verfahren zum Gebrauch

---

[1] Wittgenstein, Das Blaue Buch (1933/34), 36
[2] Ebd., 36

von Zeichen als jene, nach denen wir Zeichen in unserer äußerst komplizierten Alltagssprache gebrauchen."[1]

Das Wort Sprachspiel wird hier noch eingeschränkt verwendet. Es handelt sich um einfache Gebrauchsweisen von Worten, die deren Bedeutung in Form von Regelhaftigkeiten anzeigen sollen. Die Alltagssprache will Wittgenstein hier mit dem Sprachspiel noch umgehen. Doch es zeigen sich unmittelbare Bezüge zwischen Sprachspielen und der Alltagssprache, wenn er weiterschreibt:

„Sprachspiele sind die Sprachformen, mit denen ein Kind anfängt, Gebrauch von Wörtern zu machen. Das Studium von Sprachspielen ist das Studium primitiver Sprachformen oder primitiver Sprachen. Wenn wir die Probleme von Wahrheit und Falschheit, von der Übereinstimmung oder Nichtübereinstimmung von Sätzen mit der Wirklichkeit, von der Beschaffenheit von Behauptung, Annahme und Frage studieren wollen, dann wird es von Vorteil sein, primitive Sprachformen zu untersuchen, in denen diese Denkformen ohne den verwirrenden Hintergrund äußerst komplizierter Denkprozesse auftreten."[2]

Die Einfachheit der Sprachspiele soll an die Bedeutung von Worten und Sätzen heranführen. Das Einfache verstehen wir schneller. Es erscheint vermittelbarer, nachvollziehbarer, verlangt weniger, sich auf komplizierte Gedankengänge einzulassen. Weist Wittgenstein mit dem Sprachspiel den Weg zu einem Sprachverständnis, bei dem sich die Sprache vielleicht als Macht, nicht aber als Gewalt dem Menschen präsentiert? Das Sprachspiel oktroyiert keine Bedeutung, sondern macht Angebote, die man ablehnen oder annehmen kann. Das Sprachspiel bleibt mächtig, aber es reduziert den zwanghaften Charakter, den Definitionen oder Elementarsätze erzeugen.

---

[1] Wittgenstein, Das Blaue Buch (1933/34), 36
[2] Ebd., 37

„Wenn wir solche einfachen Sprachformen untersuchen, dann verschwindet der geistige Nebel, der unsern gewöhnlichen Sprachgebrauch einzuhüllen scheint. Wir sehen Tätigkeiten und Reaktionen, die klar und durchsichtig sind. Andererseits erkennen wir in diesen einfachen Vorgängen Sprachformen, die von unseren komplizierteren Sprachformen keineswegs durch einen Einschnitt getrennt sind. Wir sehen, dass wir die komplizierten Formen aus den primitiven zusammensetzen können, indem wir nach und nach neue Formen hinzufügen."[1]

Das Sprachspiel bringt uns die Sprache näher, sowohl in ihren einfachen wie in ihren komplizierten Gebrauchsweisen. Allgemeine Regeln dürfen wir nicht mehr erwarten. Eine derartige Legitimität hat die Sprache für Wittgenstein längst verloren. Dann dürfen wir sie zunächst auch nicht ohne weiteres mehr als Macht verstehen. Doch das Sprachspiel will auch vorführen, dass im Chaos keine blanke Gewalt herrscht. Das Chaos der Sprache hat zumindest schwache Regeln, die dem Menschen einen Weg durch das Labyrinth weisen. Kehrt im Sprachspiel die Sprache als Macht wieder, die dem Menschen nicht fremd gegenübertritt, wenn mit Cassirer der Mensch ein *animal symbolicum* ist? Könnte es eine Macht mit eingeschränktem Gewaltpotential sein?

Im *Braunen Buch* schlägt Wittgenstein den Weg zum Sprachspiel, den Weg zu seinem Hauptwerk *Philosophische Untersuchungen* noch eindeutiger ein. Schon der Anfang ähnelt diesem, wenn er mit einem Augustinus Zitat (119) beginnt und auf den ersten Seiten sechs Modelle von Sprachspielen vorführt. Er geht hier auch schon weiter und bezeichnet Sprache selbst als Sprachspiel:

„A fragt: ‚Wie viele Platten?' B zählt sie und antwortet mit dem letzten Zahlwort. Systeme der Verständigung

---

[1] Ebd., 37

wie meine Beispiele 1-6 will ich ‚Sprachspiele' nennen. Sie sind dem, was wir im gewöhnlichen Leben Spiele nennen mehr oder weniger verwandt; Kinder lernen ihre Muttersprache mittels solcher Sprachspiele, und hier haben sie vielfach den unterhaltenden Charakter des Spiels. – Wir betrachten aber die Sprachspiele nicht als Fragmente eines Ganzen ‚der Sprache', sondern als in sich geschlossene Systeme der Verständigung, als einfache, primitive Sprachen. Um diese Betrachtungsart im Auge zu behalten, ist es oft nützlich, sich das Bild weiter auszumalen, und sich einen primitiven Volksstamm vorzustellen, dessen gesamte Sprache in diesem Sprachspiel besteht."[1]

Das Thema Bedeutung und die Methode von dessen Bearbeitung ist eröffnet: Und es wird sich im Weiteren die Frage stellen, welche Bedeutung das Sprachspiel hat. Drückt es die Moral oder die Macht der Sprache aus? Oder kaschiert es damit doch ihre Gewalt? Heidegger beschreibt den Sachverhalt 1952 auf Wittgenstein gar nicht so ferne Weise, bevor er von dessen Begriff des Sprachspiels erfahren konnte:

„Wenn hier schon von einem Spiel die Rede sein darf, dann spielen nicht wir mit den Wörtern, sondern das Wesen der Sprache spielt mit uns (. . .) längst und stets. Die Sprache spielt nämlich so mit unserem Sprechen, dass sie dieses gern in die mehr vordergründigen Bedeutungen der Worte weggehen lässt. Es ist, als ob der Mensch Mühe hätte, die Sprache eigentlich zu bewohnen. Es ist, als ob gerade das Wohnen der Gefahr des Gewöhnlichen am leichtesten erliege."[2]

---

[1] Wittgenstein, Das Braune Buch (1934/35), 6, 121
[2] Martin Heidegger, Was heißt Denken? (1951/52), 83

7. Vorlesung
DIE FRAGE VON SPRACHREGELN IN DEN
PHILOSOPHISCHEN UNTERSUCHUNGEN

Was ist die Bedeutung der Bedeutung? Auf diese Frage gibt es keine Antwort. Dann ist sie auch keine sinnvolle Frage. Endet also bei der Bedeutung die Bedeutung? Aber man kann doch gegen Regeln verstoßen! Kann man auch Regeln überschreiten, die es gar nicht gibt? Was überschreite ich dann? Wenn ich eine falsch gestellte Frage beantworte, erhalte ich dann eine falsche Antwort oder eine richtige Antwort auf eine falsche Frage? Und inwiefern ist letztere Antwort dann richtig?

Wenn ich festhalte, dass es über Bedeutung verschiedene Auffassungen gibt, beispielsweise die Referenztheorie, den Behaviorismus, die Vorstellungstheorie und die Gebrauchsthese, habe ich dann auf die falsch gestellte Frage richtig oder falsch geantwortet? Selbst wenn in der Philosophie alle Erklärung fort soll und Beschreibung an ihre Stelle treten, ich kann doch auch falsch gestellte Fragen samt ihren Antworten richtig beschreiben. Wäre dann die Aufzählung der verschiedenen Bedeutungstheorien die richtige Antwort auf die falsch gestellte Frage nach der Bedeutung der Bedeutung? Ich sage damit ja schließlich nicht, was Bedeutung bedeutet, oder Bedeutung einfach ist. Ich sage ja nur, was andere sagen.

Wittgenstein aber möchte wirklich etwas über die Bedeutung sagen. Es erscheint klar: Wittgenstein philosophiert wirklich, während die Rede über diverse Positionen des Denkens nicht selber Denken ist, bestenfalls hinterher- oder nach- oder mitdenken. Aber das reicht wahrscheinlich schon. Wenn das Denken denn so einfach wäre! Indes, warum sollte es unbedingt schwer sein? Denke ich nur, wenn ich nicht nach der Bedeutung der Bedeutung frage?

Doch nach der Bedeutung als Bedeutung zu fragen, kommt ja nicht von ungefähr. Bedeutung erscheint als ein wesentlicher Aspekt der Sprache. Dazu gibt es eine linguistische Subdisziplin, die Semantik, und eine ganze theologisch philosophische Strömung, die Hermeneutik. Wittgenstein widmet diesem Thema sein halbes Leben. Die Werke nach dem *Tractatus* beschäftigen sich mit ihr. Sein zweites Hauptwerk die *Philosophischen Untersuchungen* drehen sich au fond um kein anderes Thema. Wenn man aber die Bedeutung der Bedeutung ausschließt, könnte sich am Ende die Bedeutung als Bedeutung auflösen. Darauf läuft sein Werk hinaus, auf eine Auflösung des semantischen Problems, aber nicht durch eine Antwort, sondern durch ein Vorgehen jenseits dieser Antworten. Die Konsequenzen sind weitreichend und noch nicht annähernd ausgedacht, ja teilweise sicherlich noch nicht einmal wahrgenommen. Man muss nur daran erinnern, dass sich das abendländische Denkens quer durch seine Traditionen hindurch um die Bedeutung von Begriffen bemüht, also eine Weise des Philosophierens entwickelt, die davon ausgeht, dass Begriffe wie einfache Worte bestimmte Bedeutungen haben, oder zumindest haben sollten. Was macht die Philosophie heute vor allem? Sie rekonstruiert Bedeutungszusammenhänge, beispielsweise bei einzelnen Philosophen, die man als Autoritäten behandelt. Dementsprechend entwickeln sich auch bestimmte Vorstellungen von der Sprache, denen Wittgenstein zu entgehen trachtet.

7.1. Die Macht der eindeutigen Bedeutung

Wenn man die Grundlagen des abendländischen Sprach-
gefühls in Platons Ideenlehre finden kann – die antiken
Griechen hatten kein Wort für Sprache –, so hält sich
Wittgenstein stattdessen an Augustin als Zeitzeugen für
ein bestimmtes Sprachverständnis mit einer mehr oder
weniger eindeutigen Bedeutung, zumindest einer Bedeutung, von der man hoffen darf, sie zu verdeutlichen. Er
zitiert am Beginn der Philosophischen Untersuchungen
Augustin aus den *Bekenntnissen*:

„Nannten die Erwachsenen irgendeinen Gegenstand und
wandten sie sich dabei ihm zu, so nahm ich das wahr
und ich begriff, dass der Gegenstand durch die Laute,
die sie aussprachen, bezeichnet wurde, da sie auf ihn
hinweisen wollten."[1]

Unter der Bedingung einer Referenztheorie – noch ein
wenig ergänzt durch Varianten des Behaviorismus,
schließlich erwähnt Augustin in der o.a. Stelle auch Haltungen, Verweisungen und Gesten – will man die Bedeutung der Worte tendenziell fixieren. Einerseits will man
damit die Kommunikation erleichtern und steuern, letztlich auch kontrollieren. Andererseits scheint dadurch die
Welt in der Sprache abbildbar. Wenn man also die Sprache mit klaren Bedeutungen versieht, also die Sprache
stabilisiert, hofft man auch der Zwischenmenschlichkeit
wie der Weltbeherrschung Stabilität zu verleihen. Wittgenstein umschreibt diesen Augustinischen Ansatz folgendermaßen:

---

[1] Zit., bei Ludwig Wittgenstein, Philosophische Untersuchungen
(1953), Frankfurt/M. 1971, 1, 13

„In diesen Worten erhalten wir, so scheint es mir, ein bestimmtes Bild von dem Wesen der menschlichen Sprache. Nämlich dieses: Die Wörter der Sprache benennen Gegenstände – Sätze sind Verbindungen von solchen Benennungen. – – In diesem Bild von der Sprache finden wir die Wurzeln der Idee: Jedes Wort hat eine Bedeutung. Diese Bedeutung ist dem Wort zugeordnet. Sie ist der Gegenstand, für welchen das Wort steht."[1]

Die Geschichte der Philosophie wie der Religion aber auch des politischen Denkens durchzieht diese Bemühung, einerseits der Sprache Stabilität zu unterstellen – Platons Ideen besitzen Ewigkeitswert; von Aristoteles bis zu Porphyrios zieht sich die Bemühung, die Gattungsbegriffe durch feste Stammbäume zu bestimmen –, um daran anschließend das Verhältnis von Mensch und Welt verlässlich zu bestimmen. Voraussetzung ist bis zu den Bemühungen der positivistischen Wissenschaftstheorien des 20. Jahrhunderts der unmittelbare Bezug zwischen Wort und Gegenstand. Damit glaubt man ein verlässliches Fundament zu besitzen, auf das alle weiteren begrifflichen Bemühungen aufbauen können. Im religiösen Denken zeigt sich der Mensch in seinem Alltagsleben dadurch in kosmische Ordnungen selbstverständlich eingebunden. Die Religionen wie die Weltanschauungen vergewissern den Menschen in seinem Leben wie in seinem Bezug zu Gott durch die Ordnung der Sprache oder mit Foucault durch die Ordnung der Diskurse:

„Ich setze voraus, dass in jeder Gesellschaft die Produktion des Diskurses zugleich kontrolliert, selektiert, organisier und kanalisiert wird – und zwar durch gewisse Prozeduren, deren Aufgabe es ist, die Kräfte und die Gefahren des Diskurses zu bändigen, sein unberechen-

---

[1] Wittgenstein, Philosophische Untersuchungen (1953), 1, 13

bar Ereignishaftes zu bannen, seine schwere und bedrohliche Materialität zu umgehen."[1]

Vor allem aber reichen diese Ordnungen entsprechend der Referenztheorie bis in das Alltagsleben hinein. Die Sprache der Macht erweist sich als Macht der Sprache. Es muss nicht verwundern, wenn Gewalt der Intellektualität bedarf, um zur Macht zu avancieren und um selber dadurch Stabilität zu gewinnen. Es verwundert dann noch weniger, wenn der Geist mächtiger als der Körper ist und die körperliche Macht ohne die geistige keine Chance hätte, wie es bereits Hobbes bemerkt.

Man kann das auch als Problemlösung durch Kommunikation verstehen und somit nicht durch Gewalt. Dem entspricht dann die Hypothese, dass man sich den Staat doch so vorstellen soll, als hätten ihm alle Bürger ihre jeweils eigene Macht übertragen, und zwar unter der Bedingung, dass der Staat deren Leben sichert. Dazu bemerkt Rawls:

> „Ich glaube, <Hobbes> wollte ein überzeugendes philosophisches Argument vorbringen, aus dem sich ergibt, dass ein starker und durchsetzungsfähiger Souverän mit allen Machtbefugnissen, die einem Souverän nach Hobbes zustehen, das einzige Gegenmittel gegen das große Übel des Bürgerkriegs ist, das alle Personen verhüten wollen müssen, da es ihren Grundinteressen zuwiderläuft. Hobbes möchte uns davon überzeugen, dass die Existenz eines solchen Souveräns die einzige Möglichkeit darstellt, zu bürgerlichem Frieden zu gelangen."[2]

Doch die Idee einer friedfertigen und gewaltlosen Sprache funktioniert nicht nur auf der Grundlage einer Ordnung, sondern auch der Stabilität der Sprache, ge-

---

[1] Michel Foucault, Die Ordnung des Diskurses (1970), Frankfurt/M. 1991, 11

[2] John Rawls, Geschichte der politischen Philosophie (1995/2007), Frankfurt/M. 2008, 70

nauer ihrer Bedeutung. Ansonsten werden die Kommunikationsstrukturen natürlich vage und können sich auf keine Wahrheit, auf keine Bedeutung mehr stützen. Dann ist nicht mehr so klar, was Hobbes eigentlich sagen wollte. Und das ist ja auch tatsächlich der Fall, wird Hobbes durchaus verschieden ausgelegt – man denke alleine an die Differenz zwischen Rawls und Leo Strauss.

7.2. Die Verunsicherung des Referenten im Alltag

Um das Modell des Augustin in seiner Problematik zu verdeutlichen greift Wittgenstein auf das Beispiel aus dem *Braunen Buch* zurück, dasjenige von den beiden Handwerkern mit den Platten etc. Die Bedeutung scheint hier wie bei Augustinus auf der Hand zu liegen: Der eine ruft „Platte" und der andere bringt ihm eine. Es scheint völlig klar: „Platte" heißt „Bring mir die Platte". Aber meint der eine, wenn er „Platte" ruft, wirklich „Bring mir die Platte"? Ändert sich dadurch etwas an der Bedeutung der beiden Ausdrücke? Beide Ausdrücke sind doch nicht dasselbe. Wenn der eine etwas dabei meint, dann fügt er doch etwas hinzu, was „Platte" alleine nicht zu meinen scheint. Wittgenstein bemerkt: „Aber wenn ich ‚Platte' rufe, so will ich doch, *er soll mir eine Platte bringen!* - Gewiss, aber besteht ‚dies wollen' darin, dass du in irgend einer Form einen anderen Satz denkst als den, den du sagst?"[1] Dann bedeutet „Platte!" in solcher Kommunikation schlicht dasselbe wie „Bring mir die Platte!"

---

[1] Wittgenstein, Philosophische Untersuchungen (1953), 19, 21

Dann aber drückt sich dieses Meinen oder Wollen nicht im Unterschied der beiden Sätze aus. Und doch soll der Satz mit dem einen Wort just das meinen, was der andere mit mehreren Worten sagt. Und faktisch tut er das auch, jedenfalls in dieser Situation. Ein Ausdruck reicht, um den anderen zu meinen oder zu wollen. Daher stellt Wittgenstein fest, dass die Gleichförmigkeit der Erscheinung von Worten die Verwirrung auslöst, just dann – und das ist beinahe immer der Fall – wenn Worte in ganz anderen Funktionen verschiedene Bedeutung ausdrücken können. Aber was bedeutet der Ruf des einen Handwerkers: „Platte"? Allein schon eine reine Benennung des Gegenstandes ‚Platte' wird hier offenbar überschritten. Dann würde der andere im besten Fall nicken. Oder vielleicht nicht mal das: Er hört das Wort und weiß intuitiv, was damit gemeint ist. Es folgt aber daraus keine Reaktion seinerseits. Man bemerkt Unterschiede, man kann sie womöglich auch ausdrücken. Doch was man formuliert, bleibt etwas anderes als das, was verstanden wurde. Denn er hat „Platte" gesagt und nicht „Bring mir die Platte".

> „'Wir benennen die Dinge und können nun über sie reden: Uns in der Rede auf sie beziehen.' – Als ob mit dem Akt des Benennens schon das, was wir weiter tun, gegeben wäre. Als ob es nur Eines gäbe, was heißt: ‚von Dingen reden': Während wir doch das Verschiedenartigste mit unsern Sätzen tun. Denken wir allein an die Ausrufe. Mit ihren ganz verschiedenen Funktionen. Wasser! Fort! Au! Hilfe! Schön! Nicht! Bist du nun noch geneigt, diese Wörter ‚Benennungen von Gegenständen' zu nennen?"[1]

Festzuhalten bleibt, was wir schon wussten: Es gibt viele verschiedene Weisen des Bedeutens. Der Referenzbezug bleibt einer von verschiedenen möglichen und ist

---

[1] Ebd., 27, 26

selbst an ausgezeichneter Stelle wie im wittgensteinschen Beispiel keineswegs so eindeutig, wie er scheint. Man kann sich referierend mit Worten und Sätzen auf Gegenstände beziehen. Was dabei geschieht, vor allem was hier die Bedeutung ist, das ist keineswegs so klar, um daraus eine ganze Welt ableiten zu können. Man könnte meinen, dem müsste von Fall zu Fall genau nachgegangen werden. Aber wer wollte auf solche Gründlichkeit einen Staat oder eine Religion gründen. „Man sagt: Es kommt nicht aufs Wort an, sondern auf seine Bedeutung; und denkt dabei an die Bedeutung, wie an eine Sache von der Art des Worts, wenn auch vom Wort verschieden."[1] Eine ähnliche Formulierung findet sich bereits im *Big Typescript*.

Man wird dem entgegenhalten, dass sich solche stabilen Bedeutungen nicht aus einem einzelnen Beispiel ableiten lassen, sondern die Praxis einer umfänglichen Sprache voraussetzen. Dann heißt Bedeutung das, was den verschiedenen Verwendungen gemeinsam ist, was etwas anderes als das Wort wäre. Auf diese Weise funktionieren gemeinhin Befehl und Gehorsam. Das Problem ist nur, es funktioniert so automatisch auch wieder nicht. Denn dann treten Wort und Bedeutung auseinander, was nicht nur das Wort verdoppelt, sondern die hermeneutische Debatte eröffnet, mit der kein Staat zu machen ist.

Just dann aber, wenn man meint, man könne sich auf die Bedeutung der Referenz beziehen, um an eine alltägliche Situation anzuschließen, entsteht daraus gerade die Unsicherheit. Natürlich gibt es die Bedeutung der Referenz. Man kann mit ihr umgehen. Doch wenn man anfängt darüber zu reflektieren, um sie zu präzisieren, misslingt dieses Unterfangen in der Vervielfachung des Wor-

---

[1] Wittgenstein, Philosophische Untersuchungen (1953), 120, 68; vgl. Wittgenstein, The Big Typescript (1933), 3.291.1 1, 61

tes. Die gesuchte Stabilität kehrt sich ins Instabile. Jede Genauigkeit wird in der Sprache schwach.

Oder wie Jean-François Lyotard im Anschluss an Wittgenstein bemerkt: „Es gibt ebenso viele Universen wie Sätze. Und ebenso viele Situationen von Instanzen wie Universen. (. . .) Ähnlichkeit reduziert keineswegs deren Ungleichartigkeit. (. . .) Kein einziges Element ist allen gemeinsam."[1] Mit dieser sprachlichen Situation muss die Politik zurechtkommen. Sie versucht diese Vielfalt zu reduzieren und zu vereinheitlichen. Dazu muss man gar nicht bis zur brutalen Gewalt von totalitären Terrorregimen blicken. Es ist für Lyotard vielmehr das Kennzeichen jeder Politik, eine Art Metaebene zu entfalten, von der aus man Anschlüsse zwischen Sätzen herstellen kann, um den sich aus dieser sprachlichen Vielfalt ergebenden Widerstreit zu schlichten.

7.3. Die Machtlosigkeit der Regel des Gebrauchs und die Macht der vagen Regel

Nach Wittgenstein lässt sich jedenfalls die Bedeutung nicht auf den Spezialfall der Referenz reduzieren. Doch jene, die mit der Sprache Welt und Menschen beherrschen möchten, die von den Menschen verlangen, dass sie sich die Sprache aneignen, was nicht viel mehr heißt, als dass sie sich der Sprache anpassen, diese werden einwenden, dass sich die Bedeutung zwar vielleicht nicht so unmittelbar und automatisch ableiten lässt, auch nicht so wie es sich die positivistischen Wissenschaftstheorien

---

[1] Jean-François Lyotard, Der Widerstreit (1983), 2. Aufl. München 1987, 122, 135

vorstellen. Doch aus dem Gesamtzusammenhang von Sprache und Praxis lernen die Menschen die Worte letztlich doch richtig zu gebrauchen bzw. die Sprache richtig zu sprechen. Das wäre gar nicht so weit entfernt von dem, was Wittgenstein unterstellt, wenn er fragt: „Aber besteht der gleiche Sinn der Sätze nicht in ihrer gleichen Verwendung?"[1]

Natürlich gibt es theoretische Engführungen in den Konzepten über Bedeutung. Doch jenseits solcher analytischer Bemühungen präsentiert sich Sprache aus dem gesprochen Kontext, das was gesagt wird und wie es verstanden wird. Dazu gehören dann vielfältige Aspekte des Handelns, des Denkens und Fühlens, der Gestik und der situativen Zurechnung. Wenn man dann das Problem auf die Sprache fokussiert – und eventuell von weiteren Zusammenhängen absieht, dann kommt Wittgensteins These aus seinem Spätwerk einem pragmatischen Verständnis vergleichsweise nahe, wenn er schreibt:

„Man kann für eine *große* Klasse von Fällen der Benützung des Wortes ‚Bedeutung' – wenn auch nicht für *alle* Fälle seiner Benützung - dieses Wort so erklären: Die Bedeutung eines Wortes ist sein Gebrauch in der Sprache. Und die *Bedeutung* eines Namens erklärt man manchmal dadurch, dass man auf seinen *Träger* zeigt."[2]

Insofern braucht es auch nicht zu verwundern, wenn Wittgensteins These durchaus auf Resonanz stieß. Au fond lautet sie: Bedeutung ergibt sich grundsätzlich aus dem Gebrauch und in speziellen Fällen lässt sich diese Gebrauchstheorie auch auf andere Perspektiven wie die der Referenz verengen. Bedeutung im Gebrauch zu beschreiben, scheint weder einem Ansatz wie dem des Aristoteles fern zu liegen, wenn sich die Tugenden, d.h. das zu Tuende aus dem erfahrbaren Rahmen der überlieferten

---

[1] Wittgenstein, Philosophische Untersuchungen (1953), 20, 22
[2] Ebd., 43, 35

Sitten und Gebräuche und aus den Notwendigkeiten der Polis ergibt. Sicher, ein solches Verständnis von Bedeutung lässt sich nicht mehr essentialistisch aufladen. Das Wort selbst gibt keine Bedeutung mehr vor, die der einzelne erkennen muss. Das Wort „Pferd" erzeugt nicht mehr das Tier auf der Wiese. Doch nicht nur die Politik, auch aufgeklärte Religionen haben längst erkannt, dass man autoritative Bedeutungen nicht mehr allein ins Wort legen kann: Die Majestät ist keine Majestät mehr. Worte gewinnen ihren Sinn stattdessen aus einem exegetischen, symbolischen, juristischen oder politischen Kontext. Wie schreibt doch Wittgenstein: „Jedes Zeichen scheint *allein* tot. *Was* gibt ihm Leben? – Im Gebrauch *lebt* es. Hat es da den lebenden Atem in sich? - Oder ist der *Gebrauch* sein Atem?"[1] Die Frage wird man wohl nicht beantworten können. Pragmatisch betrachtet bleibt das aber gleichgültig. Hier wiederholt sich jene These aus dem *Tractatus*, dass ein Wort nur im Satz Bedeutung hat.

Ein solcher Gebrauch ergibt sich also aus dem sozialen Zusammenhang. Insoweit kann man die soziale Situation vielleicht nicht mehr aus der Sprache heraus so leicht stabilisieren, wie es sich Ansätze im Anschluss an die Referenztheorie erhofften. Trotzdem präsentiert sich ja gerade solcher Gebrauchszusammenhang wiederum eingebunden in eine Vielfalt von Regeln. Man muss also nicht unbedingt die Sprache dann als einen Ort der Verunsicherung und des Chaos begreifen: Gesprochen wird und das Chaos bricht eher selten aus.

Auch Wittgenstein erkennt den Regelbegriff an. Man spricht zweifellos gemäß bestimmter Regeln. Die Bedeutung der Sprache als Regel für den Gebrauch bietet dann sowohl dem Einzelnen eine Orientierung in der unübersichtlichen Welt an, wie sie andererseits diesen einpasst in einen umweltlichen Zusammenhang, den Sprachregeln

---

[1] Ebd.,432, 159

zumindest mitbestimmen. Genauso weit führt die Sprache in einen sozialen Zusammenhang, könnte sie diesen vielleicht nicht mit der Gewalt der Referenz, aber mit der Regularität sozialer Beziehungen kommunikativ gestalten. So stellt man sich wohl den friedlichen Charakter der Sprache vor, der nicht Macht und Gewalt, sondern Moral und Mitmenschlichkeit verkörpert und der bei Habermas auf der Vernunft aufruht. So stellt er bereits in seinem frühen Werk *Strukturwandel der Öffentlichkeit* sein berühmt gewordenes Prinzip auf:

> „Gleichzeitig beansprucht, was unter solchen Bedingungen aus dem öffentlichen Räsonnement resultiert, Vernünftigkeit; ihrer Idee nach verlangt eine aus der Kraft des besseren Arguments geborene öffentliche Meinung jene moralisch prätentiöse Rationalität, die das Rechte und das Richtige in einem zu treffen sucht. Die öffentliche Meinung soll der ‚Natur der Sache‘ entsprechen."[1]

Doch leider – das verriet schon *das Blaue Buch* – folgt Wittgenstein keiner solchen rationalen Regelperspektive. Es gibt wohl Regeln des Gebrauchs. Doch auch diese stehen keineswegs so fest, wie es sich die augustinische Tradition wohl erhoffen würde. Vor allem aber geraten sie in einen Selbstwiderspruch. Wittgenstein schreibt: „Glaub nicht immer, dass du deine Worte von Tatsachen abliest; diese nach Regeln in Worte abbildest! Denn die Anwendung der Regel im besonderen Fall müsstest du ja doch ohne Führung machen."[2]

Woher weiß ich, dass jetzt diese und keine andere Regel gilt? Dass jetzt diese Regel angewendet werden muss? Selbst wenn es eine Regel für diese Regelanwendung

---

[1] Jürgen Habermas, Strukturwandel der Öffentlichkeit – Untersuchungen zu einer Kategorie der bürgerlichen Gesellschaft (1962), 8. Aufl. Neuwied, Berlin 1976, 73
[2] Wittgenstein, Philosophische Untersuchungen (1953), 292, 127

gäbe, eine Regel, die mir sagt, dass jetzt die andere Regel gilt, so würde sich mein Problem dadurch evidenter Weise nur verschieben. Denn woher weiß ich, dass die Regel gilt, die mich die Regel anwenden lässt? Auch dazu müsste es eine Regel geben. Alle Regelorientierung hofft auf Vorgaben. Doch wenn diese nicht gegeben sind, dann bleibt höchstens eine intuitive Orientierung. So bemerkt Robert B. Brandom:

> „Entscheidend ist, dass es ein Erfassen einer Regel gibt, das keine Deutung (keine Interpretation) ist. Hier sollte man, wie es Wittgenstein zumindest gelegentlich tut, von *Praktiken* sprechen – eine Regel zu erfassen, ohne sie zu interpretieren, heißt, sie in der Praxis zu erfassen statt vermittels des Ersetzens eines Regelausdrucks durch einen anderen. Die meisten Fälle des Verstehens expliziter Behauptungen und des Befolgens expliziter Anweisungen sind so zu verstehen. Eine solche Regelanwendung kann richtig oder unrichtig vollzogen werden. Praktiken in diesem Sinn sind die elementare Form der Anerkennung, dass Performanzen normgeleitet sind. Doch nach dieser eingeschränkten Redeweise sind nicht alle Praktiken ein Erfassen von Regeln."[1]

Brandom schließt an Wittgensteins Einsicht in den unendlichen Regelregress bei der Regelanwendung zumindest mit bestimmten Vorbehalten an. Regeln lassen sich jedenfalls nicht einfach befolgen. Aber natürlich lässt sich beobachten, dass Personen in ihrem Handeln Regeln reproduzieren. Es geht denn auch Brandom darum, diese impliziten Regeln im Diskurs explizit zu machen. Doch auch das ist nicht so einfach, da sie in ein Geflecht von Regeln verwoben sind: „Offensichtlich lässt sich diese Interdependenz von Normen (. . .) ausweiten und verästeln, so dass die Vorstellung komplexer Netze miteinander verwobener normativer Status mehr und mehr Sinn

---

[1] Robert B. Brandom, Expressive Vernunft – Begründung, Repräsentation und diskursive Festlegung (1994), Frankfurt/M. 2000, 120

macht."[1] Für Brandom hat das allerdings noch weiter reichende Konsequenzen. Im Stile einer Tendenz innerhalb der praktischen Philosophie des 20. Jahrhunderts legt er der Deskription die Normativität zugrunde. „Widerspruch, richtige Inferenz, richtiges Urteil sind alles *normative* Begriffe und keine *natürlichen*."[2] Habermas wird das kritisieren. Doch Brandom verbindet Wittgenstein derart mit dem konstruktivistischen Zug der Zeit: Wenn Wirklichkeit nicht vorliegt, sondern sprachlich geformt wird, dann erhalten Deskriptionen normative Dimensionen. Genauer Deskription hat einen performativen Charakter, der dieser einen normativen Zug verleiht. Allerdings nicht in einem bewussten Sinn. Die Zeitgenossen können die Wirklichkeit sprachlich nicht beliebig schöpfen. Vielmehr nehmen sie an Diskursen teil, an denen sie höchstens marginal zu drehen vermögen. Eben sie befolgen intuitiv Regeln, die sie selbst gar nicht explizit machen können. Doch die Beobachter sind dazu durchaus in der Lage, so dass Gesellschaft als ein Netz aus diversen Regeln entsteht.

Im Unterschied zur Kriegergesellschaft, in der der einzelne unter einem Kommando steht (für Wittgenstein ist die Ausführung des Befehls ein Beispiel für Regelbefolgung; doch das darf man bezweifeln), ist der Mensch beim Sprechen immer auf sich zurückgeworfen. Das macht seine Autonomie aus, verlangt von ihm aber auch ein eminentes Maß an Anpassung, das durch nichts, eben durch keine Regel gemindert werden kann. Also nicht nur sind die Regeln keineswegs genau und keineswegs erfolgt alles Sprechen immer nach genauen Regeln. Nein, selbst wenn es so wäre, es würde weder dem einzelnen beim Sprechen helfen, noch die Bedeutung klären. Sie entsteht offenbar im Gebrauch, also wenn wir reden. Sie folgt

---

[1] Ebd., 91
[2] Brandom, Expressive Vernunft (1994), 48

auch bestimmten Regeln. Doch das kann man erst hinterher beschreiben und nicht präskriptiv von jemandem erwarten. Vielleicht sollte man hier Wittgensteins Anspruch, dass Philosophie nur beschreiben und nicht erklären darf, ernst nehmen. „Und wir dürfen keinerlei Theorie aufstellen. Es darf nichts Hypothetisches in unsern Betrachtungen sein. Alle *Erklärung* muss fort, und nur Beschreibung an ihre Stelle treten."[1] Au fond setzt Brandom mit seiner Implizität und der zu beobachtenden Normativität diese Forderung nach Beschreibung fort.

Beschreiben kann ich nur das, was geschehen ist, vielleicht annäherungsweise das, was geschieht. Aber daraus kann ich nicht ableiten, was geschehen wird. Wenn ich dagegen erkläre, dann stelle ich Kausalzusammenhänge fest, die mir teleologisch durch die Zweck-Mittel-Relation eine gewisse Prognose erlauben. Doch angesichts der Komplexität des Handelns stellt sich die Vorausschau höchstens sehr vage auf, wie Wittgenstein bemerkt:

„Es gibt wohl Folgen, aber sie sind diffuser Art. Erfahrung, also mannigfaltige Beobachtung, kann sie lehren; und man kann sie auch nicht allgemein formulieren, sondern nur in verstreuten Fällen ein richtiges, fruchtbares, Urteil fällen, eine fruchtbare Verbindung feststellen. Und die allgemeinsten Bemerkungen ergeben höchstens, was wie die Trümmer eines Systems aussieht."[2]

Philosophie ist auch mit Hegel Wissenschaft von der Wirklichkeit. Ich kann vielleicht beschreiben, wie sich Bedeutung einstellt und aus einer Reihe solcher Beobachtungen just für die beobachteten Fälle eine Regel ableiten. Doch diese gilt nicht für zukünftiges Handeln bzw. Sprechen, jedenfalls nicht genau so, sondern höchstens auf ähnliche Weise, verlangt von mir also mehr Intuition, als dass sie Kalkulation erlaubte und Gehorsam gestatte-

---

[1] Wittgenstein, Philosophische Untersuchungen (1953), 109, 66
[2] Ebd., 265

te. Sowenig wie wir überhaupt in die Zukunft schauen können, umso weniger können wir in die Zukunft der Sprache, genauer unseres Sprechens schauen. Je genauer ich mir überlege, was ich sagen werde, umso mehr muss ich es einstudieren, auswendig lernen, letztlich gut geschauspielert aufsagen, aber eben nicht sagen. Schauspielern ist allem gegensätzlichen Anschein zum Trotz eben nicht leben. So hören wir Wittgensteins Empfehlung:

„Kann man Menschenkenntnis lernen? Ja; Mancher kann sie lernen. Aber nicht durch einen Lehrkurs, sondern durch ‚Erfahrung‘. – Kann ein Andrer dabei sein Lehrer sein? Gewiss. Er gibt ihm von Zeit zu Zeit den richtigen *Wink*. – So schaut hier das ‚Lernen‘ und das ‚Lehren‘ aus. – Was man erlernt, ist keine Technik; man lernt richtige Urteile. Es gibt auch Regeln, aber sie bilden kein System, und nur der Erfahrene kann sie richtig anwenden. Unähnlich den Rechenregeln. Das Schwerste ist hier, die Unbestimmtheit richtig und unverfälscht zum Ausdruck zu bringen.“[1]

Die Unbestimmtheit aller Regeln zusammen mit besagtem Anwendungsproblem verlangt vom Menschen natürlich eminente Vorsicht und ein großes Einfühlungsvermögen. Man kann die Sprache wohl im groben beherrschen, aber weniger durch Kontrolle der Sprache als vielmehr durch Anpassung an diese, das was demokratische Politik heute macht, während undemokratische Politik gemeinhin versucht, die Sprache zu kontrollieren und zu lenken. Die Macht der Sprache ähnelt an dieser Stelle eher jener Gewalt, die den Menschen unvorhersehbar überfällt, ihn zumindest ständig überrascht. Anpassung dagegen im demokratischen Sinn kann sich gerade nicht auf klare Regeln stützen. Solche Politik weiß darum, sieht sich dem ausgesetzt und versucht im Spiel der Sprachen

---

[1] Wittgenstein, Philosophische Untersuchungen (1953), 264

pragmatisch mitzuschwimmen. Mit großen Entwürfen versucht sie nicht, das Spiel der Sprache einzugrenzen.

Die Sprache der Macht gerät dagegen zu einer Sprache der Gewalt, die dann besonders mächtig auftrumpft, wenn sie sich der Regellosigkeit der Sprache selbst besonders geschickt zu bedienen versteht. Wie die Inquisition, der Stalinismus, der Nationalismus und der Islamismus vorführen, lässt sich die Sprache beeinflussen. Allerdings setzt ihre Regellosigkeit solchen Bemühungen gleichzeitig engere Grenzen, als es der Totalitarismus gemeinhin zu glauben bereit ist.

Zwar präsentiert sich die Sprache im Anschluss an Wittgenstein gar nicht so friedfertig, umgekehrt hintertreibt sie unmittelbare Dominanz- und Hegemoniebestrebungen regelmäßig. Aber man kann nicht behaupten, dass sie dem Schwachen mehr Chancen als dem Starken bietet. Im Gegenteil, als kommunikationsfähig erweist sich nicht jener, der vermeintlich brav die Regeln beherrscht, sondern jener der sich in ihr geschickt zu bewegen versteht, der machiavellistisch den Zeitpunkt erahnt, wenn er sich um die Regel nicht scheren muss, wenn er mit Unmoralität seiner Sache nützt. Die Friedfertigen und die Braven, die Lieben und die Tumben, die Alten und die Kranken werden nicht die ersten im Himmelreich der Sprache sein – auch und gerade nicht dort, wo demokratische Politik betrieben wird. Deswegen liebäugeln ja die Schwachen mit großen Führern, haben sie selbst in der demokratischen Politik gemeinhin wenig zu melden. Derart öffnet die Sprache eine Spielwiese für den Willen zur Macht. Es verwundert dann nicht, wenn die Schwachen im Sinne Nietzsches versuchen, die Sprache zu reglementieren, indem sie aus der unübersichtlichen Götterwelt einen trinitarischen Monotheismus schaffen, oder aus dem sozialen Chaos einen einheitlichen zentral gelenkten Sozialismus. Paulus und Marx versuchten im großen Stil die Sprache zu prägen und das Sprechen zu lenken. Weltanschauungen jedweder Couleur bemühen sich darum, die unübersichtliche Welt übersichtlicher zu gestalten: Die Braven und die Musterschüler erweisen sich zumeist als deren eifrigste Funktionäre. Und die Philosophie tut wenig dagegen. Wie sollte sie auch? Wittgenstein: „Die Philosophie darf den tatsächlichen Gebrauch der Sprache in keiner Weise antasten, sie kann ihn am Ende also nur beschreiben. Denn sie kann ihn auch nicht begründen. Sie lässt alles wie es ist."[1]

Lyotard schließt daran seine politische Philosophie an. Statt von Sprachspielen spricht er von Diskursarten, denen verschiedene Regelsysteme eignen und die verhindern, dass sie ineinander übersetzbar sind. Daher liegen sie miteinander im Widerstreit, der sich unter anderem auf der Ebene der Politik austrägt, die für Lyotard selbst keine eigene Diskurart darstellt. Er schreibt:

> „Die Politik ist die Drohung des Widerstreits. Sie ist keine Diskursart, sondern deren Vielfalt, die Mannigfaltigkeit der Zwecke und insbesondere die Frage nach der Verkettung. (. . .) Sie ist, wenn man so will, der Zustand der Sprache, aber es gibt nicht *eine* Sprache. Und die Politik besteht darin, dass die Sprache nicht eine Sprache ist, sondern Sätze (. . .)"[2]

Es gibt keine einheitliche Sprache, sondern nur viele verschiedene Sprachspiele oder Diskursarten, die zwar regelmäßig gegeneinander hegemoniale Ansprüche erheben, welche sich aber auf der Ebene der Sprache nicht einlösen lassen. Damit avanciert die politische Philosophie zu einer linguistischen politischen Philosophie.

---

[1] Wittgenstein, Philosophische Untersuchungen (1953), 124, 69
[2] Lyotard, Der Widerstreit (1983), 190, 230

8. Vorlesung
DAS SPRACHSPIEL UND DAS DENKEN

Begeben wir uns nun tiefer in das Labyrinth der Sprache, die vom einzelnen höchste Aufmerksamkeit und schier unendliche Intuition verlangt. Es ist bekannt: man kann nicht wirklich gut sprechen und schreiben lernen, trotz aller Rhetorik- und Autorenkurse. Wie sagt doch Wittgenstein: „Die Sprache ist ein Labyrinth von Wegen. Du kommst von *einer* Seite und kennst dich aus; du kommst von einer anderen zur selben Stelle, und kennst dich nicht mehr aus."[1]

Man versucht zu verstehen. Doch so wenig kann man das Verstehen lernen. Was bemüht sich die Hermeneutik nicht, Regeln des Verstehens aufzustellen. Und dann gibt es Leute, die sagen, Schleiermacher, mache seinem Namen alle Ehre: Hermeneutik verstelle das Verstehen. Nicht dass dabei gar keine Technik eine Rolle spielte: Wittgenstein schreibt: „Einen Satz verstehen, heißt, eine Sprache verstehen. Eine Sprache verstehen, heißt, eine Technik beherrschen."[2]

---

[1] Wittgenstein, Philosophische Untersuchungen (1953), 203, 106
[2] Ebd., 199, 105

8.1. Wo sind die Regeln des Verstehens im Labyrinth der Sprache?

Doch die technische Chance erleichtert das Leben nicht unbedingt. Sie gaukelt mehr vor als sie letztlich hält. Zweifellos gibt es ein Maß an erlernbarer Sprech- und Verstehenskompetenz, aber nur ein gewisses Maß. Darüber hinaus befindet man sich in einem Labyrinth ohne Ariadnefaden, in dem also keine Vernunft uns den richtigen Weg anzeigt, in dem keine Hermeneutik die richtigen Regeln des Verstehens lehrt. Da gibt es die einen oder anderen Techniken und Bemühungen. Aber wie weit führen sie:

> „Wir reden vom Verstehen eines Satzes in dem Sinne, in welchem er durch einen andern ersetzt werden kann, der das Gleiche sagt; aber auch in dem Sinne, in welchem er durch keinen andern ersetzt werden kann. (So wenig wie ein musikalisches Thema durch ein anderes.)"[1]

So lässt sich ausmachen: Der Satzgedanke ist einmal derselbe wie ein anderer und einmal einmalig – und beides womöglich in einem Satz. Das wären die verschiedenen Gebrauchsarten von Verstehen. Aber welche ist für mich momentan die richtige? Woher weiß ich, welche sie wäre? Man könnte auch fragen: Wie bringt man jemand zum Verständnis eines Gedichtes? So lässt sich denn mit Wittgenstein undeutlich feststellen: „Das Verstehen selbst ist ein Zustand, *woraus* die richtige Verwendung entspringt."[2]

---

[1] Wittgenstein, Philosophische Untersuchungen (1953), 531, 176
[2] Ebd., 146. 79

Woher aber weiß ich, dass ich jetzt dieses oder jenes Verständnis anwenden sollte? Kann man Verstehen anwenden? Aber kann man nicht doch lernen, ein Gedicht zu verstehen? Ich kann doch jemand den Sinn eines Films erklären, so dass er ihn dann besser versteht. Und der betreffende sagt dann glatt und bedeutungsschwanger: Verstehe. Mit dem Verstehen verhält es sich offenbar ähnlich undeutlich wie mit der Bedeutung. Wittgenstein stellt nämlich fest: „Angenommen, ich hätte etwas gefunden, was in allen jenen Fällen des Verstehens geschähe, – warum sollte *das* nun das Verstehen sein?"[1]

Es gibt schlicht keine Regel des Verstehens und doch suchen wir permanent nach derselben. Irgendwas sollte dem Verstehen doch gemeinsam sein, damit ich wieder sagen kann: Verstehe. Wittgenstein zieht obendrein auch noch dubiose Vergleiche: „Vergleiche: ‚Wann haben deine Schmerzen nachgelassen?' und ‚Wann hast du aufgehört, das Wort zu verstehen?'"[2]

Wenn ich jemandem zuhöre, was verstehe ich da? Jedes einzelne Wort? Offenbar nicht. Ich kann manches nicht verstehen und doch das Ganze durchaus. Aber letztlich habe ich kein Kriterium dafür, ob ich wirklich verstanden habe. Habe ich einen Befehl verstanden, den ich befolge? Oder befolgt man Befehle, ohne zu verstehen? Für Foucault reagiert der Soldat nur auf Signale. Irgendetwas muss man trotzdem verstanden haben. „Wir sind, wenn wir philosophieren, wie Wilde, primitive Menschen, die die Ausdrucksweise zivilisierter Menschen hören, sie missdeuten und nun die seltsamsten Schlüsse aus ihrer Deutung ziehen."[3]

So gründet die Politik bereits bei Aristoteles auf der Sprache, die nicht nur die Menschen von den Tieren un-

---

[1] Ebd., 153, 81
[2] Ebd., (a), 80
[3] Ebd., 194, 103

terscheidet, sondern auch die Menschen unterteilt in jene, die die Sprache nur verstehen und jene die die Sprache richtig beherrschen, nämlich nur die Athener Bürger, die miteinander über Gleichheit und Gerechtigkeit diskutieren:

> „Der Mensch ist aber das einzige Lebewesen, das Sprache besitzt. Die Stimme zeigt Schmerz und Lust an und ist darum auch den andern Lebewesen eigen (denn bis zu diesem Punkt ist ihre Natur gelangt, dass sie Schmerz und Lust wahrnehmen und dies einander anzeigen können); die Sprache dagegen dient dazu, das Nützliche und das Schädliche mitzuteilen und so auch das Gerechte und Ungerechte."[1]

Daraus hat die politische Philosophie lange keine Konsequenzen gezogen. Politik ist nicht, in Frage zu stellen, wie sich eine Ordnung sprachlich herstellt, sondern sie durch Sprache zu legitimieren. Das hat der politischen Philosophie denn auch lange ihren traditionalistischen Touch bewahrt, dem selbst Rousseau nicht auskommt, wenn sich sein Denken in quasi prätotalitäre Strukturen verwickelt.

Dass die Sprache die Ordnung konstituiert und insofern diesen Prozess zu durchdenken Aufgabe der politischen Philosophie wäre, das ist erst im 20. Jahrhundert aufgekommen und das hängt wesentlich mit der Sprachphilosophie Wittgensteins zusammen. So interpretiert Jacques Rancière Politik als primär sprachlichen Konflikt:

> „Und der Sklave ist genau derjenige, der die Fähigkeit besitzt, den *Logos* zu verstehen, ohne die Fähigkeit des *Logos* selbst zu besitzen. Er ist jener besondere Übergang von der Tierheit zur Menschheit, den Aristoteles sehr genau definiert: (. . .) der Sklave ist derjenige, der an der Gemeinschaft der Sprache teilhat einzig in der

---

[1] Aristoteles, Politik, München 1973, 1253 a 9-18, 49

Form des Verstehens (*Aisthesis*), nicht aber in jener des Besitzes (*Hexis*)."[1]

Politik findet nicht statt wie bei Arendt, wenn die Athener Bürger unter sich in der Volksversammlung diskutieren oder gar wie nach Schmitt die Flotte nach Sizilien schicken. Politik ist für Rancière vielmehr nur dann, wenn jene, die an ihr keinen Anteil haben, diesen einfordern. Das aber setzt primär einen Spracherwerb voraus. Politik ist dann just, wenn zwei Sprachen aufeinanderprallen, wenn *Unvernehmen* herrscht und nicht Einvernehmen.

8.2. Die Bedeutung des Denkens und die gedankenlose Bedeutung

Worte müssen nicht nur verstanden werden – insbesondere in der Politik. Dieses Verstehen hat doch offenbar mit dem Denken zu tun, findet allemal im Kopf statt. Oder im Blick, wenn ich dem anderen ansehe, dass er mich nicht verstanden oder durchschaut hat? Aber die Worte, die ich höre und verstehe, würde dann kein gedanklicher Prozess im Kopf begleiten, sondern ein äußerer des Blickens. Dann läge die Bedeutung doch im Blick, was manchmal zwar der Fall sein mag – denken Sie an ein Bild eines jungen Menschen vor der Weite des Meeres und vielleicht noch an Goethes Zeile: „Nur wer die Sehnsucht kennt,/ weiß was ich leide!"[2]

---

[1] Jacques Rancière, Das Unvernehmen –Politik und Philosophie (1995), Frankfurt/M. 2002, 30

[2] Johann Wolfgang von Goethe, Wilhelm Meister Lehrjahre (1795/96), Berliner Ausgabe Bd. 10, 3. Aufl. Berlin, Weimar 1976, 250

Nun haben Sie ja schon wieder etwas gedacht, das hoffe ich jedenfalls. Und wenn der Blick die Sehnsucht ausdrückt, so spüren Sie das vielleicht im Magen, aber dass dieses Gefühl wiederum Sehnsucht ist, müssen sie doch im Kopf spüren. Heißt das denken? Und wo ist die Bedeutung geblieben? Wittgenstein: „Wenn ich in der Sprache denke, so schweben mir nicht neben dem sprachlichen Ausdruck noch ‚Bedeutungen‘ vor; sondern die Sprache selbst ist das Vehikel des Denkens."[1]

Ist dann Denken doch eher ein Gefühl, eben nur nicht im Magen, sondern im Hirn? Oder rechnen Sie eher, sollten Sie denken? Oder denkt man nur, wenn man ein Gedicht aufsagt:

„Kennst du das Land, wo die Zitronen blühn,
Im dunkeln Laub die Goldorangen glühn,
Ein sanfter Wind vom blauen Himmel weht,
Die Myrte still und hoch der Lorbeer steht,
Kennst du es wohl?
Dahin! Dahin
Möchte ich mit dir, o mein Geliebter, ziehn!"[2]

Was ich mir dabei wohl gedacht habe, wenn ich denn etwas gedacht habe? Und wäre das die Bedeutung des Mignon-Motivs?

„Irreführende Parallele: Der Schrei, ein Ausdruck des Schmerzes – der Satz, ein Ausdruck des Gedankens! Als wäre es der Zweck des Satzes, Einen wissen zu lassen, wie es dem Andern zu Mute ist: Nur, sozusagen, im Denkapparat und nicht im Magen."[3]

Also kann man mit der Bedeutung nicht zwischen Denken und Sprechen unterscheiden. Indes gibt es doch ein gedankenloses Nachplappern wie auch anscheinend gedankenvolle Aussagen. Zeigt sich das in den Betonun-

[1] Wittgenstein, Philosophische Untersuchungen (1953), 329, 135
[2] Goethe, Wilhelm Meister Lehrjahre (1795/96), 149
[3] Wittgenstein, Philosophische Untersuchungen (1953), 317, 132

gen? Nun, das ist wohl ein Indikator, aber nicht ein hinreichender und schon gar kein notwendiger. Kann jemand stereotyp sprechen und viel dabei denken? Oder geht das nicht? Oder wissen wir das bloß nicht? Oder muss jemand gar stereotyp sprechen, wenn er sich viel dabei denken will. Wenn ein Kanzlerkandidat zum hundertsten Male die gleiche Wahlrede hält, was denkt er sich dabei? Er muss sich etwas dabei denken, genauer etwas anderes, sonst hielte er es ja gar nicht aus. Wir wollen ihm wünschen, an etwas anderes zu denken . . . an „Die Myrte still und hoch der Lorbeer steht". Und hätte Sprache wirklich keine Bedeutung ohne Denken? Was denkt man sich, wenn man Marquis Posas berühmte Aufforderung aus Schillers *Don Carlos* nachspricht, die er an Philipp II. von Spanien richtet: „Gehen Sie Europens Königen voran./ Ein Federzug von dieser Hand, und neu/ Erschaffen wird die Erde. Geben Sie/ Gedankenfreiheit!"[1] Denken Sie doch mal nichts dabei! Hat es geklappt? Ich zitiere Wittgenstein: „Sprich die Zeile ‚Die Feder ist wohl stumpf. Nu, nu, sie geht.' einmal denkend, dann gedankenlos, dann denk nur den Gedanken, aber ohne die Worte!"[2]

Wenn zwei Computer miteinander kommunizieren, geschieht das ohne Worte? Ich nehme an im Luftverkehr, beim Autopiloten, bei Systemen der Flugsicherung tauschen Rechner ohne menschlichen Eingriff Daten aus und steuern automatisch ihre Geräte. Geschieht das ohne Worte? Aber verdammt noch mal, mit irgendetwas müssen sie kommunizieren! Und das, womit sie kommunizieren, könnte man auch als Sprache bezeichnen. Hat das keine Bedeutung? Oder ist die Funktion die Bedeutung? Also der Gebrauch? Aber ist der Gebrauch wirklich Be-

---

[1] Friedrich Schiller, Don Carlos (1787/88), Werke Bd. 1, München 1976, 445
[2] Wittgenstein, Philosophische Untersuchungen (1953), 330, 135

deutung? Oder muss man sich die Bedeutung doch dazu denken und sollten wir das nicht endlich sein lassen? Ist die Bedeutung gar nur ein Irrtum, eine Halluzination? Denkt sich der Rechner etwas dazu? Er rechnet doch nur. Wittgenstein: „'Die Sprache (oder das Denken) ist etwas Einzigartiges' das erweist sich als ein Aberglaube (nicht Irrtum!), hervorgerufen selbst durch grammatische Täuschungen."[1]

Also heißt gegen Heidegger Denken doch Rechnen. Für Heidegger denkt weder die Wissenschaft noch die Philosophie. Sie wissen nicht, was sie sagen. Darüber haben sie sich keine Gedanken gemacht. Wir Nichtheideggerianer normalerweise auch. Wann würden wir denken? Wenn uns etwas zu denken gibt! Wann ist das der Fall? Heidegger antwortet:

> „Dementsprechend nennen wir jetzt das, was in sich das zu-Bedenkende ist: das Bedenkliche. Alles Bedenkliche *gibt* zu denken. (. . .) Was ist das Bedenklichste? Wie zeigt es sich in unserer bedenklichen Zeit? *Das Bedenklichste ist, dass wir noch nicht denken*; immer noch nicht, obgleich der Weltzustand fortgesetzt bedenklicher wird."[2]

Aber die Politik reagiert auf den bedenklichen Weltzustand nicht mit Nachdenken, sondern mit Betriebsamkeit. Und wir Bürger lassen uns davon häufig gar nicht stören.

Außerdem kennen wir die Bedeutung dessen nicht, was wir sagen. Ja, wir wissen nicht mal, was es bedeutet, was wir denken. Leichter gesagt, wir denken gar nicht. Hat Heidegger also Recht? Oder haben Sie schon mal gedacht? Ich meine, so richtig nachgedacht – vom Bedenklichsten betroffen? Was haben Sie dabei gemacht?

---

[1] Wittgenstein, Philosophische Untersuchungen (1953), 110, 66
[2] Heidegger, Was heißt Denken? (1951-52), 2

146

Den Kopf festgehalten? Trösten Sie sich nicht mit Wittgenstein: „Der *tiefe* Aspekt entschlüpft leicht."[1]

Nein, Sie haben schwerlich nachgedacht, es sei denn Sie haben Heidegger gelesen, genauer *Was heißt Denken?* Wir wissen nicht was wir sagen, weil wir den Sinn von Sein nicht wissen, ja nicht mal danach fragen. Was heißt Sein? Was heißt, dass etwas *ist*? Welche Bedeutung hat dieses kleine Wort „ist"? Es fehlt an Bedeutung gerade dort, wo alle Bedeutung zu entspringen scheint. Oder hat „ist" bzw. Sein keine Bedeutung? Eine Funktion – würden Paul Lorenzen und Oswald Schwemmer einwenden:

Man bildet „Aussagen, in denen die Verwendung eines Prädikators für ein Beispiel – für genau einen Gegenstand gelernt wird: (Peter) ε (Mensch) oder, wenn der Leerprädikator o bereits eingeübt ist: ıo ε (Stein). Der Gebrauch der in diesen Aussagen benutzten Kopula ε (. .), der Seinskopula, ist mit dem Lernen des jeweiligen Prädikators einzuüben: wenn etwa der Lehrer einen Stein hochhält und dazu den letzten Satz sagt, und daraufhin der Schüler in Aufforderungen und Berichten ‚Stein' in gleicher Weise wie die übrigen Mitglieder der Rede und Handlungsgruppe gebraucht, dann kann man sagen, dass der Schüler die Seinskopula zu gebrauchen gelernt hat."[2]

Oder sollte man wirklich besser nicht drüber nachdenken. Dann hätte Heidegger sich schlicht zu viel gedacht. So klingt es jedenfalls nach Wittgenstein:

„‚Der Gedanke, dieses seltsame Wesen' – aber er kommt uns nicht seltsam vor, wenn wir denken. Der Gedanke kommt uns nicht geheimnisvoll vor, während wir denken, sondern nur, wenn wir gleichsam retrospektiv sagen: ‚Wie war das möglich?' Wie war es möglich, dass der Gedanke von diesem Gegenstand *selbst* handel-

---

[1] Wittgenstein, Philosophische Untersuchungen (1953), 387, 148
[2] Paul Lorenzen, Oswald Schwemmer, Konstruktive Logik, Ethik und Wissenschaftstheorie, Mannheim u.a.O. 1975, 41

te? Es scheint uns, als hätten wir mit ihm die Realität eingefangen."[1]

Geht es also beim Denken doch nicht um die Besinnung? Derjenige, der dergleichen sucht, betet besser oder sagt ein Gedicht auf, z.B. Hölderlin: „Ein Zeichen sind wir, deutungslos."[2] Das Denken aber, das sollte er wohl eher lassen. Denn es gibt gute Gründe zu denken, nur nicht solche, die in der Bedeutung liegen. Wittgenstein bemerkt: „Denkt der Mensch also, weil Denken sich bewährt hat? Weil er denkt, es sei vorteilhaft, zu denken?"[3]

Hat also Denken doch Bedeutung? Dann auch das Sprechen. Kein Denken, das sich bewährt haben könnte, ohne Sprechen. Der Verdacht bleibt, dass sich die Bedeutung mit dem Gebrauch letztlich in der Funktion erschöpft. Gedichte zu lesen, stellt auch einen Gebrauch von Sprache dar, der nicht nur im Kopf was spüren lässt. Hat Wittgenstein derart Recht: „Die Philosophie ist ein Kampf gegen die Verhexung unsres Verstandes durch die Mittel unserer Sprache."[4]

Wenn wir auf das Denken im Stil von Heidegger und Wittgenstein verzichten, wenn man aus letzterem wie Lorenzen und Schwemmer nur pragmatische Konsequenzen zieht, wenn Wissenschaft alle ihre Terme auf basissprachliche Terme zurückführen muss, dann sollte man die Geisteswissenschaften aus den Universitäten verbannen. Doch dann wüssten die Naturwissenschaften gar nicht mehr, was sie tun. Vielleicht wären sie dann aber noch erfolgreicher.

Die an der Politik Anteillosen, die Sklaven, die Plebejer, die Landarbeiter, die Proletarier oder die Migranten würden auch ohne Philosophie Politik machen, jedenfalls

---

[1] Wittgenstein, Philosophische Untersuchungen (1953), 428, 158
[2] Zit bei: Martin Heidegger, Was heißt Denken? (1951/52), 6
[3] Wittgenstein, Philosophische Untersuchungen (1953), 467, 166
[4] Ebd., 109, 66

gelegentlich, wenn sie die herrschende Ordnung in Frage stellen. Pierre-Simon Ballanche – davon berichtet Rancière – interpretiert 1829 die Erzählung des Titus Livius über den Aufstand der römischen Plebejer 494 v.Chr. auf dem Aventin als einen Streit um die Partizipation an der Sprache:

> „die Plebejer haben in der Tat die Ordnung des Gemeinwesens gebrochen. Sie haben sich Namen gegeben. Sie haben eine Reihe von Sprechakten ausgeführt, die das Leben ihrer Körper mit den Wörtern und mit dem Gebrauch der Wörter verbindet."[1]

Wer wird die Geisteswissenschaften verteidigen, wenn sie abgeschafft werden sollen? Die britische und die japanische Regierung haben sich dergleichen bereits vorgenommen. In diesem Fall könnte man nur auf die Sprache, die Sprachspiele oder die Diskursarten hoffen. Wie bemerkt doch Lyotard:

> „Die Vorstellung, dass eine höchste Diskursart, die alle Einsätze umfasst, eine höchste Antwort auf die Schlüsselfragen der verschiedenen Diskursarten liefern könnte, scheitern an der russellschen Aporie. Entweder ist diese Diskursart Teil aller Diskursarten, ihr Spieleinsatz ein Einsatz unter den anderen und ihre Antwort also nicht die höchste. Oder sie gehört nicht zur Gesamtheit der Diskursarten und umfasst folglich nicht alle Spieleinsätze, dass sie ihren eigenen ausnimmt. Der spekulative Diskurs erhob diesen Anspruch (. .). Das Prinzip eines absoluten Sieges einer Diskursart über die anderen ist sinnleer."[2]

Wittgenstein führt mit dem Sprachspiel vor, dass sich Sätze gegenseitig nicht bevormunden können. Genauso wenig vermag das Denken die Sprache zu beherrschen, selbst wenn es mit der sprachlichen Struktur in Konflikt

---

[1] Rancière, Das Unvernehmen (1995), 36
[2] Lyotard, Der Widerstreit (1983), 189, 230

liegt, wie es Chomsky zeigt. Sprachen, Sprachspiele oder Diskursarten existieren nebeneinander und sie lassen aus der Sprache heraus keine Hierarchie zu. Daher gibt es eben auch keine Metasprache, die man nur künstlich erzeugen kann, indem man ihr performativ besondere Bedeutung verleiht. So verhindern nach Lyotard die vielen Sprachen, dass sich eine gegenüber den anderen durchsetzt. Darin siedelt seine Hoffnung. Deswegen wird gerade auch jeglicher sprachlicher Pluralismus vom Totalitarismus bekämpft, gerade wenn dieser sich auf die Religion stützt. Wenn eine Religion Häresie und Philosophie bekämpft, dann entwickelt sie antipluralistische totalitäre Züge. Die Einführung des Christentums als Staatsreligion und das Verbot aller anderen Kulte, in der Hoffnung das römische Reich zu stabilisieren, war staatlicherseits der Sündenfall. Trotzdem wird jeder Totalitarismus an der Sprache scheitern – Lyotards Worte in Gottes Ohr, unter welcher Nummer sich dieses auch anrufen lässt. Trotzdem kommt das Scheitern des Totalitarismus die Zeitgenossen jedes Mal sehr teuer zu stehen. Das relativiert übertriebene Hoffnungen.

8.3. Sprachspiele der Bedeutung als Unernst der Sprache

Dann hilft uns die Philosophie auch nicht unbedingt weiter, wenn sie bloß beschreibend alles lässt, wie es ist. Damit aber lässt sie natürlich doch nicht alles, wie es ist. Im Gegenteil, damit ändert sich mehr als durch eine soziale Revolution, sollte man Marx' 11. These über Feuerbach umdrehen: „Die Philosophen haben die Welt nur verschieden *interpretiert*, es kömmt darauf an, sie zu *verändern*."[1] Philosophen wie Platon über Marx bis zu Gehlen haben immer wieder versucht die Welt zu verändern, es kommt darauf an über sich nachzudenken!

Wittgenstein beseelt doch noch so etwas wie ein Wahrheitsanspruch, wenn er den Kampf gegen die „Verhexung unseres Verstandes durch die Mittel der Sprache" aufnimmt. Es geht um die gewohnten voreiligen Meinungen und Vormeinungen, Anschauungen und Nachbetrachtungen, wie man Sprache versuchte auf die diversen Begriffe zu bringen, und dabei ganz besonders natürlich die Bedeutung: Es kann keinen Begriff der Bedeutung geben, just das wäre die Bedeutung der Bedeutung. Man kann der Bedeutung nur in der Sprache, und das heißt vor allem nicht im Allgemeinen, sondern nur im besonderen Einzelfall, eben am Beispiel, mit dem Sprachspiel nachspüren. Man kann versuchen, die Bedeutung eines sprachlichen Satzes oder Ausdrucks zu zeigen, ansatzweise beschreiben, also in andere Worte fassen, die bereits

---

[1] Karl Marx, Thesen über Feuerbach (1845); MEW Bd. 3, Berlin 1969, 7

wieder das Problem der Differenz ergeben, dass zwei unterschiedliche Ausdrücke selbst dann, wenn sie durcheinander ersetzbar sind, nicht unbedingt dasselbe bedeuten müssen. Das Wort vom Sprachspiel führt Wittgenstein bereits im *Blauen* und *Braunen Buch* ein. In den *Philosophischen Untersuchungen* avanciert es zum Leitwort seiner Philosophie jenseits des *Tractatus*. Es lässt sich mit dem Wort vom Ereignis parallelisieren, das bei Whitehead, Heidegger und Lyotard eine ähnliche Rolle spielt und die Wende des Denkens im 20. Jahrhunderts reflektiert.

Als Sprachspiel fingiert bereits am Anfang der *Philosophischen Untersuchungen* das Beispiel 2 der beiden Handwerker, genauso wie das noch zuvor in Nr. 1 erwähnte Beispiel des Kaufmanns, dem der Zettel gezeigt wird, auf dem steht: ‚sechs rote Äpfel'. Auf solche Weise zeigt sich in just diesem Fall die Bedeutung eben des Wortes Rot als Ablesung auf einer Farbkarte, die neben Farbtäfelchen auch die Namen der Farben enthält und einander zuordnet.

> „Wir können uns auch denken, dass der ganze Vorgang des Gebrauchs der Worte in (2) eines jener Spiele ist, mittels welcher Kinder ihre Muttersprache erlernen. Ich will diese Spiele ‚Sprachspiele' nennen, und von einer primitiven Sprache manchmal als einem Sprachspiel reden. Und man könnte die Vorgänge des Benennens der Steine und des Nachsprechens des vorgesagten Wortes auch Sprachspiele nennen. Denke an manchen Gebrauch, der von Worten in Reigenspielen gemacht wird. Ich werde auch das Ganze: der Sprache und der Tätigkeiten, mit denen sie verwoben ist, das ‚Sprachspiel' nennen."[1]

Wittgenstein spricht also mit dem Wort Sprachspiel nicht nur vom konkreten Beispiel, das den Gebrauch von

---

[1] Wittgenstein, Philosophische Untersuchungen (1953), 7, 16

Worten vorführt. Das entspricht seinem Ansatz, dass man philosophisch nur beschreiben und nicht verallgemeinern kann. Dergleichen Unterfangen führt indes zumindest zu einer gewissen neuen Erfahrung mit der Sprache, die wohl die Sprache endlich so lassen soll, wie sie ist, aber damit natürlich doch das Sprachverständnis revolutioniert. Nach Wittgenstein kann man mit der Sprache nicht mehr so umgehen wie zuvor und zwar primär durch die Erfahrungen, die er mit dem Sprachspiel macht. Dabei muss man sich vor allem der Vergeblichkeit jeglichen Sprach- und Bedeutungsbegriffs klar werden.

Nicht dass sich im Zeitalter der Sprache die Sprache einfach auflösen würde. Im Gegenteil, sie avanciert derart zu einer Art Natur für den Menschen, die er praktisch nicht zu beherrschen vermag, jedenfalls nicht mit den heute üblichen technischen Mitteln. So muss man mit Wittgenstein Lyotard widersprechen, wenn er schreibt: „Die Enzyklopädie von morgen, das sind die Datenbanken. (. . .) Sie sind die ‚Natur' für den postmodernen Menschen."[1] Nun, die Datenbanken bestehen aus nichts anderem als aus Daten, die sich in Sprache umsetzen lassen. Aber die Sprachen reichen darüber hinaus.

Wollte der Mensch den Sprachen Herr werden, müsste er die Bedeutung der Bedeutung kennen, d.h. die Bedeutung verallgemeinern können, um sie ebenfalls wieder auf einer allgemeinen Ebene – also sozial und politisch – steuern, zumindest konkret und gezielt beeinflussen zu können. Solche Bemühungen bleiben gemeinhin mit beschränkter Reichweite versehen und scheitern allemal langfristig. Doch, wie bereits bemerkt, erscheint dergleichen nicht unbedingt als Befreiung, wenn auch zumindest als Aufklärung. Nicht nur die kommunikative Struktur der Sprache verliert trotz des berühmten Privatspra-

---

[1] Jean-François Lyotard, Das postmoderne Wissen (1979), 3. Aufl. Wien 1994, 138

chenarguments an Halt: Selbstredend bleibt Sprache kommunikativ. Aber woran sollte man eine Situation der Herrschaftsfreiheit messen, wenn man mehr als die damit verbundene triviale politische Botschaft meint. Wenn Karl-Otto Apel das *„Prinzip einer Kommunikationsethik"* als kategorischen Imperativ aufstellt: „Handle so, als ob du Mitglied einer idealen Kommunikationsgemeinschaft wärst!"[1] Dann unterstellt er eine Regel, die für alle Sprachspiele gelten soll. Das ist faktisch nicht der Fall.

Just das Sprachspiel führt vor, dass man sich der Sprache nicht richtig versichern kann, dass man sich an sie anpassen, ja anschmiegen muss – was von jedem einzelnen eine eminente ihn selbst kulturierende Leistung verlangt, die über Pisa-Studien weit hinausgeht. Sprache als Sprachspiel überhaupt führt vor, dass es leider nicht sehr ernst in der Sprache zugeht, um derart umso tragischer ausarten zu können.

Indes besitzt die Sprache nicht doch Strukturen, die man erfassen könnte, wenn man die folgenden Worte Wittgensteins liest?

„Unsere Sprache kann man ansehen als eine alte Stadt: Ein Gewinkel von Gässchen und Plätzen, alten und neuen Häusern, und Häusern mit Zubauten aus verschiedenen Zeiten; und dies umgeben von einer Menge neuer Vororte mit geraden und regelmäßigen Straßen und mit einförmigen Häusern."[2]

Doch erstens handelt es sich hier wohl eher um ein literarisches Gleichnis. Und selbst wenn ich das als eine Art Sprachspiel begreife und nach den Familienähnlichkeiten frage, dann ließe sich auch von der Stadt sagen, dass sie sich in einer permanenten Entwicklung und im Umbruch befindet, dass sich ihre Grobstrukturen viel-

---

[1] Karl-Otto Apel, Diskurs und Verantwortung – Das Problem des Übergangs zur postkonventionellen Moral, Frankfurt/M. 1988, 357
[2] Wittgenstein, Philosophische Untersuchungen (1953), 18, 20

leicht langfristiger verändern, sich ihre Mikrostrukturen indes in einem eiligen und schnellen Wandel befinden. Früher war das vielleicht anders. Aber da besaß die Sprache auch noch einige vermeintliche und nichtsdestotrotz wirksame Stabilisatoren. Wie lange muss man in einer Stadt leben, um sie zu kennen? Man kann auch lange in einer Stadt leben, ohne sie zu kennen. Muss man die Stadt kennen, in der man lebt? Und was kennt man, wenn man die Sprache kennt, die man spricht?

Dass das Sprachspiel auch für die Sprache als solche genommen werden kann, liegt daran, dass es keine vollständige Sprache gibt, somit auch kein vollständiges Sprachspiel oder einen vollständigen Begriff. Das Ganze der Sprache – um einen problematischen Ausdruck zu verwenden – erweist sich immer nur als ein bestimmter und zumeist gar nicht genau bestimmbarer Bereich, der in einer dunklen Mystik verschwimmt. Wittgenstein:

> „Dass die Sprachen (2) und (8) nur aus Befehlen bestehen, lass dich nicht stören. Willst du sagen, sie seien darum nicht vollständig, so frage dich, ob unsere Sprache vollständig ist; – ob sie es war, ehe ihr der chemische Symbolismus und die Infinitesimalnotation einverleibt wurden: denn dies sind, sozusagen, Vorstädte unserer Sprache. (Und mit wie viel Häusern, oder Straßen fängt eine Stadt an Stadt zu sein?)"[1]

Wittgenstein löst sein Gleichnis von Stadt und Sprache durch die Logik des Sprachspiels selbst auf. Es gibt dabei nicht *die* Sprache, von der er jedoch gelegentlich spricht. Lyotard zieht daraus die Konsequenz. Aber wenn es *die* Sprache nicht gibt, dann gibt es auch nicht *das* Sein, sondern nur Vorkommnisse, Geschehnisse. Heidegger spricht von Ereignis, das er zum Leitwort der Gegenwartsphilosophie erhebt. Die Welt zerfällt in eine Vielzahl von Ereignissen, die sich erst recht sprachlich nicht ver-

---

[1] Ebd., 18, 20

einheitlichen lassen, aus denen man keine einheitliche Wirklichkeit formen kann. Denn Ereignisse bestehen aus Sätzen, die sich nicht aneinander anschließen lassen. Jedenfalls gibt es in der jeweiligen Diskursart keine Regeln, mit denen man einen Satz aus einer Diskursart in einen Satz einer anderen adäquat übersetzen könnte. Es gibt keine methodisch angebbaren adäquaten Übersetzungen, höchstens durch Zufall. Diese Inkommensurabilität der Diskursarten verhindert dabei jegliche Hegemoniebestrebung, vor allem von jener Diskursart, die heute überall präsent ist, nämlich der Ökonomie. Lyotard:

> „Das einzige unüberwindliche Hindernis, auf das die Hegemonie des ökonomischen Diskurses stößt, liegt in der Heterogenität der Satz-Regelsysteme und Diskursarten, liegt darin, dass es nicht ‚die Sprache‘ und nicht ‚das Sein‘ gibt, sondern Vorkommnisse. Das Hindernis besteht nicht im ‚Willen‘ der Menschen im einen oder anderen Sinne, sondern im Widerstreit. Dieser wird gerade aus der Beilegung der vorgeblichen Rechtsstreitfälle neu geboren. Er mahnt die Menschen, sich in unbekannten Satz-Universen zu situieren, selbst wenn sie nicht das Gefühl verspüren sollten, dass etwas in Sätze ‚gesetzt‘ werden muss (Denn dies ist notwendig, nicht verpflichtend.) Das *Geschieht es?* kann von keinem Willen zum Zeitgewinn besiegt werden.“[1]

Die Politik hat das Rechtssystem und den juristischen Diskurs installiert, durch den der Widerstreit der Diskursarten gelöst werden soll. Doch auch der juristische Diskurs kann die Heterogenität der Satz-Regelsysteme nicht aufheben. Der juristische Diskurs übersetzt einen Streit in einen Rechtsstreit, was aber den streitenden Diskursarten natürlich nicht gerecht werden kann. Daher bleibt die Lösung eines Rechtsstreits immer vorgeblich.

---

[1] Lyotard, Der Widerstreit (1983), 263, 299

9. Vorlesung
ALLTAGSSPRACHE UND LEBENSFORM IN DEN *PHILOSOPHISCHEN UNTERSUCHUN-GEN*

Die Inkommensurabilität der Sprachspiele macht einen einheitlichen Sprachbegriff unmöglich. Die Sprache als Ganzes bleibt ein seltsamer Korpus, wie man sich ihn aus allen im Augenblick gesprochenen Sprachen zusammensetzen könnte. Gehören auch Sprachen dazu, von denen diejenigen, die diesen Ausdruck verwenden, gar nichts wissen und auch nichts wissen können, weil der abendländischen Kultur bisher vielleicht die eine oder andere Gruppe von Menschen im Urwald nicht bekannt ist? Gehörten auch Sprachen dazu, die von Menschen auf anderen Planeten gesprochen werden, sofern es sie gibt? Sollten zum Ganzen der Sprache auch alle einstmals gesprochenen Sprachen gehören, auch wenn sie heute niemand mehr versteht? Es erscheint einleuchtend, will man vom Ganzen der Sprache sprechen, so braucht man dazu einen Gottesstandpunkt, der nichts vergisst, der jede Rede aufbewahrt und gar noch die Selbstgespräche belauscht und mitschneidet, ja die Gedanken abspeichert. Also alles in allem eine absolut absurde und sich selbst völlig widersprechende Vorstellung. Der Gottesstandpunkt ist nicht mehr als der des großen Bruders, dem er auch entlehnt ist – so Alfred North Whitehead: „Die tiefergehende

Idolatrie, Gott nach dem Bilde der ägyptischen, persischen und römischen Reichsherrscher zu gestalten, wurde beibehalten. Die Kirche wies Gott Attribute zu, die ausschließlich Cäsar angehörten."[1]

9.1. Die Sprachspiele der Alltagssprache und die Alltäglichkeit des Sprachspiels

Daher darf es dann auch nicht verwundern, wenn Wittgenstein Sprache bzw. Sprachspiel gleichermaßen nicht präzise zu fassen versucht, wie noch im *Tractatus*:

> „Man kann sagen, der Begriff ‚Spiel' ist ein Begriff mit verschwommenen Rändern. – ‚Aber ist ein verschwommener Begriff überhaupt ein Begriff?' – Ist eine unscharfe Photographie überhaupt ein Bild eines Menschen? Ja, kann man ein unscharfes Bild immer mit Vorteil durch ein scharfes ersetzen? Ist das unscharfe nicht oft gerade das, was wir brauchen?"[2]

Jedenfalls kann man jenseits des Gottesstandpunktes Sprache und Sprachspiel nicht unterscheiden. Wenn man die platonische Idee verabschiedet, dann gibt es nichts mehr Allgemeines oder Wesenhaftes oder Gemeinsames zu erfassen. Was hätte man auch davon, wenn man beim Verstehen ein Gemeinsames diagnostizieren könnte. Dann bleibt Sprache immer Sprachspiel und weist nicht mal darüber hinaus. Denn wohin wollte sie weisen? Sprache drückt sich im Sprachspiel aus.

Und wohin würde es führen, wenn man den Begriff der Sprache bzw. des Sprachspiels scharf fassen würde?

---

[1] Alfred North Whitehead, Prozess und Realität – Entwurf einer Kosmologie (1927/28), 2. Aufl. Frankfurt/M. 1984, 612

[2] Wittgenstein, Philosophische Untersuchungen (1953), 71, 50

Damit schließt man höchstens sehr viele Erscheinungen aus der Sprache aus. Man könnte dann das sprachliche Geschehen nicht mehr hinlänglich beschreiben. Daher braucht man hinsichtlich der Sprache eine Sprachspielkonzeption, die nicht eng, sondern weit ausgelegt ist, die eben nur verschwommene Grenzen hat. Gewisse Grenzen wird das Sprachspiel natürlich brauchen. Doch eindeutig dürfen diese Grenzen nicht fest liegen. Man könnte dann ein sprachliches Phänomen nicht mehr beschreiben. Das Wort Sprache ist kein treffenderes, sowenig wie ein umfänglicheres Wort als andere Wörter. Was Wittgenstein im folgenden Zitat der Ethik und der Ästhetik zuordnet, gilt für das Sprachspiel, wie ja auch das letzte Zitat zeigt, wo er diesen Vergleich bereits benutzt. Ein Bild, bei dem die Farben ineinander fließen, kann man nicht scharf nachzeichnen. Die Formen sind nicht exakt festgelegt.

„Denn Denk dir, du solltest zu einem verschwommenen Bild ein ihm ‚entsprechendes' scharfes entwerfen. In jenem ist ein unscharfes rotes Rechteck; du setzt dafür ein scharfes. Freilich – es ließen sich ja mehrere solche scharfe Rechtecke ziehen, die dem unscharfen entsprächen. – Wenn aber im Original die Farben ohne die Spur einer Grenze ineinanderfließen, – wird es dann nicht eine hoffnungslose Aufgabe werden, ein dem verschwommenen entsprechendes scharfes Bild zu zeichnen? Wirst du dann nicht sagen müssen: ‚Hier könnte ich ebenso gut einen Kreis wie ein Rechteck oder eine Herzform zeichnen; es fließen ja alle Farben durcheinander. Es stimmt alles, und nichts.' – Und in dieser Lage befindet sich z.B. der, der in der Ästhetik oder Ethik nach Definitionen sucht, die unseren Begriffen entsprechen."[1]

Man vermag innerhalb der Sprache die Strukturen nicht exakt nachzuzeichnen. Denn sie liegen nicht exakt vor, sondern verschwommen. Oder sie lassen sich nur

---

[1] Ebd., 77, 53

verschwommen wahrnehmen. Schon lange gibt es empirische Grammatiken, die keine Regeln formulieren, sondern beschreiben, wie geschrieben oder gesprochen wird. Grammatiken, die Regeln formulieren, müssen ständig mit Ausnahmen operieren, was es bei Regeln nicht geben darf. Genauso wenig funktionieren Naturprozesse exakt. Dergleichen haben erst die Astronomie und die modernen Naturwissenschaften in die Natur hineingelegt. So bemerkt Husserl: „Gleich mit Galilei beginnt also die Unterschiebung der idealisierten Natur für die vorwissenschaftlich anschauliche Natur." [1] Und man darf selbst fragen, was denn überhaupt mathematische Exaktheit sei. Was macht die Zahl exakt? Dass sie einen unendlich kleinen Punkt bezeichnet?

Wenn das Sprachspiel vor allem, aber nicht nur, der Bedeutung nachspürt, bedeutet das, dass es keine präzisen Bedeutungen geben kann, dass also das Sprachspiel die Bedeutung eines Ausdrucks höchstens vage umspielt. Doch mehr lässt sich auch nicht sagen, wenn man beschreiben und nicht konstruieren will. Bleibt das Sprachspiel zwar in der Wahrheit? Doch für die Bedeutung bedeutet das, dass sie zunehmend verblasst!

Wie es sich schon seit den *Philosophischen Bemerkungen* angedeutet hat, rekurriert Wittgenstein in den *Philosophischen Untersuchungen* umso stärker auf die Alltagssprache als Gegenstand der Philosophie. „Wenn ich über die Sprache (Wort, Satz etc.) rede, muss ich die Sprache des Alltags reden." [2] Die Philosophie sieht eben keinen Zweck mehr darin, eine Idealsprache zu entwerfen. Das bleibt, könnte man folgern, den Wissenschaften überlassen, die natürlich ihre Sprachen selber entwickeln müssen und sich dergleichen von der Philosophie auch

---

[1] Husserl, Die Krisis der europäischen Wissenschaften und die transzendentale Phänomenologie (1936), 50
[2] Wittgenstein, Philosophische Untersuchungen (1953), 120, 68

nicht vorschreiben lassen, wie es sich die Erlanger Konstruktivisten in den siebziger Jahren noch vorstellten. Anstatt die Philosophie damit zu beschäftigen, begriffliche Klarheit zu erzeugen, sollte sie lieber spielen, mit der Sprache spielen. Aber das Ergebnis ist vielleicht doch größere sprachliche Klarheit. Allerdings sollen die Sprachspiele trotz ihrer Klarheit und Einfachheit, die Wittgenstein anstrebt, keine Vorstudien zu einer Reglementierung der Sprache sein. Sie sollen nur ein Licht auf die Sprache werfen. Sie sollen die Sprache beschreiben, nicht erklären und nicht normieren:

> „Wir wollen nicht das Regelsystem für die Verwendung unserer Worte in unerhörter Weise verfeinern oder vervollständigen. Denn die Klarheit, die wir anstreben, ist allerdings eine *vollkommene*. Aber das heißt nur, dass die philosophischen Probleme *vollkommen* verschwinden sollen."[1]

Doch dies heißt nicht Exaktheit, sondern Einsicht in die Unschärfe und Verschwommenheit der Sprache. Gibt es aber überhaupt eine solche Einsicht ins Verschwommene? Was man da sieht, lässt sich doch nicht genau beschreiben. Aber vielleicht kann man gar nicht genau beschreiben. Soll das heißen, es ginge um die größte Klarheit und Exaktheit des Verschwommenen? Ist das nicht Unsinn? Wenn die Welt aber keinen Sinn hat, bleibt gar nichts anderes als diese Sinnlosigkeit zu beschreiben, die allemal keinen Sinn erzeugt. Die Präzision der Beschreibung führt dann auch keinesfalls zu einer neuen Übersichtlichkeit. Trotzdem spürt die Beschreibung der Sprache in alle ihre Verästelungen hinein nach. Jacques Derridas Dekonstruktion verfolgt ein ähnliches Ziel: „Ein dekonstruktives Fragen (. . .) destabilisiert (. . .), ein dekonstruktives Fragen, das (. . .) damit anhebt, bestimmte Werte aus dem Gleichgewicht zu bringen, komplizierter

---

[1] Ebd., 133, 71

und paradoxer zu fassen, (. . .)."[1] Die Dekonstruktion will ihren Gegenständen in der Sprache, besonders in der Schrift gerecht werden, was nur gelingen kann, wenn sie sich deren Komplexität stellt und sie nicht reduktionistisch behandelt. Das erweist sich gleichermaßen als Aufgabe der theoretischen wie der politischen Philosophie. So generiert die Sprache den Unsinn des Lebens, dessen Verschwommenheit Sprachspiel und Dekonstruktion gleichermaßen gerecht zu werden versuchen, entfaltet sich sowohl bei Wittgenstein als auch bei Derrida ein deskriptiver Anspruch aus der Normativität heraus.

Vor diesem Hintergrund erweist sich die Logik als performative bzw. normative Wissenschaft – eine Perspektive, die auch Brandom erkennt. Philosophie im Sinn von Wittgenstein will aber dergleichen gerade nicht sein. Wie war das doch im *Tractatus*: Die Philosophie löst keine lebensweltlichen Probleme der Menschen. Dazu verhilft auch kein Sprachspiel. Denn man könnte folgern, gerade weil der Mensch im Unscharfen lebt, orientiert er sich an künstlicher Schärfe, was der Kern aller Normativität bzw. Performanz wäre. Wittgenstein bemerkt

„dass wir nämlich in der Philosophie den Gebrauch der Wörter oft mit Spielen, Kalkülen nach festen Regeln, vergleichen, aber nicht sagen können, wer die Sprache gebraucht, müsse ein solches Spiel spielen. (. . .) So kann es scheinen, als redeten wir in der Logik von einer idealen Sprache. Als wäre unsre Logik eine Logik, gleichsam, für den luftleeren Raum. – Während die Logik doch nicht von der Sprache – bzw. vom Denken - handelt in dem Sinne, wie eine Naturwissenschaft von einer Naturerscheinung, und man höchstens sagen kann, wir konstruierten ideale Sprachen. Aber hier wäre das Wort ‚ideal' irreführend, denn das klingt, als wären diese Sprachen besser, vollkommener, als unsere Um-

---

[1] Jacques Derrida, Gesetzeskraft - Der „mystische Grund der Autorität" (1989), Frankfurt/M. 1991, 17

gangssprache; und als brauchte es den Logiker, damit er den Menschen endlich zeigt, wie ein richtiger Satz ausschaut."[1]

Gibt es eigentlich überhaupt richtige Sätze? Wenn ja, dann nur, weil der Satz selbst bereits ein Kunstprodukt ist, ein Konstrukt. Die Stoa begann damit, sich die grammatischen Kategorien auszudenken. Seitdem lebt die Sprache damit, dass die Menschen versuchen sie zu erfassen, was letztlich nicht wirklich gelingt, weil die Sprache keine festen Strukturen besitzt. Beides zusammen könnte man als die Realität der Sprache, genauer des Sprachspiels bezeichnen. Richtige Sätze gibt es somit doch nur gemessen an einem Ideal, das sich mit den Zeiten ändert. Momentan orientieren sich Teile der Philosophie am mathematischen Ideal der Exaktheit, was sich einer bestimmten Definition verdankt. Die Sprache selbst macht sich kein Problem damit, richtige Sätze zu formulieren. Aber wer oder was ist schon die Sprache? Spricht sie überhaupt, wie es Heidegger sagte?

Richtige Sätze könnte man vielleicht noch am missglückenden Gebrauch messen, den man nach den Zwecken beurteilen muss. Nur kann ich letztlich nie sicher wissen, was der andere wirklich will, weiß ich ja nicht mal selber immer genau, was ich will. Zudem wenn ich weiß, dass ich missverstanden wurde, so gehört diese Situation wiederum zur Sprache, wenn nicht gar zum sprachlichen Alltag: Verstehen bleibt notorisch Missverstehen und Nichtverstehen. Alles drei ist füreinander konstitutiv.

Die Alltagssprache, das ist Wittgensteins Feststellung, lässt sich nicht verbessern. Sie bleibt wie sie ist. Das umso mehr, je genauer oder detaillierter man versucht die Sprache zu beschreiben. Dieser analytische Anspruch des späten Wittgensteins deckt sich immer weniger mit dem des *Tractatus*, obgleich er diesen auch verlängert: Genau-

---

[1] Wittgenstein, Philosophische Untersuchungen (1953), 81, 56

igkeit ist nicht Exaktheit: Wie gesagt: wie beschreibt man ein unscharfes Bild genau?

„Je genauer wir die tatsächliche Sprache betrachten, desto stärker wird der Widerstreit zwischen ihr und unsrer Forderung. (Die Kristallreinheit der Logik hatte sich mir ja nicht *ergeben*; sondern sie war eine Forderung.) Der Widerstreit wird unerträglich; die Forderung droht nun, zu etwas Leerem zu werden. – Wir sind aufs Glatteis geraten, wo die Reibung fehlt, also die Bedingungen in gewissem Sinne ideal sind, aber wir eben deshalb auch nicht gehen können. Wir wollen gehen; dann brauchen wir die *Reibung*. Zurück auf den rauen Boden!"[1]

Logische Exaktheit läuft leer, bzw. gerät zu einem normativen Anspruch, der sich aus der Alltagssprache zwangsläufig verabschieden muss. Die Alltagssprache dagegen bedeutet Reibung, eben nicht ideales Funktionieren, keine Exaktheit, sondern Unschärfe, Widerstände und Konflikte. Die Sprachspiele der Alltagssprache oder dieselbe als Sprachspiel spielen nicht nach festen Regeln. Sie besitzen eher eine Familienähnlichkeit zu den Ball spielenden Kindern, als zum Schachspiel. Aber ist ein Spiel ohne feste Regeln überhaupt ein Spiel. Spielen Kinder nur, wenn sie nach Regeln spielen? Das Leben ist Spiel – nur für die Erwachsenen! Heißt das, dass das Leben genau geregelt wäre? Offenbar nicht. Sprachspiele können feste Regeln nachspielen, wenn es z.B. um die Konjugationen geht. Sie können das Irreguläre verkörpern, wenn es um die Unschärfe der Bedeutung geht.

„Frege vergleicht den Begriff mit einem Bezirk und sagt: einen unklar begrenzten Bezirk könne man überhaupt keinen Bezirk nennen. Das heißt wohl, wir können mit ihm nichts anfangen – Aber ist es sinnlos zu sagen: ‚Halte dich ungefähr hier auf!'? Denk dir, ich stünde mit einem Andern auf einem Platz und sagte dies.

---

[1] Wittgenstein, Philosophische Untersuchungen (1953), 107, 65

Dabei werde ich nicht einmal irgendeine Grenze ziehen, sondern etwa mit der Hand eine zeigende Bewegung machen – als zeigte ich ihm einen bestimmten *Punkt*. Und gerade so erklärt man etwa, was ein Spiel ist. Man gibt Beispiele und will, dass, sie in einem gewissen Sinn verstanden werden. – Aber mit diesem Ausdruck meine ich nicht: er solle nun in diesen Beispielen das Gemeinsame sehen, welches ich – aus irgendeinem Grunde – nicht aussprechen konnte. Sondern: er solle diese Beispiele nun in bestimmter Weise *verwenden*. Das Exemplifizieren ist hier nicht ein *indirektes* Mittel der Erklärung, – in Ermangelung eines Bessern. Denn missverstanden kann auch jede allgemeine Erklärung werden. *So* spielen wir eben das Spiel. (Ich meine das Sprachspiel mit dem Wort 'Spiel'.)"[1]

Das Sprachspiel ist also keine Erklärung, auch kein Ersatz für dieselbe. Das Sprachspiel tritt heraus aus dem metaphysischen Denken des Abendlandes. Man könnte sogar mit Heidegger sagen, es springt heraus. Denn es versucht von vornherein, sich gegenüber jeder Form der Erklärung zu verselbständigen. Es sträubt sich gegen alle Bestimmungen des Begrifflichen. Es verweigert sich dem Durchschnitt, dem Allgemeinen, dem Gemeinsamen, allem Wesenhaften. Das Sprachspiel erweist sich als Ereignis, das sein Licht auf seine Umgebung wirft. Sprachspiel und Ereignis avancieren zu den beiden innovativsten und charakteristischen Worten der Philosophie des 20. Jahrhunderts, zu denen man im Bereich der Ethik den Begriff der Verantwortung hinzugesellen kann.

Vor diesem Hintergrund verabschiedet Lyotard politikphilosophische Vorstellungen, die das soziale Band entweder ethisch oder mit Gewalt konstituieren. Wenn er es dagegen sprachlich knüpft, dann nicht im Sinn von Apel oder Habermas durch kommunikative Grundregeln, sondern aus Wittgensteins Sprachspiel heraus.

---

[1] Ebd., 71, 51

„Das soziale Band ist sprachlich, aber es ist nicht aus einer einzigen Faser gemacht. Es ist ein Gewebe, in dem sich zumindest zwei Arten, in Wahrheit eine unbestimmte Zahl von Sprachspielen kreuzen, die unterschiedlichen Regeln gehorchen."[1]

Wenn das Sprachspiel nach Lyotard das soziale Band knüpft, dann selbstredend kontingent und keinesfalls nationalsprachlich. Es sind die faktisch vorliegenden Sprachspiele, die tagtäglich stattfinden, die Menschen mit Gefühlen der Gemeinsamkeit und einem Verständnis von Solidarität versorgen. Das ist der Kommunikation nicht so fern, wie sie Arendt als Grundlage politischen Bewusstseins entwirft.

9.2. Macht und Gewalt in den Sprachspielen als Lebensformen

Dementsprechend sollen wir das Spiel, genauer das Sprachspiel spielen, das Menschen sozial und politisch miteinander verbindet. Wir spielen, wenn wir sprechen. Wir müssen sogar spielen, wenn wir über die Sprache philosophieren wollen, wenn man seinem Gegenstand nachspüren will, der au fond keiner ist, der dem Betrachter entgegensteht. in dem man sich vielmehr immer schon aufhält. Trotzdem könnte man noch versucht sein, im Sprachspiel doch eine Art Regelung der Sprache, oder zumindest eine Art impliziter Ordnung in seiner aktuellen Vorführung zu begreifen. Mit einer bestimmten Anzahl von Sprachspielen könnte man sich über die Sprache klar werden. Das wäre pragmatisch betrachtet. Man kann oder will sich ja nicht wie Wittgenstein zeitlebens mit

---

[1] Lyotard, Das postmoderne Wissen (1979), 119

demselben beschäftigen, mit einem Spiel nach dem anderen und wieder zurück. Das ist sicher die etwas ermüdende Seite seiner Philosophie. Doch eine Ordnung, gar eine wie sie sich die Logik oder genauer der *Tractatus* noch vorstellte, diese wird man vermittels des Sprachspiels nicht entdecken. Mit den folgenden Worten distanziert sich der späte nachhaltig vom frühen Wittgenstein:

> „Es ist interessant, die Mannigfaltigkeit der Werkzeuge der Sprache und ihrer Verwendungsweisen, die Mannigfaltigkeit der Wort- und Satzarten, mit dem zu vergleichen, was Logiker über den Bau der Sprache gesagt haben. (Und auch der Verfasser der *Logisch-Philosophischen Abhandlung*.)"[1]

Die logische Ordnung der Sprache realisiert sich nur in bestimmten Sprachspielen. Vor allem aber zerfällt damit die Identität von Satz und Sachverhalt, Sprache und Welt. Die Ordnung des Sprachspiels ist nicht mehr die Ordnung der Welt, jedenfalls nicht in jenem identitären Sinn, wie die Logik sowohl in der Sprache als auch in der Welt vorhanden ist. Das Sprachspiel ordnet wohl die Welt, aber nicht mehr materialistisch an der Welt grundsätzlich orientiert oder mit ihr in einem apriorischen Einklang stehend. Auch die Ordnung des Sprachspiels ergibt die Welt, aber eben so wie Sprache die Welt nun mal ergibt. Gestaltend, somit performativ generiert Sprache Welt so, dass Sprache und Welt zusammengehören. Im nominalistischen Sinne hieße das, dass die Sprachspiele als Konzeptionen der menschlichen Auseinandersetzung mit der Welt diese letztlich bestimmen, ohne dass man sicher sagen könnte, dass sie ihrerseits eine bestimmte strukturelle Prägung von der Welt erhielten. Die Einheit ergibt sich aus einer Differenz, bleibt also immer eine Zweiheit, löst die Einheit sogar auf, und stellt letztlich nur eine Beziehung her. Wittgenstein schreibt:

---

[1] Wittgenstein, Philosophische Untersuchungen (1953), 23, 25

„*Wozu* sage ich jemandem, ich hätte früher den und den Wunsch gehabt? – Sieh auf das Sprachspiel als das *Primäre*! Und auf die Gefühle, etc. als auf eine Betrachtungsweise, eine Deutung, des Sprachspiels!"[1]

Der Mensch spricht in Sprachspielen. Insofern stellen sie eine Art Apriori dar, das die Menschenwelt vorprägt, das aber keine notwendige Rückkoppelung in dieser Welt besitzt in der Form einer Übereinstimmung beispielsweise der logischen Strukturen. Andererseits aber brauchen sie auch die Interpretation, das Verstehen, bei dem offenbar auch die Gefühle eine Rolle spielen. Hier eröffnet sich erneut ein noch weiteres Feld, das gerade die Frage der Bedeutung betrifft: Deutung gibt Bedeutung. Wenn Wittgenstein mit den Sprachspielen die Bedeutung von Ausdrücken klären wollte, so ergibt sich am Ende, dass diese Sprachspiele ihrerseits der Deutung bedürfen und just darin zeigen sie etwas von der Bedeutung bzw. die Bedeutung als etwas, das sich gerade nicht aus festen allgemeinen Bezügen speist, sondern sich in der Situation in unterschiedlichen Perspektiven entfaltet: als Gefühl, als Referent, als Wunsch, als Absicht, als Vorstellung, als Befehl etc.

Die Bedeutungen wie die Gefühle müssen verstanden werden. Doch dieses Verstehen bedient sich nicht so sehr der Schematismen als vielmehr des Spielens selbst. Verstehen heißt wesentlich Spielen: Um zu verstehen, muss man einen Satz durchspielen, mit ihm experimentieren, ihn vielfältig ausprobieren. Und das gilt für jeden Satz. Vor dem um Verständnis ringenden Menschen eröffnet sich eine unendliche Welt der Sprachspiele:

> „Es gibt *unzählige* solcher Arten: unzählige verschieden Arten der Verwendung alles dessen, was wir ‚Zeichen‘, ‚Worte‘, ‚Sätze‘ nennen. Und diese Mannigfaltigkeit ist nichts Festes, ein für allemal gegebenes; sondern neue

---

[1] Wittgenstein, Philosophische Untersuchungen (1953), 656, 202

Typen der Sprache, neue Sprachspiele, wie wir sagen können, entstehen und andre veralten und werden vergessen. (Ein *ungefähres Bild* davon können uns die Wandlungen der Mathematik geben.) Das Wort ‚Sprachspiel' soll hier hervorheben, dass das Sprechen der Sprache ein Teil ist einer Tätigkeit, oder einer Lebensform."[1]

Wittgensteins Labyrinth der Sprache bereitet dem topologischen Umberto Ecos den Weg, das er vom knossischen und dem des Irrgartens unterscheidet: „Il labirinto di terzo tipo è una rete, in cui ogni punto può essere connesso con qualsiasi altro punto. Non si può srotolarlo."[2] Die Welt der Sprachspiele deutet Eco als ein Netz ohne feste Strukturen. Denn die Sprachspiele lassen sich gerade nicht auf den einheitlichen Begriff bringen. Sie lassen keine Ordnung der Welt zu, in der man sich vernünftig orientieren könnte. Nein, die Sprache stellt überhaupt keinen festen Korpus, keinen bestimmten Gegenstand dar. Vielmehr befindet sie sich permanent in Bewegung, in Erweiterungs- und Schrumpfungsprozessen. Sie hat nach Eco keine Grenzen, kein Innen oder Außen.

Für Rancière verdankt sich die Politik wie für Aristoteles der Sprache, aber nicht als Frage der Gerechtigkeit, sondern aus der Vielfalt der Sprachspiele heraus, die innerhalb einzelner Sprachspiele gewisse Regularitäten entwickelt, die der Sphäre der politischen Sprachspiele abgehen und die sich deshalb auch anderen Sprachspielen zu entziehen vermögen:

„Die Unterschiedlichkeit des Sprachspiels ist nicht ein Schicksal der gegenwärtigen Gesellschaften, das die große Erzählung der Politik aufheben würde. Sie ist im Gegenteil konstitutiv für die Politik, sie ist das, was sie

---

[1] Ebd., 23, 24
[2] Umberto Eco, Antiporfirio; in: Gianni Vattimo, Pier Aldo Rovatti (Hrsg.), Il pensiero debole, Milano 1983, 77

vom gleichen rechtlichen Austausch und gleichen Warenaustausch einerseits, von der religiösen oder kriegerischen Alterität andererseits trennt."[1]

Das ist ein ähnliches Argument wie dasjenige Lyotards. Doch Rancière kommt mit seiner Konzeption derjenigen Wittgensteins noch näher: Die ungeheure Vielfalt der Sprachspiele konstituiert die Politik. Sie wird notwendig, um die vielen Sprachspiele miteinander zu verbinden, um ein soziales Band entstehen zu lassen.

Wenn Lyotard dagegen vom Ende der großen Erzählungen spricht, dann kann man auf sie das soziale Band nicht mehr gründen, zumindest in postmodernen Zeiten. Denn noch wirken die großen Erzählungen stabilisierend – das muss auch Lyotard einräumen: „Das, was mit den Erzählungen überliefert wird, ist die Gruppe pragmatischer Regeln, die das soziale Band ausmachen."[2] Allerdings verlieren sie im Zeitalter der Informatisierung zunehmend an verbindender Kraft, so dass Lyotard an die Stelle der großen die kleinen Erzählungen setzt.

Zumindest Ansatzweise räumt auch Brandom ein, dass das soziale Band schwächer wird, wenn die Sprache in Sprachspiele zerfällt. Er schreibt:

„Beurteilen, Billigen usw. sind alles Dinge die wir Einzelne tun und einander zuerkennen, und wodurch eine Gemeinschaft, ein ‚Wir' entsteht. Doch diese Einsicht wird durch eine Ich-wir-Brille verzerrt – womöglich die gleiche, wie sie von jeher politische Philosophen bei ihrer Arbeit aufgehabt haben. (. . .) Doch universelle Übereinstimmung wäre zu viel verlangt, und wie will man entscheiden, wie viel Übereinstimmung genügt?"[3]

Das soziale Band lässt sich nicht mehr von oben herab dekretieren, sondern muss von unten her als ein Netz-

---

[1] Rancière, Das Unvernehmen (1995), 62
[2] Lyotard, Das postmoderne Wissen (1979), 72
[3] Brandom, Expressive Vernunft (1994), 91

werk aufgebaut werden. Das macht die Demokratie zäher, kann sie sich leisten, auch jenen Spielräume einzuräumen, die sie zerstören wollen.

Die Demokratie genießt dabei auch den Vorteil, dass alle Menschen an der Sprache partizipieren. Dabei sind sie an den Sprachspielen aktiv und produktiv und nicht bloß passiv oder rezeptiv beteiligt, wenn auch vielleicht der Großschriftsteller mehr als der Kleinschriftsteller. Denn durch jeden Menschen, der ein Sprechender ist, wird die Sprache produziert und abgewandelt, weiterentwickelt in ein unendliches Universum hinein, unendlich aber nur deshalb, weil man nicht an sein Ende, noch an seinen Anfang und schon gar nicht an seine Grenzen gelangen kann. Nur ein Gott könnte nach dem Untergang aller jemals Sprechenden alles Gesprochene aufgezeichnet haben. Das wäre die Gesamtheit der Sprache, eben alle je gespielten Sprachspiele, alle Bedeutungen, die je gemeint, fehlerhaft geäußert, verstanden, missverstanden und nichtverstanden und neuverstanden wurden. Dass man das bisher zumeist anders sah, dafür gibt Wittgenstein einen einleuchtenden Grund an: „Die unsägliche Verschiedenheit aller der tagtäglichen Sprachspiele kommt uns nicht zum Bewusstsein, weil die Kleider unserer Sprache alles gleichmachen. Das Neue (Spontane, ‚Spezifische‘) ist immer ein Sprachspiel."[1]

Die Kleider der Sprache, die Worte, Sätze, Strukturen, erwecken den Anschein der Gleichheit und Allgemeinheit. Vielleicht – könnte man anfügen – entstammt diese Bemühung auch nur einem der Mathematik ähnlichen Apriori, bestimmten Weisen des Denkens, der Gewohnheit, der Wiederholung. Natürlich darf man dabei zweifeln, wieso der aus dem Chaos der Sprache heraus Sprechende zu Uniformitäten gelangen konnten. Doch womöglich ließ ihnen das Chaos gar keine andere Wahl. Ist

---

[1] Wittgenstein, Philosophische Untersuchungen (1953), 261

das Chaos natürlich und die Ordnung künstlich? Man könnte es meinen. Es sieht allerdings so aus, als wenn sich der Mensch in einer Sprache bewegen muss, die ihm keine automatische Ordnung aufprägt und die Ordnungen, die in ihr entstehen, die generiert der Mensch in der Praxis seines Sprechens.

Derart bewahren für Lyotard nur Sprachen die Menschen davor, Opfer eines hegemonialen Diskurses zu werden, wie er sich mit dem Kapitalismus als ökonomische Diskursart andeutet. Die Heterogenität der Sprachspiele verhindert zumindest langfristig, dass sich auf Dauer eine Diskursart gegenüber allen anderen als herrschend etablieren kann. Lyotard schreibt:

„Der Widerstreit zwischen Satz-Regelsystemen oder Diskursarten wird vom Gerichtshof des Kapitalismus für unerheblich erachtet. Der ökonomische Diskurs beseitigt mit seinem notwendigen Verkettungsmodus von einem Satz zum anderen (. .) das Vorkommnis, das Ereignis, das Wunder, die Erwartung einer Gemeinschaft von Gefühlen. Man könnte ‚endlos so weiter machen’, die Inkommensurabilität der Spieleinsätze und die Leere, die sie zwischen den Sätzen aufreißt, in Erwägung zu ziehen. Die Zeit ist mit dem Kapital in vollem Gang. Aber der Urteilsspruch, der immer zugunsten der gewonnen Zeit gefällt wird, kann, wenn er einen Schlussstrich unter die Rechtsstreitfälle zieht, gerade damit den Widerstreit aufs Äußerste verschärfen.“[1]

Der Kapitalismus wird nicht untergehen, wie es von Marxisten und Apokalyptikern hoffnungsfroh an die Wand gemalt wird. Im Konflikt mit den anderen Sprachspielen aber kann er sich auch nicht final durchsetzen und wird sich daher voraussichtlich immer wieder transformieren müssen – abgesehen davon, dass der Begriff Kapitalismus ob bei Marx oder von Hayek immer einen

---

[1] Lyotard, Der Widerstreit (1983), 252, 293

idealtypischen Charakter besitzt, wie ihn Weber beschreibt, wenn man Weber Wissenschaftslehre deskriptiv liest, hat damit Weber au fond die Sprachphilosophie Wittgensteins antizipiert.

Daher verheißt die Heterogenität der Sprachspiele auch keine automatische glückliche Zukunft. Es gibt weder einen automatischen Weg vom Chaos noch von der Ordnung zur Glückseligkeit oder zumindest zur Humanität. Vielleicht lässt man auch das Thema des Glücks überhaupt besser auf, werden mit ihm doch nur die Kinder in die traditionelle soziale Ordnung gelenkt.

Trotzdem steckt just in dieser Heterogenität der Sprachspiele die Macht der Sprache, die sich in die Sprache der Macht transformiert; denn mehr noch als eine geregelte Macht scheint sie dem Menschen als planlose Gewalt zu begegnen, der er weitgehend ausgeliefert ist, der er sich vor allem ausliefern muss, will er auf sie einwirken, diese Gewalt der Sprache domestizieren – soweit das überhaupt denkbar bleibt. Derrida hat diese Bewegung mit seinem Begriff der Differenz erfasst, die er französisch abweichend mit „a" und nicht mit „e" schreibt und womit er die verschiebende Bewegung der Sprache als durchaus gewaltsam stiftende Schrift diagnostiziert:

Es geht mir immer um die differentielle Kraft und Gewalt, um die Differenz als Kraftdifferenz oder als Differenz der Gewalt, um die Kraft und die Gewalt als *différance* oder als Kraft und Gewalt der *différance* (die *différance* ist eine aufgeschobene-verzögerte-abweichende-aufschiebende-sich unterscheidende Kraft oder Gewalt <*force différée-différante*>); es geht mir um die Beziehung zwischen der Kraft (Gewalt) und der Form, der Kraft (Gewalt) und der Bedeutung; es geht mir um die ‚performative' Kraft (Gewalt), die illokutionäre oder perlokutionäre Kraft (Gewalt), um die persuasive und rhetorische Kraft (Gewalt), um die Kraft (Gewalt) der Bejahung und Behauptung einer Signatur, aber auch und vor allem um all jene paradoxen Situatio-

173

nen, in denen die größte Kraft (Gewalt) und die größte Schwäche sich seltsam kreuzen und in einem denkwürdigen gegenseitigen Austausch stehen."[1]

Die Grundstruktur der Sprache ist nach Derrida die Differenz, die unterscheidet und verschiebt und die dadurch Bedeutung entfaltet, also performativ wirkt. Das ist immer eine Form von Kraft oder Gewalt, die durch die Sprache ausgeübt wird. Das Sprachspiel bedeutet und setzt damit Grenzen, die die Menschen häufig nicht ungestraft überschreiten können. Die Sprache ist nicht harmlos, friedlich, verständigend, sondern schließt aus und ein, ermöglicht eine politisch soziale Ordnung zu schaffen, an der nicht alle Betroffenen gleich beteiligt sind. Ranciére spricht von Politik als Polizei.

Ort und Medium der Kommunikation wie der vermeintlichen Friedfertigkeit entpuppen sich als unkalkulierbare und undurchschaubare Zusammenhänge, weil diesen eben eindeutige Strukturen mangeln. Ein Diskurs mag frei von sozialer oder politischer Herrschaft vorstellbar sein können, und sei es nur idealiter unter einem Schleier des Nichtwissens. Doch jeder Diskurs rekurriert und verlässt sich auf etwas, auf das doch kein Verlass ist, so dass er sich zwangsläufig in den Irrungen der Sprachspiele, in deren Gewalt verläuft. Die Philosophie steht daher vor einer unlösbaren Aufgabe: „Was ist dein Ziel in der Philosophie? – Der Fliege den Ausweg aus dem Fliegenglas zeigen."[2]

Die Philosophie kann höchstens Verhältnisse in der Sprache klären, was eher zu etwas klar Unklarem führt. Sie kann diese Verhältnisse aber nicht restrukturieren, umbauen oder überhaupt neu schöpfen. Ihre Aufgabe kann nicht normativ sein, weil sich aus dem, was ist, nichts Normatives schließen lässt. Gibt es einen Ausweg

---

[1] Derrida, Gesetzeskraft (1989), 15
[2] Wittgenstein, Philosophische Untersuchungen (1953), 309, 131

aus dem Fliegenglas. Sobald die Fliege vom süßen Saft gekostet hat, wohl nicht mehr. Und wohin führt der Weg draußen? Findet die Fliege außerhalb des Fliegenglases das richtige Leben? Oder gilt hier der andere Satz Wittgensteins, mit dem auch alles über das Leben des Menschen gesagt sein könnte: „Was ich lehren will: von einem nicht offenkundigen Unsinn zu einem offenkundigen übergehen."[1] Man wundert sich nur, wie ein religiöser Mensch einen solchen Satz äußern kann.

Gerade mit der Philosophie bleibt man in der Sprache, wie sie sich unmittelbar zeigt, und im Denken, wie es sich erregen lässt. Ein Sinn lässt sich in beiden nicht ausmachen, höchstens hineinlegen, eben durch die Macht des Bedeutens, durch Worte wie Weihnachten und Ostern, die eine ungeheure performative Kraft entfalten. Die Frage, die sich hier stellt, heißt allerdings wiederum: drückt sich darin eine Gewalt der Sprache aus, die sich auch nicht zur Macht im Sinn von Arendt domestizieren lässt, um ihren gewalttätigen Charakter zu überwinden? Wahrscheinlich kann man sich in dieser Hinsicht auch nicht auf den Willen zur Macht verlassen. Im Kern der Domestizierung der Gewalt bleibt diese doch erhalten. Das lässt den Willen zur Macht unbefriedbar werden.

Und man weiß natürlich nicht, was die Konflikte bringen werden, die sich der Heterogenität der Sprachspiele verdanken, die ihrerseits natürlich auch Herrschaftsverhältnisse ermöglichen. Die Sprache schafft die politische Macht, wie sie diese gleichermaßen untergräbt. Rancière schreibt:

„Es gibt Politik, weil diejenigen, die kein Recht dazu haben, als sprechende Wesen gezählt zu werden, sich dazuzählen und eine Gemeinschaft dadurch einrichten, dass sie das Unrecht vergemeinschaften, das nichts anderes ist als der Zusammenprall selbst, der Widerspruch

---

[1] Ebd., 464, 165

der zwei Welten, die in einer einzigen beherbergt sind: die Welt, wo sie sind, und jene, wo sie sie nicht sind, die Welt, wo es etwas gibt ‚zwischen' ihnen und jenen, die sie nicht als sprechende und zählbare Wesen kennen, und die Welt, wo es nichts gibt."[1]

Durch Sprache werden die Armen und Unterprivilegierten von der Politik ausgeschlossen, wie diese gleichzeitig sprachlich diese Ungerechtigkeit in Frage stellen, was ihnen durch die blanke Gewalt nicht gelingt, was immer sie mit der reinen Gewalt sagen wollen. Die Gewalt muss interpretiert werden. Man muss ihr erst eine Rolle zwischen den Sprachspielen zuweisen, damit sie überhaupt als Gewalt erscheint. Denn, so bemerkt Walter Benjamin, „zur Gewalt im prägnanten Sinne des Wortes wird eine wie immer wirksame Ursache erst dann, wenn sie in sittliche Verhältnisse eingreift."[2] Natur ist keine Gewalt, sondern das sind Naturgewalten. Der Löwe, der einen Menschen frisst, ist kein Gewalttäter. Die Sprache macht die Gewalt zur Gewalt. Alle Bemühungen, sie dabei zu domestizieren, sind bisher gescheitert, wiewohl es natürlich intensive Bemühungen gibt, die in diesem Sinne auch weiter gehen müssen, so Habermas:

„Philosophie und Demokratie verdanken sich nicht nur historisch demselben Entstehungszusammenhang, auch strukturell sind sie aufeinander angewiesen. Die öffentliche Wirkung philosophischen Denkens bedarf in besonderem Maße des institutionellen Schutzes der Gedanken- und Kommunikationsfreiheit, während umgekehrt ein stets gefährdeter demokratischer Diskurs auch von der Wachsamkeit und Intervention dieses öffentlichen Hüters der Rationalität abhängt."[3]

---

[1] Rancière, Das Unvernehmen (1995), 38

[2] Walter Benjamin, Zur Kritik der Gewalt (1921) und andere Aufsätze, Frankfurt/M. 1965, 29

[3] Jürgen Habermas, Wahrheit und Rechtfertigung, Frankfurt/M. 1999, 331

Einerseits sind selbstredend institutionelle Absicherungen der Freiheit, insbesondere der Philosophie, des Denkens, des Dialogs wie der Kontroverse unabdingbar. Insofern braucht die Philosophie die Demokratie und umgekehrt.

Aber es gibt davon auch unabhängige individuelle Bewegungen. Denn der Einzelne muss – wenn möglich – sich diese Sachlage anders zunutze machen. Er muss sich wohl mit dem inneren wie äußeren, sprachlichen wie nichtsprachlichen Chaos arrangieren, wohl wissend dass er die Gewalt der Sprache nicht loswird. Denn die Sprache wird Menschen immer wieder in Verzweiflung stürzen. Sie verbindet ihn an vielen Stellen mit der Welt und schneidet ihn häufig genug von ihr ab. Schriftstellerische Sprachkompetenz hilft beispielsweise nicht gegen die Einsamkeit – man denke an Cesare Pavese. Ich nehme an, dass der folgende Satz nicht nur für die Philosophie gilt: „Denn die philosophischen Probleme entstehen, wenn die Sprache *feiert*."[1]

Manchmal gelingt es dem Menschen fleißig mitzufeiern. Manchmal reißt die Sprache den Menschen in ein arges Tanzvergnügen: Manche Philosophen meinen, sie könnten diesem Tanz durch die Logik entgehen. Sie engagieren sich dann in Diskursordnungen, versuchen die Gewalt in eine legitime Macht umzudenken, was auch in einem gewissen Maße Anerkennung erfährt, was aber an der Sachlage der Sprache als unberechenbares Labyrinth wenig ändert.

Nur ist allerdings klar, dass der Mensch auch nichts anderes als die Sprache hat, wenn er die Sprache beeinflussen möchte. Und als besonders schwierig erweist sich dergleichen, weil der Mensch in der Sprache lebt, und nicht außerhalb ihrer steht. Die Sprache stellt einen der wesentlichen Aspekte des menschlichen Lebens dar. Der

---

[1] Wittgenstein, Philosophische Untersuchungen (1953), 38, 33

Mensch – könnte man sagen – wird in sie hinein geboren. Sie liegt automatisch vor. Und sie gibt dem menschlichen Leben die Form. So formuliert Wittgenstein: „Das Hinzunehmende, Gegebene – könnte man sagen – seien *Lebensformen.*"[1]

Einerseits ließe sich das für die Sprache als Ganzes sagen. Der Mensch wäre zu definieren als sprechendes Wesen. Das mag Kulturbedeutung besitzen. Doch es realisiert sich in diversen konkreten Sprachspielen, denen ich nachgehe, so wie ich mit der Sprache spiele. Diese Sprachspiele bestimmen mein Leben, die Form meines Lebens. Insofern lautet die berühmte Formulierung Wittgensteins:

> „Man kann sich leicht eine Sprache vorstellen, die nur aus Befehlen und Meldungen in der Schlacht besteht. – Oder eine Sprache, die nur aus Fragen besteht und einem Ausdruck der Bejahung und der Verneinung. Und unzählige Andere. – Und eine Sprache vorstellen heißt, sich eine Lebensform vorstellen."[2]

Wie diese Lebensformen aussehen, welche Sprachspiele sie prägen, welches Sprachspiel welche Lebensform spielt, sagt nichts darüber aus, wie sie mit der sprachlichen Macht und Gewalt umgeht. Man kann diese Perspektive nur insoweit primär positiv einschätzen, wenn man die Chance für das menschliche Leben, als Entfaltung seiner gestalterischen Kräfte eher aus dem Chaos erwachsen sieht als aus der Ordnung. Darüber wird man streiten, besser spielen.

---

[1] Wittgenstein, Philosophische Untersuchungen (1953), 263
[2] Ebd., 19, 20

10. Vorlesung
ETHIK UND PSYCHOANALYSE IM SPÄT-
WERK WITTGENSTEINS

Au fond reproduziert die abendländische Ethik das metaphysische Verhältnis von Sprache und Welt, das schon der scholastische Universalien-Streit diskutierte: Eine instabile, wechselhafte Welt soll durch ein festes Korsett der Sprache und Ideen präzise erfassbar gestaltet werden: die Aufgabe der Wissenschaften.

Daran zeigt sich die Schwierigkeit einer Moral, der unsicheren und verdorbenen Welt durch allgemeingültige Imperative klare Orientierungen zu verleihen. Daher beruft man sich häufig auf göttlich gewährleistete Grundsätze. Jedoch zeigt sich, dass der Versuch, Weltbild und ethische Orientierungen religiös zu fundamentieren, nicht erst heute in religiöse Konflikte führt. Die Bemühungen einer aufklärerischen Ethik, moralische Prinzipien allgemeingültig aus der Vernunft heraus zu begründen – ein Geschäft, das Nietzsche für gescheitert erklärte –, enden ebenfalls nicht nur im friedlichen Widerstreit verschiedener ethischer Konzeptionen. Vielmehr stehen sie genauso vor dem Problem, dass die Sprache zwar den Anschein erweckt, allgemeingültige Begriffe mit eindeutigen, von allen einsehbaren Bedeutungen zu beherbergen, dass dieser Anschein jedoch keineswegs hält, was er verspricht – ein Problem, das den Übergang von der traditionellen Ethik zu einer posttraditionellen angibt.

10.1. Die sprachliche Mannigfaltigkeit und die Unschärfe des Ethischen

Die Sprache besteht nicht aus eindeutig verstehbaren Worten, denen sich die Menschen nach Belieben bedienen dürfen, die sie aber nur so verwenden können, wie es die Worte zulassen. Die Verwendung der Worte und Zeichen ist vielmehr nicht festgelegt, sondern ergibt sich aus der jeweiligen Situation, in der sie gebraucht werden. Was jemand versteht, wenn er jemandem zuhört, hängt dabei von der Situation genauso ab, wie von den Erfahrungen des Hörers. Es ufert in einer Vielzahl von Möglichkeiten aus. Insofern erweist sich die Sprache als ähnlich instabil wie die Welt, die sie zu beschreiben trachtet. Wittgenstein formuliert diese Struktur der Sprache in seinen *Philosophischen Untersuchungen* mit dem Wort vom *Sprachspiel*, in dem sich die jeweilige Bedeutung eines Wortes in seiner einzigartigen Verwendung zeigt.

Das Sprachspiel wird in der lebendigen Sprache automatisch gespielt: die Menschen sprechen in Formen von Sprachspielen. Es ist keine künstliche, quasi experimentelle Konstruktion, kein erdachter Begriff. Sprache lässt sich daher durch Sprachspiele ohne begriffliche Differenzen vorführen, sich aber nicht auf einen allgemeinen Begriff bringen. Im Sprachspiel realisiert sich die reale unendliche Mannigfaltigkeit der Bedeutung oder Verwendung, des Verstehens wie des Sprechens, ohne sich als eine allgemeine Theorie oder einen Begriff der Sprache auszubuchstabieren.

Diese Problematik verschärft sich noch im ethischen Diskurs, wenn ebenfalls die Gleichförmigkeit von Worten auf ihre allgemeine und gleiche Bedeutung hinweisen soll, die aber in jeder Situation und bei jedem Einzelnen auf eine andere Verwendung und vor allem auf keineswegs nachprüfbare Assoziationen oder Bedeutungen stößt: Jede geäußerte Rede ist originell, ist ein Ereignis, selbst wenn die gebrauchten Worte identisch sind – jedes moralische Urteil ist einzigartig: Was meint man, wenn man ethisch urteilt? Meint jeder etwa dasselbe? Und woher könnte man das wissen, dass es dasselbe ist? Äußert sich überhaupt in irgendeiner gleichen Form das, was für den Einzelnen wertvoll ist, oder entsteht Gleichheit nicht bloß aus der Gleichförmigkeit sprachlicher Formen? Werte und Orientierungen verlieren derart ihre Einheitlichkeit und Allgemeingültigkeit, werden zum einzigartigen Ereignis vor einem pluralen Sprachhorizont. Einheitlichkeit und Allgemeingültigkeit entspringen der sprachlichen Universalisierung, der nicht nur willkürlichen Definition, sondern auch der Schematisierung, der fixierenden Idealisierung und somit letztlich Irrealisierung eines lebendigen und sich ununterbrochen wandelnden Lexikons, dem allgemeine Regeln fremd sind. In der konkreten Rede, während der der andere Mensch mich anblickt, im einzelnen Sprachspiel begegnet er mir, kaum in der generalisierten Sprache der Wissenschaft, die nur unpersönliche Allgemeinheiten formuliert – eine Einsicht, der konservativen Kulturkritik bei Bergson, Scheler oder Marcel, die Wittgenstein als deren Zeitgenosse reproduziert. Der andere Mensch begegnet mir jedenfalls nur in einer Sprache, die sich solcher idealisierender Festlegungen entzieht, oder eben in deren persönlichen Eigenheiten einer ansonsten unpersönlichen Wissenschaftssprache. Die Besonderheit drückt sich nicht in dem aus, was einer sagt, sondern wie er es sagt, im Klang seiner Stimme.

Diese Mannigfaltigkeit der Sprache bleibt nicht ohne Auswirkungen auf die traditionelle imperativische Ethik.

Was meint man, wenn man sagt „Du sollst nicht töten"? Meint man damit dasselbe wie im Satz „Töte nicht"? Haben beide Sätze den gleichen Sinn? Eine solche Gleichförmigkeit erscheint eher als das Produkt einer sprachlichen Illusion, die das Wesen der Sprache, die Möglichkeiten des Sprechens wie des Hörens und Verstehens verfehlt bzw. sich um diese nicht weiter kümmert. Nicht mal das biblische Gebot des Nichttötens ist nur ein kategorischer Imperativ und muss keineswegs immer als solcher verstanden werden. Er kann auch seinen Sinn wandeln. Wie stellt doch John Dewey 1948 fest:

> „Die unterstellte Tatsache, dass die Moral unwandelbare außerzeitliche Prinzipien, Maßstäbe, Normen, Ziele als den einzig sicheren Schutz gegen ein moralisches Chaos verlange, kann sich freilich zu ihrer Unterstützung nicht mehr auf die Naturwissenschaften berufen, ebenso wenig, wie sich mit Hilfe der Wissenschaft rechtfertigen lässt, die Moral (in Theorie und Praxis) von Erwägungen der Zeit und des Ortes, d.h. also von Prozessen der Veränderung, auszunehmen."[1]

Dewey ist ja beinahe ein Zeitgenosse Wittgensteins, ein Jahr nach ihm gestorben, nur 30 Jahre früher geboren und gehört zur zweiten Generation des Pragmatismus, dem auch Wittgenstein gelegentlich zugeordnet wird. Was diese liberale Philosophie auszeichnet, das ist ihr durchgängiger Relativismus, dem de facto ebenfalls Wittgenstein zuarbeitet. Aber absolute Wahrheiten gibt es in den modernen Wissenschaften denn auch schlicht nicht mehr, was nicht ohne Auswirkungen auf die Ethik bleiben kann. Sie befinden sich im Wandel, neue Orientierungen entstehen und alte verblassen.

Religiöse oder politische Mächte versuchen daher die ethischen Orientierungen der Menschen, somit die Spra-

---

[1] John Dewey, Die Erneuerung der Philosophie (1948, 1919), Hamburg, 1989, 17

che des Ethischen zu reglementieren, heute wie gestern. Häufig gelingt dergleichen indes nur mit äußerster Härte und scheitert letztlich trotzdem. Auch die modernen Wissenschaften bemühen sich um Präzisierung und Festlegung bestimmter Terminologien und bedienen sich dabei der Logik. In gewisser Weise ist das sinnvoll und nützlich. Nur ändert das nichts an der Vagheit der Sprache und kann diese lebensweltlich keinesfalls überwinden. Höchstens punktuell lässt sich mit der Präzision ein gewisser Nutzen erzielen: unter technisch vereinheitlichten Bedingungen des Experiments, die alle Nebenwirkungen und natürlichen Zufälligkeiten ausschalten sollen.

Aber entspricht die imperativische Ethik mit ihrem normativen Grundzug nicht der logischen Struktur des Denkens, das sich derart die Welt vorstellt? Die Welt erhält auf diese Weise dieselbe Ordnung wie die Logik. Diese Ordnung ist vor aller Erfahrung. Sie ist, so Wittgenstein, das Konkreteste, gleichsam Härteste. Man kann aber auch versuchen, die Brille der logischen Sprache abzunehmen. Damit verliert die Welt ihre logischen Strukturen, zeigen sich letztere einer anderen Welt als der logischer Sprachen als inadäquat. Des Logikers Problem ist nicht die Sprache, wie sie sich ereignet: Wittgenstein verteidigt die Undeutlichkeit der Alltagssprache - hier endet in den *Philosophischen Untersuchungen* der hegemoniale Anspruch der Logik aus dem *Tractatus*.

Wittgenstein setzt an die Stelle des logischen Regelwerks Sprache das Sprachspiel, das eben nicht nur einer logischen Sprache oder logischen Struktur der Welt angemessen sein soll, sondern der sich ereignenden Sprache selbst. Das Sprachspiel entzieht sich der Forderung der Logik nach Präzision, verweigert sich der Fixierung und durchbricht jegliche Verallgemeinerung. Jedoch spürt es als geschehende Sprache dieser selbst nach bzw. man kann mit ihm versuchen, der Sprache als Ereignis gerecht

zu werden, in der die Intentionen des Anderen als notorisch unbekannte Bedeutung aufblitzen.

Ethische Imperative, die man ernst nehmen könnte,
die wirklich erfüllen wollen, was sie verheißen, verbleiben
daher notwendigerweise im Unscharfen, sind interpretationsbedürftig, müssen auf den jeweiligen Einzelfall hin
angepasst werden – eine Einsicht, die Aristoteles mit der
Idee antizipiert, dass man beim Handeln jeweils situati-
onsabhängig das rechte Maß treffen müsste. Ethische
Imperative stellen nicht mal generelle Richtlinien dar.
Vielmehr müssen sie im Falle jeder einzelnen Anwendung neu bedacht und in ihrer Relevanz und Wirkung
ausgelotet werden. Als Regel brauchen sie eine Regel, die
sagt, wann die Regel gilt – ein unendlicher Regress.

Das macht die Komplexität der Menschlichkeit aus,
die sich ohne Verlust an ihr selbst nicht vereinfachen
lässt. Wer heute angesichts ausufernder Beliebigkeiten
wieder Verbindlichkeit verlangt, vereinfacht nicht nur die
Frage der Menschlichkeit, er beschränkt sie auf ein nied-
riges Niveau von Verbindlichkeiten, während es viel
schwieriger ist, jenseits von diesen Menschlichkeit zu
entfalten – was aber angesichts des ausufernden wie bodenlosen Wissensstandes schwerlich noch anders denkbar ist: In welchen Sätzen ließen sich ohne Inquisitions-
behörden – also ohne Unmenschlichkeiten – allgemeine
Verbindlichkeiten gültig formulieren? Erstens gibt es
solche Sätze nicht, die dem wittgensteinschen Verdikt des
Sprachspiels entgingen. Zweitens regelt sich die Gültigkeit durch die Behörde, nicht durch den Satz selbst, also
durch andere Sätze, die die entsprechenden Sanktionen
festlegen: Die Begründung einer Verbindlichkeit liegt also
nicht in ihr, was sie selbst unverbindlich macht. So stellt
denn auch Derrida fest:

> „Montaigne redet in der Tat von einem ‚mystischen
> Grund‘ der Autorität, also des Ansehens und der Aner-
> kennung der Gesetze: ‚Die Gesetze genießen ein dauer-

haftes Ansehen und verfügen über einen Kredit, nicht etwa, weil sie gerecht sind, sondern weil sie Gesetze sind: das ist der mystische Grund ihrer Autorität; es gibt keinen anderen (. .) Wer immer auch den Gesetzen gehorcht, weil sie gerecht sind, folgt ihnen nicht auf angemessene Weise, so, wie er ihnen folgen soll und muss.'"[1]

Trotzdem bleibt es fraglich, ob sich Menschlichkeit ohne schweren Schaden niedriger ansetzen lässt, als es die gedankliche Situation der Zeit verlangt, also ob man sich noch auf die Institution berufen kann, ob es nicht vielmehr auf den selbstverantwortlichen Menschen ankommt.

Karl-Otto Apel sieht das allerdings anders:

„Die in modernen Rechtssystemen und in den Spielregeln der demokratischen Regierungsform implizierten Moralprinzipien – wie etwa die Voraussetzung eines *Grundkonsenses* und eines approximativ immer wieder zu erneuernden *Konsenses der Betroffenen* als Legitimationsbasis für die Gesetzgebung – diese Institutionsprinzipien repräsentieren sogar durchweg ein höheres, postkonventionelles Niveau des moralischen Bewusstseins als das von der Mehrzahl der Bürger erreichte."[2]

Das Problem bleibt indes, inwieweit die Institutionenprinzipien durch die politischen Geschehnisse beeinträchtigt werden und inwieweit sich Individuen gegenüber der teilweise auch beschränkten Reichweite von Institutionenprinzipien als innovativ präsentieren. Hier spielen die Emanzipationsprozesse der letzten Jahrzehnte eine zentrale Rolle.

---

[1] Derrida, Gesetzeskraft (1989), 25
[2] Apel, Diskurs und Verantwortung, 364

10.2. Ethik des Sprachspiels jenseits der Metaphysik

Auch die Entwürfe der Menschlichkeit besitzen heute kaum mehr die Präzision einer normativen Logik. Sie verharren vielmehr im Ungefähren. Wie verbindlich sind ungefähre Verbindlichkeiten? Und wäre nicht das Verbindliche höchstens das Ungefähre an ihnen, das was jeder selber auslegen und verstehen muss, während Genauigkeiten nur in schematisierten Situationen stattfinden, beispielsweise als Regeln im Straßenverkehr, damit aber au fond kein ethisches Problem mehr darstellen. Bei Aristoteles sind Gehorsamsbeziehungen im strengen Sinne nicht von ethischer Qualität, höchstens je nach hierarchischem Grad der Beziehung von geringerer Qualität. Bei Kant misst sich das Moralische nur an der Gesinnung, ob ich einem ethischen Imperativ um seiner selbst willen folge. Seit der linguistischen Wende steht in Frage, ob sich derart das Ethische noch formulieren lässt oder ob damit nicht nur bestimmte hierarchische Beziehungen in der bürokratisierten Gesellschaft beschrieben werden. Aber für Kant beruht die Pflicht auf Freiwilligkeit, während sie heute zu einem allgemeinen Zwang verkommen ist. Daher verbindet sich Pflicht als solche heute kaum noch Menschlichkeit. Wer Menschlichkeit verkörpern möchte, muss mehr als seine Pflicht tun. Er muss mit seiner gesamten lebendigen Persönlichkeit und freiwillig bei der Sache sein. Insofern ist die Menschlichkeit erheblich schwerer geworden, denn sie lässt sich nicht mehr allgemein bestimmen, sondern braucht eine jeweilige situative Beurteilung.

Gegenüber logischen Sprachen vergleicht Wittgenstein die Alltagssprache mit einem unscharfen Bild. Welche Worte versteht man überhaupt genau? Und woher weiß ich, dass ein Anderer sie genauso präzise versteht? Womöglich ist es die Unschärfe eines Bildes oder eines Wortes, die es für den Menschen besonders wertvoll macht, dessen vielfältige Anwendung die Unschärfe erst ermöglicht. Das Sprachspiel deutet mit der Ereignishaftigkeit der Sprache, mit der Singularität von Bedeutung oder Wert auf die Schwierigkeit des Konsenses und des Verstehens hin. Mit dieser zeigenden Bewegung blitzt im Sprachspiel die Menschlichkeit des Menschen auf. Sie ist nicht das Gemeinsame zwischen verschiedenen Sprachspielen. Nur wenn man auf bestimmte Weise mit der Sprache spielt, könnte sich das Ethos des Menschen in der posttraditionalen Welt zeigen. Ein Bild, so Wittgenstein, bei dem die Farben ineinander fließen, kann man nicht scharf nachzeichnen. Die Formen sind nicht exakt festgelegt. Und in einer ähnlichen Lage befindet sich der Mensch in der Ethik, die sich ja gleichfalls der Sprache verdankt.

Die Ethik hält sich vor einer unscharfen Landschaft auf, die sie gar nicht scharf nachzeichnen kann, ohne sie bloß nach eigenem Gutdünken idealiter zu entwerfen. Ein solches Unterfangen installierte künstliche Orientierungen, die Kriterien besitzen, die der unscharfen Landschaft nicht angemessen sein können. Die normative Ethik überdeckt eine unscharfe Landschaft und zeichnet ihr Konturen ein, ein Unterfangen, das selbstredend der Landschaft nicht entsprechen kann, der man als unscharfer mit Schärfe nicht gerecht wird, sondern höchstens der Ethik, die sich Schärfe zum Prinzip erhebt – also ein Zirkelschluss. Eine imperativische Ethik, die unterstellt, dass mit Präzision und Allgemeinheit die Welt menschengerecht zu lenken wäre, müsste erst nachweisen, dass Präzision und Allgemeinheit dem Menschlichen gerecht werden – das Dilemma heutiger Bemühungen, wieder Verbindlichkeit herzustellen, und das umso mehr, als schon länger nicht mehr klar ist, wieso die Vernunft – und zwar gerade die praktische – das menschliche Glück befördern und in eine positive Richtung der Kulturentwicklung führen soll. Es gibt, wie Kant feststellt, keinen methodisch angebbaren Übergang von der Tugend zur Glückseligkeit. Nach Kant

> „ist in dem moralischen Gesetze nicht der mindeste Grund zu einem notwendigen Zusammenhang zwischen Sittlichkeit und der ihr proportionierten Glückseligkeit eines zur Welt als Teil gehörigen und daher von ihr abhängigen Wesens, welches eben darum durch seinen Willen nicht Ursache dieser Natur sein und sie, was seine Glückseligkeit betrifft, mit seinen praktischen Grundätzen aus eigenen Kräften nicht durchgängig einstimmig machen kann. Gleichwohl wird in der praktischen Aufgabe der reinen Vernunft, d.h. der notwendigen Bearbeitung zum höchsten Gute, ein solcher Zusammenhang als notwendig postuliert: wir sollen das höchste Gut (welches also doch möglich sein muss) zu befördern suchen."[1]

Das Postulat entbirgt, dass es keine gewissen Übergänge gibt, somit genau das Postulierte in Frage steht, nämlich die Wirklichkeit des höchsten Guten als der Einheit von Tugend und Glückseligkeit. Oder es gibt keinen ähnlichen Übergang von der Sprache zur Humanität. Selbst wenn man sich dem Sprachspiel überlässt, besitzt man keinerlei Gewähr dafür, dass die Welt damit menschlicher wird.

Es bleibt nur die Ungewissheit, dass der Mensch auf diese unscharfe Landschaft der Sprache achten muss, dass er sie nicht nur rationalisieren darf. Rationalisierung führt allemal nicht in eine bessere Welt. Präzision kommt

---

[1] Immanuel Kant, Kritik der praktischen Vernunft (1788), Akademie Text-Ausgabe (AA) Bd.5, Berlin 1968, 124

dabei trotzdem auch vor, aber unregelmäßig. Versucht der Mensch die vage Situation des Menschlichen durch präzise ethische Imperative zu überwinden, verhält er sich wie der technische Mensch, der auf die Natur auch nur soweit achtet, um sie zu beherrschen, der am unscharfen Bild so lange retuschiert, bis es scharf erscheint, aber nicht mehr das Bild ist, das es war.

So entzieht sich die Sprache der Bemühung, sich mit ihrer Hilfe ein eindeutiges Bild von der Welt zu machen, was nicht nur fatal für Weltbilder ist, sondern vornehmlich auch für moralische Bemühungen, dem Menschen feste Orientierungen und einen ethischen Halt in einer instabilen Welt zu geben. Wittgenstein erkennt, dass diese Situation nicht nur für die Erkenntnismöglichkeiten von der Welt gilt, sondern auch denjenigen betrifft, der in der Ethik nach präzisen Werten und Vorschriften sucht. Wenn es um die Beschreibung einer konkreten Situation geht, so gibt es im Detail wenigstens noch den einen oder anderen konkreten Bezug zu einem benannten Gegenstand. Werte und Haltungen lassen sich dagegen untereinander nur äußerst schwierig und ungenau vergleichen: Welcher Abtreibungsbefürworter dementiert den Wert des ungeborenen Lebens? Aber hat er dieselbe Vorstellung davon wie der Abtreibungsgegner? Was stellt man sich überhaupt vor, wenn man vom Wert des Lebens spricht?

Sprachspiele sind für Wittgenstein keine Vorstudien zu einer Reglementierung der Sprache, sondern sollen nur Licht auf die Sprache werfen. In ihnen zeigt sich dann auch das Verhältnis von ethischen Werten und Vorschriften gegenüber einer instabilen und gefährdeten Welt. Die Aufgabe der Ethik kann also auch nicht heißen, präzise Normen zu entwerfen, sondern dem, was ethisch stattfindet, um der Menschlichkeit willen nachzuspüren. Gibt es keine Theorie der Menschlichkeit, auch keine Philosophie der Ethik? So schreibt Richard Rorty:

„Das moralische Interesse der Philosophen sollte sich auf die Fortsetzung des abendländischen Gespräches richten, nicht darauf, dass den traditionellen Problemen der modernen Philosophie ein Platz in diesem Gespräch reserviert bleibt."[1]

Dann formuliert sich die Frage nach der Menschlichkeit des Menschen nur in Form einer Vielzahl von Sprachspielen, die deskriptiv an die Stelle einer normativ praktischen Philosophie treten: Menschlichkeit heißt gemäß sprachphilosophischer Einsichten, dazu verurteilt zu sein, Sprachspiele spielen zu müssen. Nicht anders kann man versuchen der Menschlichkeit gerecht zu werden. Nicht anders, nur in unscharfen einzelnen Hinweisen, redet der andere Mensch mit mir.

Auch der ethische Diskurs kann die ethischen Sprachspiele höchstens beschreiben, – besser – kann sie vorführen oder über sie reden. So öffnet sich in der Sprachphilosophie nicht nur eine Wende der Erkenntnis- und Wissenschaftstheorie. Noch weitreichendere Konsequenzen dürften deren Einsichten für das weitere Schicksal der traditionellen Ethik haben, die ihren metaphysischen Boden verliert bzw. diesen als solchen – und somit nicht mehr als allgemeingültig – anerkennen muss. Jedenfalls ist es seither schwieriger geworden, noch für die traditionelle Ethik zu argumentieren. Leo Strauss beispielsweise muss dazu auf die religiösen Traditionen zurückgreifen:

„Es ist für Aristoteles wie für Moses offensichtlich, dass Mord, Diebstahl, Ehebruch etc. unbedingt schlecht sind. Griechische Philosophie und die Bibel stimmen insoweit überein, dass der richtige Rahmen der Moral die patriarchalische Familie ist, die monogam ist oder dazu tendiert und die die Zelle der Gesellschaft formt, in der die freien erwachsenen Männer, und besonders die alten, vorherrschen. Was immer die Bibel und die Philo-

---

[1] Rorty, Der Spiegel der Natur (1979), 427

sophie uns über die Vornehmheit gewisser Frauen erzählen mag, im Prinzip beruht beides auf der Dominanz des männlichen Geschlechts."[1]

Nicht nur, dass die religiöse Begründung heute nicht mehr viel zählt. Ehebruch ist heute kein moralischer Makel mehr, vielmehr fast eine Tugend. Ethische Orientierungen ändern sich, was Strauss als Platoniker ablehnt.

So ist das Bedürfnis größer geworden, den Absprung aus der abendländischen Metaphysik zu schaffen, wenn Welt und Menschlichkeit sich plötzlich in einer schwankenden und instabilen Situation vorfinden.

10.3. Psychoanalyse als wirkungsmächtige Mythologie

Viel wirkungsmächtiger als die Sprachphilosophie war im 20. Jahrhundert zweifellos die Psychoanalyse. Sie gehört zu den großen Schulen des Verdachts. Dabei ist sie wohl diejenige, die das Alltagsbewusstsein am nachhaltigsten prägte. In welchem Verhältnis steht sie zu Wittgensteins Sprachphilosophie? Freud selber hat die sprachphilosophische Perspektive vornehmlich in seiner Traumdeutung zumindest ansatzweise eingeschlagen, allerdings eher hermeneutisch. Sei kritischer Nachfolger Jacques Lacan verschärft diese Perspektive, freilich nicht unbedingt in wittgensteinscher Manier.

Wittgenstein selbst hält Freud für einen der wenigen Autoren, die es verdienten gelesen zu werden. Für beachtenswert betrachtet er dessen Traumsymbolik, während

---

[1] Leo Strauss, Progress or Return? (1952), in: ders., Jewish Philosophy and the Crisis of Modernity, Albany 1997, 105

er seine Denkweise kritisiert. Für Wittgenstein hatte Freud etwas zu sagen, obgleich er es für falsch hält. Auch sein Einfluss auf die Öffentlichkeit scheint ihm schädlich. Von Freud erwartet Wittgenstein keine Weisheit, aber wenigstens Gescheitheit. Trotzdem birgt seine Lehre interessante Aspekte. Wittgenstein sagt in seinen *Gesprächen über Freud*, die mit Rush Rhees in den Jahren zwischen 1942 und 1946 stattfanden:

> „Nehmen wir z.B. seine Ansicht, dass Angst immer irgendwie eine Wiederholung der Angst ist, die wir bei unserer Geburt ausgestanden haben. Er belegt dies nicht durch Hinweise auf irgendwelche Beweisgründe – das könnte er gar nicht. Aber es handelt sich um eine Idee von bemerkenswerter Anziehungskraft, und zwar von jener Anziehungskraft, die mythologische Erklärungen haben, in denen es heißt, dass sich in allem, was geschieht, etwas wiederholt, was schon vorher einmal geschehen ist. Und wenn die Leute dies akzeptieren oder annehmen, dann werden bestimmte Dinge viel klarer und einfacher für sie." [1]

Es verwundert nicht, dass Wittgenstein sich besonders für die Traumdeutung und die mit ihr eng verbundene Assoziationsmethode interessiert, die man beide im Sinne von Sprachspielen entwerfen könnte. Für Wittgenstein mangelt es der freudschen Traumdeutung grundsätzlich an Eindeutigkeit. Man weiß nicht, wann eine Interpretation richtig ist. Mal soll der Patient das Kriterium ergeben. Mal soll der Analytiker entscheiden.

Zweifellos ist das ein Grundproblem der Hermeneutik, jedenfalls einer die den Anspruch wissenschaftlicher Deutlichkeit erhebt, wie es Sigmund Freud für die Psychoanalyse getan hat. Er erklärt seine hermeneutische Methode der Traumdeutung denn auch folgendermaßen:

---

[1] Ludwig Wittgenstein, Vorlesungen und Gespräche über Ästhetik, Psychologie und Religion, Göttingen 1968, 75

„Angesichts der Komplikation und der Vieldeutigkeit der Beziehungen zwischen manifestem Traum und dahinterliegendem latenten Inhalt ist man natürlich berechtigt zu fragen, auf welchem Weg man überhaupt dazu kommt, aus dem einen das andere abzuleiten, und ob man dabei allein auf ein glückliches Erraten, etwa unterstützt durch die Übersetzung der im manifesten Traum erscheinenden Symbole, angewiesen ist. Man darf die Auskunft geben, diese Aufgabe ist in den allermeisten Fällen in befriedigender Weise lösbar, aber nur mit Hilfe der Assoziationen, die der Träumer selbst zu den Elementen des manifesten Inhaltes liefert. Jedes andere Verfahren ist willkürlich und ergibt keine Sicherheit. Die Assoziationen des Träumers aber bringen die Mittelglieder zum Vorschein, die wir in die Lücke zwischen beiden einfügen und mit deren Hilfe wir den latenten Inhalt des Traumes wiederherstellen, den Traum ‚deuten‘ können. Es ist nicht zu verwundern, wenn diese der Traumarbeit entgegengesetzte Deutungsarbeit gelegentlich nicht die volle Sicherheit erzielt."[1]

Trotzdem kritisiert Wittgenstein die Traumsymbolik. Es ist schlicht überflüssig zu bemerken, dass der Tisch eine symbolische Bedeutung annehmen kann. Das hängt weniger vom Produzenten ab – ob Träumer oder Künstler –, als vielmehr vom Rezipienten. Man kann einen Hut für einen Phallus halten, ohne dass der Künstler daran gedacht hat. Das Grundproblem heißt folglich, woher denn die therapeutische Wirkung der Analyse kommen soll, vom Träumenden selbst oder vom Analytiker. Damit steht aber Freuds Neurosentheorie in Frage.

Außerdem welchen Sinn macht es denn – so Wittgenstein –, wenn ein Symbol im Traum nicht verstanden wird, dieses Zeichen dann ein Symbol zu nennen? Erst dann, wenn der Träumende akzeptiert, dass bestimmte

---

[1] Sigmund Freud, Abriss der Psychoanalyse (1938), Frankfurt/M., Hamburg 1953, 28

Traumelemente etwas symbolisieren, erst dann lässt sich doch von Traumsymbolen sprechen. Was machen Träume überhaupt zu Symbolen? Was machen sie interpretationsbedürftig? Einen Tagtraum würde niemand interpretieren. Aber Träumen eignet etwas Geheimnisvolles, das nach Deutung zu verlangen scheint. Woher nehmen wir aber die Gewissheit, dass es sich überhaupt um Zeichen handelt? Entscheidend dabei ist, dass die Psychoanalyse den Träumen unterstellt, dass sie Wünsche und Wunscherfüllungen ausdrücken. Einen Traum, der bloß memoriert, den muss man nicht interpretieren. Durch die Deutung soll der Wunschtraum seine Rätselhaftigkeit verlieren. Wenn man aber über einen Traum am Morgen nachdenkt, verändert man bereits die Inhalte des Traums.

„Es gibt verschiedene Kriterien für die Richtigkeit einer Interpretation: z.B. (1) was der Analytiker sagt oder voraussagt, auf der Basis seiner vorausgegangenen Erfahrung, (2) worauf der Träumer durch freie Einfälle gebracht wird. Es wäre interessant und höchst bedeutsam, wenn beides im Allgemeinen übereinstimmte. Aber es wäre eine seltsame Behauptung (die Freud scheinbar macht), dass beides *immer* übereinstimmen *müsse*.“[1]

Wittgenstein kritisiert zentrale Aspekte der freudschen Traumtheorie. Dass ein Traum Wunscherfüllung sein soll, erscheint ihm eher widersinnig. Als verhüllte Wunscherfüllung – die meisten von Freuds Träumen – kommt es gerade nicht zur Erfüllung, sondern an ihrer statt wird etwas anderes halluziniert. Der Träumende wird eigentlich betrogen und nicht befriedigt. Aber wer betrügt hier wen? Der Zensor den Traum oder der Traum den Zensor? Damit steht allerdings die zentrale Zensur-

---

[1] Wittgenstein, Vorlesungen und Gespräche über Ästhetik, Psychologie und Religion, 80

funktion des Traumes in Frage und damit auch das Tor zum Unbewussten.

Außerdem kritisiert Wittgenstein die Assoziationsmethode. Was der Analytiker dabei unterstellt, muss keinesfalls immer der Fall sein. Jeder könnte dieselben Assoziationen entwickeln, auch wenn es gar nicht sein Traum war, den er vielleicht interpretiert. Man kann mit Assoziationen etwas über sich selbst lernen, nicht aber dem Grund des Traumes auf die Spur kommen. Freilich eignet der Assoziationsmethode zumindest von außen betrachtet eine gewisse Willkür.

Genauso bezweifelt Wittgenstein den sexuellen Gehalt von Träumen – eine Kritik die auch Lacan formuliert. Freud beschäftigt sich nur mit Träumen, bei denen das Sexuelle nicht evident ist. Er muss es erst hineinlegen. Warum beschäftigt er sich aber nicht mit den sehr häufigen evidenten sexuellen Träumen? Wenn man sich immer mit demselben Thema beschäftigt, findet man überall dieselbe Logik – eine alte philosophische Einsicht.

Psychologie hinterlässt den Rezipienten mit einem Gefühl der Unzufriedenheit. Sie fragt nach Gesetzen und Kausalitäten, kann aber mit den Naturwissenschaften nicht konkurrieren. Über physiologische Ursachen wissen wir nichts. Daher können sie auch nicht relevant sein für die Interpretation eines Traumes. Es macht keinen Sinn von einer vollständigen Ursachenverkettung zu sprechen. Freud erhebt den Anspruch auf Wissenschaftlichkeit und liefert doch nur Spekulationen. Es lässt sich nicht beweisen, dass die Ergebnisse der Analyse nicht schlichter Täuschung entspringen. Im besten Fall haben die Leute nur eine neue Denkweise übernommen, die ihnen angemessener erscheint als ihre bisherige, die aber keineswegs wahrer sein muss. Daher kritisiert Wittgenstein Freuds Wissenschaftsverständnis. Freud hat sicher Wichtiges entdeckt. Doch es lässt sich weder in genaue Gesetze fassen, noch allzu leicht verallgemeinern:

„Wahrscheinlich gibt es viele verschiedene Arten von Träumen, und nicht nur eine einzig Erklärungsweise für sie alle. Genauso, wie es viele verschiedene Arten von Witzen gibt. Oder auch wie es viele verschiedene Arten von Sprache gibt. Freud ist von der Idee der Dynamik beeinflusst worden, die im neunzehnten Jahrhundert geläufig war, und die die ganze Behandlung der Psychologie beeinflusst hat. Er wollte eine einzige Erklärung finden, die zeigen würde, was Träumen ist. Er wollte das *Wesen* des Träumens finden. Und er hätte den Gedanken weit von sich gewiesen, dass er zum Teil Recht haben könne – aber nicht ganz. Wenn er zum Teil Unrecht hatte, würde das für ihn bedeutet haben, dass er ganz und gar Unrecht hatte – dass er das Wesen des Träumens nicht wirklich gefunden hatte.“[1]

Wenn der Traum eine Art Sprache wäre, dann müsste man ihn in die Alltagssprache übersetzen können. Man sollte mit dieser Symbolik im Alltag sprechen können. Aber die Übersetzung müsste in beiden Richtungen funktionieren. Für Freud ist das nicht möglich. Im Sinn von Lyotards Inkommensurabilität der Diskursarten wäre es höchstens gelegentlich durch Zufall möglich bzw. Interpretationen entsprechen kaum dem Interpretierten. Selbst wenn man Ähnlichkeiten zwischen Traum und Sprache unterstellt, heißt das ja noch lange nicht, dass es eine einzige richtige Interpretation eines Symbols gäbe. Nach Lacan arbeitet das Unbewusste mit einer Grammatik, die im Traum durchscheint. Zwischenzeitlich hat sich das Denken Freuds bis in die Alltagssprache hineingeschoben, wo über beinahe alles geredet wird, was natürlich nicht dem psychoanalytischen Setting entspricht.

Wittgenstein vergleicht den Traum mit einer Karikatur, der die Unterschrift abgeht. Kann man sagen, dass nur eine bestimmte Pointe möglich ist. Dann stellt sich

---

[1] Wittgenstein, Vorlesungen und Gespräche über Ästhetik, Psychologie und Religion, 81

noch die Frage, inwieweit sich dabei die ganze Karikatur von ihren Details unterscheidet. Wann ist eine Interpretation vollständig. Wenn jemand nicht weiß, dass es in der Bildhauerei die Kunstform der Büste gibt, wird er annehmen, es handele sich um ein Fragment:

> „Angenommen, man erkennt gewisse Dinge im Traum, die auf die freudsche Weise interpretiert werden können. Gibt es überhaupt irgendeinen Grund für die Annahme, dass es auch für alles Übrige, was noch im Traum vorkommt, eine solche Interpretation geben müsse. Dass es überhaupt sinnvoll ist, nach der richtigen Interpretation dieser anderen Dinge zu fragen?"[1]

Kann man Träume mit einem Spiel vergleichen? Kinder spielen jedenfalls mit unterschiedlichen Motiven. Lassen sich Träume mit dem Schreiben von Geschichten vergleichen. Nicht alle Geschichten haben einen symbolischen Sinn und schon gar nicht alles an einer Geschichte. Aus welchen Motiven schreiben Menschen Geschichten? Sicher nicht aus den immer gleichen. Es gibt unzählige Gründe, warum Menschen sprechen, auch um bloße Geräusche zu machen wie Kleinkinder. Rorty verknüpft Freuds Psychoanalyse und Wittgensteins Sprachphilosophie und zwar keineswegs im Sinn einer Theorie der Kultur als Depravation, sondern als kontingenten Fortschritt. Auch beispielsweise eine spielerische Verbindung von Freud und Wittgenstein – so Rorty – „würde uns helfen, alle Bereiche der Kultur nicht als Autoritäten, sondern als Werkzeuge zu sehen: als Hilfsmittel zur Neubeschreibung und Neugestaltung unseres Ichs und unserer Umwelt."[2] Au fond kritisiert Wittgenstein die Eindeutigkeit psychoanalytischer Interpretationen. Was die freudsche Traumsymbolik angeht, so hat er sicherlich Recht, ist dabei aber absolut nicht allein. Er hat auch dort

---

[1] Ebd., 83
[2] Rorty, Kontingenz, Ironie und Solidarität (1989), 11

Recht, wo die psychoanalytische Metatheorie Mechanismen aufdecken möchte, die auch immer andere Zusammenhänge zulassen, wo man schlicht mit der naturwissenschaftlichen Pragmatik Freuds nichts anfangen kann. Freuds Hermeneutik musste daher erst weiterentwickelt werden, um sie mit dem Sprachspiel Wittgensteins kompatibel zu gestalten.

Freud wollte alte Mythen neu erklären. Doch er hat – so Wittgenstein – einen neuen Mythos geschaffen: Alles hängt mit Dingen zusammen, die aus längst vergangenen mythischen Zeiten stammen. In jeder Kindheit wiederholt sich die Geschichte der Menschheit, in jeder Neurose kehrt die ödipale Struktur zurück. Vielleicht erträgt man mit einer solchen Interpretation die Welt leichter. Aber wahr ist sie deswegen nicht. Für Wittgenstein ist die Psychoanalyse selbst eine wirkungsmächtige Mythologie. Für Rorty trägt sie wie Wittgenstein zu einer positiven Kulturentwicklung bei:

> „Meine Begeisterung für die Mechanisierung und Dezentrierung der Welt ist bestimmt von meiner Annahme, dass der ironische, spielerische Intellektuelle ein erfreulicher Charaktertyp ist und dass Freuds Bedeutung darin liegt, zur Herausbildung eines solchen Charakters beigetragen zu haben."[1]

Wittgenstein würde Rorty hier bestimmt nicht folgen. Aber man muss Wittgenstein ja nicht so depressiv lesen, wie er selbst lebte. Mit dem Sprachspiel bringt Wittgenstein mehr als jede Spieltheorie das Spiel ins Bewusstsein der Zeitgenossinnen und befördert damit deren ironische Einstellung in einer Welt, in der der Fortschritt hapert.

---

[1] Richard Rorty, Solidarität oder Objektivität (1987), Stuttgart 1988, 62

11. Vorlesung
RELIGION IN WITTGENSTEINS SPÄTWERK

Welche Konsequenzen hat dagegen die Sprachspielkonzeption für den religiösen Glauben? Löst sie nicht jegliche metaphysischen Sicherheiten auf, wie sie schon die Normativitäten in der Ethik und die Gesetzlichkeiten in der Psychoanalyse massiv schwächte? Ist mit einer labyrinthischen Vorstellung einer unscharfen Sprache auch jeder Bezug zur Religion ausgeschlossen? Religiöse Vorstellungen avancieren doch dabei bestenfalls selber zu Sprachspielen. Raubt ihnen das nicht gerade ihren religiösen Charakter, der letztlich doch auf einer Art metaphysischer Ontologie beruht? Das Christentum entfaltete ursprünglich eine Ontologie, die es zurücknehmen musste, als die Aufklärung diese als reine Metaphorik disqualifiziert hatte. Den Mangel an Überzeugungskraft ersetzen Fundamentalisten durch Aggressivität – ähnlich wie Totalitaristen – überhaupt Leute, die glauben, auf der Seite der Wahrheit zu stehen. Brauchen Religionen daher nicht unbedingt eine eindeutige Sprache, just auch um ihren eigenen metaphorischen Charakter zu überspielen? Man denke an radikale Kreationisten. Oder spielen Religionen ihrerseits mit der Sprache? Wie bemerkt doch Gianni Vattimo: Mit Säkularisierung

> „wird der Prozess des ‚Abdriftens' bezeichnet, der die moderne weltliche Kultur von ihren sakralen Ursprüngen ablöst. Wenn aber das natürlich Sakrale jener ge-

walttätige Mechanismus ist, den bloßzulegen und Lügen zu strafen, Jesus gekommen ist, ist es sehr wohl möglich, dass die Säkularisierung - (. . .) - gerade eine positive Auswirkung der Lehre Jesu ist, und gerade nicht eine Weise sich von ihm zu entfernen. Kurz: Vielleicht ist gerade Voltaire ein positiver Effekt der (authentischen) Christianisierung der Welt und kein Gotteslästerer und Feind Christi."[1]

11.1. Religiöser Glaube und wissenschaftliches Wissen

Wittgenstein schreibt denn auch 1949 in einer Textsammlung unter dem Titel *Vermischte Bemerkungen*:

> „Wie wird uns das Wort ,Gott' beigebracht (d.h. sein Gebrauch?) Ich kann davon keine ausführliche grammatische Beschreibung geben. Aber ich kann sozusagen Beiträge zu der Beschreibung machen; ich kann darüber manches sagen und vielleicht mit der Zeit eine Art Beispielsammlung anlegen."[2]

In einer orientierungslosen Umwelt, der auch die Sprache keine Stabilität verleiht, lässt sich – so Wittgenstein – auch der religiöse Glaube nicht so ausdrücken, dass seine Gehalte, seine Bilder und Motive als konkrete Realität erschienen. Man kann religiöse Erfahrungen, Gotteserfahrungen nicht wie die Natur wissenschaftlich beschreiben: Das Unsagbare kann man nicht mit den Begriffen aus der Welt des Sagbaren formulieren. In einer Mitschrift von *Vorlesungen über den religiösen Glauben*

---

[1] Gianni Vattimo, Glauben Philosophieren (1996), Stuttgart 1997, 36

[2] Ludwig Wittgenstein, Vermischte Bemerkungen (1949), Frankfurt/M. 1977, 155

aus dem Jahre 1938 folgt Wittgenstein noch seinen Ansichten aus den Zeiten des *Tractatus*:

> „Wenn ich mich auch nur vage an das erinnere, was mir über Gott beigebracht wurde, würde ich doch sagen: ‚Was immer der Glaube an Gott sein mag, es kann kein Glaube an etwas sein, das wir nachprüfen oder durch Nachschauen herausfinden können.‘“[1]

Die Sprache als Labyrinth verhindert, dass religiöse Erfahrungen innerweltlich angemessen formuliert werden können. Gott lässt sich in der Alltagssprache nicht richtig benennen. Eine göttliche Existenz jenseits der Alltagswelt vermag die Sprache einfach nicht auszudrücken. So schreibt Wittgenstein 1946: „Wie Du das Wort ‚Gott‘ verwendest, zeigt nicht, *wen* Du meinst - sondern, was Du meinst."[2]

Man kann auf Gott so wenig zeigen wie auf den Ernst einer Angelegenheit. Die Rede von Gott weist stattdessen auf einen religiösen Glauben hin, nicht – so Wittgenstein – auf die Existenz Gottes als beispielsweise einer bestimmten Person oder einer Art Lebewesen, das keine Luft braucht.

Umgekehrt versperrt das auch der Religion jegliche Aussicht, ihrerseits die innerweltliche Realität zu erklären. Religiöser Glaube – so Wittgenstein 1950 in den *Vermischten Bemerkungen* – muss sich längst selbst dort aus den Welterklärungen zurückziehen, wo es um die Schöpfung der Welt geht. „Wenn der an Gott Glaubende um sich sieht und fragt ‚Woher ist alles, was ich sehe?‘, ‚Woher das alles?‘, verlangt er *keine* (kausale) Erklärung; (. .) Er drückt also eine Einstellung zu allen Erklärungen aus."[3]

---

[1] Wittgenstein, Vorlesungen und Gespräche über Ästhetik, Psychologie und Religion, 96
[2] Wittgenstein, Vermischte Bemerkungen (1949), 97
[3] Ebd., 160

Gott als kausale Ursache der Welt zu verstehen, wäre für Wittgenstein angesichts der Erklärungskraft der Naturwissenschaften – man denke an die Theorien über den Urknall – eine eher naive Haltung. Eine solche Fragestellung nach der göttlichen Schöpfung belegt denn auch weder die Existenz Gottes, noch erklärt das den Anfang der Welt. Vielmehr drückt sich darin eine grundsätzliche religiöse Einstellung aus, die sich von solchen innerweltlichen Zusammenhängen zwischen irgendwelchen Ursachen und Wirkungen fernhalten muss. Denn im anderen Fall würde der religiöse Glaube ja schlicht abhängig von den sich permanent wandelnden Strukturen der Sprache und somit auch des Wissens.

11.2. Religiöser Glaube im Labyrinth der Sprache

Innerweltliches Wissen hat eine ganz andere Struktur als religiöser Glaube. Einerseits ist es empirisch überprüfbar, was religiösem Glauben abgehen muss. Andererseits ist es aber auch immer den Wandlungen des Wissens ausgeliefert. Daher lässt sich religiöser Glaube auch keinesfalls historisch durch einen Blick in die Geschichte bekräftigen, indem man beispielsweise nach der historischen Wahrheit des Christentums sucht. Vielmehr besitzt der Glaube eine andere Perspektive:

> „Das Christentum gründet sich nicht auf eine historische Wahrheit, sondern es gibt uns eine (historische) Nachricht und sagt: jetzt glaube! Aber nicht, glaube diese Nachricht mit dem Glauben, der zu einer geschichtlichen Nachricht gehört, – sondern: glaube, durch dick und dünn und das kannst Du nur als Resultat eines Lebens. *Hier hast Du eine Nachricht, – verhalte Dich zu*

ihr nicht, wie zu einer anderen historischen Nachricht!
Lass sie eine *ganz andere* Stelle in Deinem Leben einnehmen. – Daran ist nichts *Paradoxes!*"[1]

Damit widerspricht Wittgenstein explizit Kierkegaard,
wenn dieser schreibt:

> „Aber alsdann ist der Glaube ja ebenso paradox wie das
> Paradox? Allerdings; wie sollte er sonst am Paradox
> seinen Gegenstand haben und glücklich sein in seinem
> Verhältnis zu ihm? Der Glaube selbst ist ein Wunder,
> und alles was vom Paradox gilt, gilt auch vom Glau-
> ben."[2]

Kierkegaard geht natürlich Wittgensteins Einsicht in die
Sprache ab, so dass er das Religiöse und das Profane
sprachlich nicht klar unterscheiden kann. Aus der Perspektive des Diesseits präsentiert sich dann der religiöse
Glaube in vielfältiger Hinsicht als paradox.

Umgekehrt kann eine historische Nachricht, selbst
wenn sie noch so gut belegt sein sollte, doch nie im Sinne
Wittgensteins zu einem solchen starken Motiv und An-
trieb wie der religiöse Glauben avancieren. Trotz aller
empirischen Belege bleibt sie doch immer den Widersprüchen und Zweifeln ausgesetzt. Oder sie verortet sich
nun mal in der diesseitigen Sprache mit ihrem labyrinthischen Charakter, die religiöse Gewissheiten nicht mit
dem Status zu versehen vermag, den sie im Glauben aber
haben. Auch Gottesbeweise, denen schon Immanuel Kant
widersprach, können daher ihren eigenen Ansprüchen
nicht genügen und Gott beweisen. Ja, sie gehen, so Wittgenstein 1950, dem Glauben nie voraus:

> „Ein Gottesbeweis sollte eigentlich etwas sein, wodurch
> man sich von der Existenz Gottes überzeugen kann.
> Aber ich denke mir, dass die *Gläubigen*, die solche Be-

---

[1] Wittgenstein, Vermischte Bemerkungen (1949), 67
[2] Sören Kierkegaard, Philosophische Brocken (1844), Gesammelte
Werke 10. Abteilung, Düsseldorf, Köln 1951, 62

weise lieferten, ihren ‚Glauben' mit ihrem Verstand analysieren und begründen wollten, obgleich sie selbst durch solche Beweise nie zum Glauben gekommen wären."[1]

Gottesbeweise sollen im Nachhinein dem religiösen Glauben einen verstandesmäßigen Halt verleihen. Der Glaube erscheint dadurch als rational, um ihn in der diesseitigen Welt zu beweisen. Einerseits lassen sich aber die naturwissenschaftlichen Ansprüche an einen solchen Beweis nicht erfüllen. Andererseits wäre das nicht zuletzt ob der labyrinthischen Struktur der Sprache nicht in der Form möglich, wie es auch für die Ansprüche des religiösen Glaubens nötig wäre. Gott kann der Sprache keine Exaktheit verleihen.

Die Alltagswelt und der Glaube treten daher nach Wittgenstein so weit auseinander, dass sie sich gegenseitig nicht bestätigen. Selbst soweit es in der Erfahrungswelt Hinweise auf religiöse Erfahrungen gibt, würden diese niemals den Ansprüchen des Glaubens genügen. So heißt es in den *Vorlesungen über den religiösen Glauben*:

„Nehmen wir an, wir kennen Leute, die die Zukunft voraussehen, deren Voraussagen sich über lange Jahre erstrecken und die zu guter Letzt so etwas wie den Tag des Jüngsten Gerichts beschreiben. Es ist ganz merkwürdig, aber selbst wenn es so etwas gäbe, und wenn es überzeugender wäre als ich es beschrieben habe, wäre der Glaube an dieses Ereignis doch kein Glaube im religiösen Sinne"[2]

Ein Glaube an ein reales Ereignis, das wie ein diesseitiges beschrieben wird, hat mit religiösem Glauben nichts gemein, der sich auf solche Daten und Informationen gerade nicht stützt. Astrologie und Prophetie stehen insofern

---

[1] Wittgenstein, Vermischte Bemerkungen (1949), 161
[2] Wittgenstein, Vorlesungen und Gespräche über Ästhetik, Psychologie und Religion, 91

dem Alltagswissen – und somit ironischer Weise auch den Naturwissenschaften – näher als dem religiösen Glauben. Jeder Mensch überlegt, was auf ihn zukommen könnte. Naturwissenschaften versuchen genauso die Zukunft zu prognostizieren wie die Astrologie, wenn auch beide natürlich mit sehr unterschiedlichen Mitteln sowie grundsätzlich verschiedenen Reichweiten ihrer Voraussagen. Den religiösen Glauben tangieren beide nicht.

Wittgenstein widerspricht damit dem Begründer des Pragmatismus William James, der im Gebetsbewusstsein und seinen positiven Auswirkungen einen Beleg für die empirisch aufweisbare Relevanz des Glaubens sieht:

„Die Echtheit der Religion ist so unlöslich verbunden mit der Frage, ob das Gebetsbewusstsein eine Täuschung ist oder nicht. Die Überzeugung, dass in diesem Bewusstsein echt etwas umgesetzt wird, ist gerade der Kern lebendiger Religion."[1]

11.3. Der religiöse Glaube in der Alltagswelt

Trotzdem spielt die Alltagswelt durchaus eine entscheidende Rolle für den Glauben, aber eben nicht in einem bloß wissenschaftlichen Sinn. Der Glaube gehört nämlich zum Leben der Menschen, obgleich er sich im Alltag nicht objektiv diagnostizieren lässt. Doch das Leben vermag umgekehrt den religiösen Glauben zu inspirieren, stärker allemal als jeder vermeintliche wissenschaftliche Beleg für die Religion oder einen Gottesbeweis:

„Einen von der ‚Existenz Gottes überzeugen' könnte man vielleicht durch eine Art Erziehung, dadurch, dass

---

[1] William James, Die Vielfalt religiöser Erfahrungen – Eine Studie über die menschliche Natur (1901/02), Olten; Freiburg 1979, 432

man sein Leben so und so gestaltet. Das Leben kann zum Glauben an Gott erziehen. Und es sind auch *Erfahrungen*, die dies tun; aber nicht Visionen, oder sonstige Sinneserfahrungen, die uns die ‚Existenz dieses Wesens‘ zeigen, sondern z.B. Leiden verschiedener Art. Und sie zeigen uns Gott nicht wie ein Sinneseindruck einen Gegenstand, noch lassen sie ihn *vermuten*. Erfahrungen, Gedanken, – das Leben kann uns diesen Begriff aufzwingen.“[1]

Für Wittgenstein erlebt der Mensch Gott eher in einer hintergründigen Perspektive des Lebens, die sein Leben anstoßen und nachhaltig beeinflussen kann. Als vordergründige Erscheinung, die noch dazu in Konkurrenz zu den Alltagserfahrungen treten möchte, geriete dieser Gott in den unendlichen Streit der Meinungen, den die Religion nicht beenden kann, weil ihr eigentliches Motiv eben aus einem Jenseits der Erfahrungswelt stammt. Wenn sich der religiöse Glaube auf innerweltliche Begründungen einlassen wollte, dann verlöre er seine eigentliche Stärke. Wittgenstein bemerkt:

„Die Religion sagt: Tu dies! – Denk so! – aber sie kann es nicht begründen, und versucht sie es nur, so stößt sie ab; denn zu jedem Grund, den sie gibt, gibt es einen stichhaltigen Gegengrund. Überzeugender ist es, zu sagen: 'Denke so! – so seltsam dies scheinen mag.“[2]

Anders als James lehnt es Wittgenstein ab, den religiösen Glauben als eine nachprüfbare, objektive Realität in der Erfahrungswelt zu begreifen. Daher vermag die Religion auch nicht mit einer besonderen Autorität in die alltäglichen Debatten einzugreifen. Sie verlöre sich in der Vielfalt der Sprachspiele. Permanent fände sie sich mit Gegenargumenten konfrontiert, denen sie auch nichts Besseres entgegenhalten könnte.

---

[1] Wittgenstein, Vermischte Bemerkungen (1949), 161
[2] Ebd., 62

Andererseits reduziert sich der religiöse Glaube aber auch keinesfalls auf eine beliebige individuelle Einstellung, eben eine bloß subjektive Sichtweise – unter dem Motto: jeder folge seinem Gott. Nein, von jedem einzelnen verlangt der Glaube eine grundsätzliche und weitreichende Entscheidung, eine andere Einstellung zum Leben, als bloß irgendwelche vorübergehende Zwecke, die man in der Alltagswelt verfolgt. Wittgenstein knüpft hier direkt an Sören Kierkegaard an, wenn 1947 feststellt:

„Es kommt mir vor, als könne ein religiöser Glaube nur etwas wie das leidenschaftliche Sich-entscheiden für ein Bezugssystem sein. Also obgleich es *Glaube* ist, doch eine Art des Lebens, oder eine Art das Leben zu beurteilen. Ein leidenschaftliches Ergreifen *dieser* Auffassung. Und die Instruktion in einem religiösen Glauben müsste also die Darstellung, Beschreibung jenes Bezugssystems sein und zugleich ein in's-Gewissen-reden. Und diese beiden müssten am Schluss bewirken, dass der Instruierte selber, aus Eigenem, jenes Bezugssystem leidenschaftlich erfasst."[1]

Eine solche leidenschaftliche Entscheidung zum Glauben lässt sich nicht begründen. Sie beseelt den Menschen, erfasst ihn, bestimmt sein Lebensgefühl und ordnet dadurch automatisch sein Leben. Kierkegaard schreibt in diesem Sinn: „Wähle, und Du wirst sehen, welch eine Gültigkeit in der Wahl liegt, o ja, kein junges Mädchen kann so glücklich sein dank der Wahl ihres Herzens, als ein Mann es ist, der es verstanden hat zu wählen."[2]

Wie für Kierkegaard gibt es auch für Wittgenstein dafür keine rationalen Argumente bzw. keine innerweltlichen rein diesseitigen Motive. Ja, in seinen *Vorlesungen*

---

[1] Wittgenstein, Vermischte Bemerkungen (1949), 122
[2] Sören Kierkegaard, Entweder / Oder, Zweiter Teil (1843), Gesammelte Werke 2. u. 3. Abteilung, Düsseldorf, Köln 1957, 179

über den religiösen Glauben geht Wittgenstein sogar noch einen Schritt weiter:

> „Jeder, der die Briefe des Apostels Paulus liest, findet es ausgesprochen: nicht nur, dass der Glaube nicht vernünftig ist, sondern dass er eine Torheit ist. Er ist nicht nur nicht vernünftig, sondern gibt auch nicht vor, vernünftig zu sein."[1]

Die Vernunft ist innerweltlich, diesseitig. In deren Horizont erscheint der Glaube zwangsläufig – so Wittgenstein – als Torheit. Aber mit der Vernunft will sich der Glaube auch so wenig ausstaffieren, wie er darauf verzichtet, sich sprachlich angemessen und richtig auszudrücken. Denn die Sprache begegnet dem Menschen als ein sich permanent wandelndes labyrinthisches Sprachspiel. Der Glaube weist weit darüber hinaus ins Unaussprechliche, ins Undenkbare, das aber all dieser bewegten und nur rational erfassbaren Welt zugrunde liegt. In diesem. mit seiner Sprachphilosophie also doch durchaus vermittelbaren Sinne bestimmt Wittgenstein 1946 den Ort des religiösen Glaubens gegenüber der Alltagswelt: „Die Religion ist sozusagen der tiefste ruhige Meeresgrund, der ruhig bleibt, wie hoch auch die Wellen oben gehen."[2]

---

[1] Wittgenstein, Vorlesungen und Gespräche über Ästhetik, Psychologie und Religion, 93
[2] Wittgenstein, Vermischte Bemerkungen (1949), 102

11.4. Die Distanz zwischen religiösen und nicht-religiösen Sprachspielen

Trotzdem bleibt eine ähnliche Trennung zwischen den religiösen und den nichtreligiösen Sprachspielen erhalten wie zwischen dem Unsagbaren und dem Sagbaren im *Tractatus*. Wenn jemand an das Jüngste Gericht glaubt, ein anderer aber nicht, so heißt das nicht unbedingt, dass letzterer diese Möglichkeit in allen Fällen ausschließt oder ausschließen kann. Aber offen bleibt vor allem, ob beide überhaupt vom selben Gegenstand reden:

> „Angenommen, ich sage, dass mein Leib verfaulen wird, und jemand anderes sagt: ‚Nein. Die Teile werden sich in tausend Jahren wieder zusammenfügen, und du wirst auferstehen.' Wenn man mich fragte ‚Wittgenstein, glaubst du das?' würde ich sagen ‚Nein'. ‚Widersprichst du ihm?' Ich würde sagen ‚Nein'."[1]

Das Gegenteil zu glauben, was heißt das überhaupt? Es macht gar keinen Sinn, hier von Glauben zu sprechen. Sowenig macht es Sinn, festzustellen, dass es keinen Grund für eine solche Annahme gibt. Wenn jemand dergleichen von der Wiederauferstehung glaubt, dann spielt er ein völlig anderes Sprachspiel als das wissenschaftliche, das nach Gründen und nach Argumenten fragt. Wenn jemand den Glauben an ein jüngstes Gericht mit Unsicherheit und Zweifel beantwortet, würde man doch von grundsätzlich unterschiedlichen Positionen ausgehen. Wenn jemand dagegen auf einen Stern zeigt und sagt, das sei der Mars, ein anderer aber seinen Zweifel an

---

[1] Wittgenstein, Vorlesungen und Gespräche über Ästhetik, Psychologie und Religion, 87

dieser These ausdrückt und sagt: Da wäre ich mir nicht so sicher, so kommen sich beide Thesen doch vergleichsweise nahe.

Ein tief Gläubiger wird seinen Glauben als sehr gut begründet behandeln, aber nicht unbedingt behaupten, er sei sehr gut begründet. Daher spricht Kierkegaard vom Sprung in den Glauben, der natürlich mit Risiken behaftet ist. Er schreibt:

> „Ohne Risiko kein Glaube. Glaube ist gerade der Widerspruch zwischen der unendlichen Leidenschaft der Innerlichkeit und der objektiven Ungewissheit. Kann ich Gott objektiv greifen, so glaube ich nicht; aber weil ich das eben nicht kann, deshalb muss ich glauben."[1]

Die Stärke eines Glaubens wird man andererseits – so Wittgenstein – auch schwerlich mit der Intensität von Schmerzen vergleichen – ein Vergleich der Kierkegaard nicht eingefallen wäre. Wenn jemand die Welt unter dem Gesichtspunkt ausgleichender Gerechtigkeit betrachtet und ein anderer nicht, so denken beide anders. Aber als entgegengesetzt muss man das nicht begreifen:

> „Angenommen, jemand ist krank und sagt ,Das ist eine Strafe', und ich sage ,Wenn ich krank bin, denke ich überhaupt nicht an Strafen'. Auf die Frage ,Glaubst du denn das Gegenteil?' – nun, man kann es so nennen, obwohl es etwas ganz und gar anderes ist als das, was wir normalerweise ,das Gegenteil glauben' nennen würden."[2]

Beide denken jeweils anders und auf andere Weise. Sie sagen sich selbst jeweils andere Sachen. Ihnen schweben jeweils andere Bilder vor, auch wenn sie die einzelnen Worte jeweils durchaus verstehen. Dabei bleibt allerdings

---

[1] Kierkegaard, Abschließende unwissenschaftliche Nachschrift zu den philosophischen Brocken (1846), Erster Teil, 195
[2] Wittgenstein, Vorlesungen und Gespräche über Ästhetik, Psychologie und Religion, 89

die Möglichkeit offen, ob man sagen sollte, dass sie aneinander vorbei reden, dass sie sich nicht verstehen. Insofern können sie sich gegenseitig au fond auch nicht widersprechen, obgleich sie nicht dieselben Vorstellungen haben. Sowenig aber lässt sich bei religiösen Kontroversen mit Argumenten des Zweifels, des Vielleicht oder des Möglicherweise operieren. Gegenüber der These der Wiederauferstehung wird man kaum den Einwand hören: „Nun ja, vielleicht." Oder: „Schön, vielleicht passiert es, vielleicht auch nicht." Just daran aber zeigt sich, dass religiöse und nichtreligiöse Sprachspiele letztlich kaum aufeinander verwiesen sind. Insofern kann man auch weder im einen noch im anderen Sprachspiel davon sprechen, dass das andere einen Fehler machen würde. Die berühmte Wette Pascals hat in einem nichtreligiösen Sprachspiel keinen besonderen Sinn, selbst wenn man unterstellt, dass man dasselbe wie Pascal unter Himmel und ewigem Leben versteht.

> „Man hat mir zwei Redewendungen gegeben, ‚aufhören zu existieren' und ‚ein körperloser Geist sein'. ‚Wenn ich das sage, denke ich mir, dass ich eine bestimmte Art von Erlebnissen haben werde.' Wie ist das, wenn man sich so etwas denkt? Wenn man an seinen Bruder in Amerika denkt, wie weiß man, dass das, was man denkt – dass der Gedanke in einem – von diesem Bruder in Amerika handelt? Ist das eine Erfahrungstatsache? Vgl.: Woher weißt du, dass das, was du haben möchtest, ein Apfel ist (Russell)."[1]

Beim Bruder in Amerika könnte man sich vorstellen, dass durch das Denken an ihn Verbindungen zu ihm gezogen werden. Was aber heißt das, wenn er sich gar nicht in Amerika befindet? Genau in diesem Sinne darf man fragen, was es denn heißt, man höre auf zu existieren oder stehe wieder auf. Wenn man keine klare Vorstellung da-

---

[1] Ebd., 103

von hat, was es heißt, dass man den Tod überleben würde, dann spielt man offenbar ein anderes inkompatibles Sprachspiel gegenüber jenen, die religiöse Überzeugungen haben. Aber es bleibt ähnlich klar wie im *Tractatus*, dass man mit dem Sagbaren nicht über das Unsagbare urteilen kann. Für den späten Wittgenstein aber handelt es sich bei der Religion nicht mehr um Unsagbares, sondern um andere Sprachspiele. Aber damit bestätigt Wittgenstein die Inkommensurabilität der Diskursarten und entzieht der Religion eine politisch herausragende Rolle, die heute die großen Kirchen in Deutschland wie selbstverständlich immer noch beanspruchen. Mit der Sprachphilosophie des späten Wittgensteins kann man stattdessen begründen, warum Religion eine Privatangelegenheit ist, die natürlich auch in der Politik auftaucht. Zur allgemeinen Legitimation von politischer Herrschaft dient sie nicht mehr.

12. Vorlesung
WAS IST GEWISS, WENN DIE SPRACHE UN-GEWISS ERSCHEINT?

Die Konzeption des Sprachspiels, das, so hoffe ich, ist bis jetzt deutlich geworden, verabschiedet nachhaltig die Frage nach einer letzten Wahrheit. Insofern läutet die Sprachspielkonzeption durchaus das postmoderne Denken ein. Aber nachdem Wittgenstein die Gewissheiten des *Tractatus* in seinem späteren Werk relativiert, ergibt sich die Frage nach der verbleibenden Gewissheit. Gibt es für den mit der Sprache Spielenden keine Gewissheiten mehr, wenn schon die Regeln der Sprache schwach werden und verblassen? Insofern erscheint es auch nicht ungewöhnlich, dass sich Wittgenstein am Ende seines Lebens noch mit dem Problem der Gewissheit beschäftigt, auch wenn er dazu einen konkreten Anlass sah, nämlich George Edward Moores Aufsatz *Defence of Common Sense* und dessen Text *Proof of the External World*. Aus letzterem beschäftigt ihn der Satz „Hier ist eine Hand – und hier eine zweite", aus dem ersteren die Sätze „Die Erde bestand lange Zeit vor meiner Geburt"; „Ich habe mich niemals weit von der Erdoberfläche entfern."[1] Der Text *Über Gewissheit* entsteht etwa ab Ende 1949. Die

---

[1] Vorwort von G.E.M. Anscombe und G.H. von Wright zu Wittgensteins Manuskript *Über Gewissheit*; in: Ludwig Wittgenstein, Über Gewissheit (1949-51), Werke Bd. 8, Frankfurt/M. 1984, 115

letzte Eintragung ist zwei Tage vor seinem Tod am 29.4.51 datiert.

Meine Fragestellung, die über Wittgenstein hinaus weist, lautet in diesem Zusammenhang: Verkörpert die Frage nach der Gewissheit im Kern das, wie sich der Wille zur Macht in einer Sprache präsentiert, die sich nicht mehr in Form einer präskriptiven Struktur darstellen lässt? Derart verbliebe dann ein Jenseits des Machtwillens in einem möglichen Spiel der Sprache, das sich nicht in Gewissheiten zwingen lässt. Wille zur Macht hieße dann Übermächtigung durch die verbleibenden Gewissheiten, denen man folgen muss, denen man sich anzupassen hat, während einem das Spiel der Sprache das Fenster zur Freiheit zu öffnen scheint, obgleich man zumeist höchstens hinaus sieht, ohne hinaus zu gelangen? Oder präsentiert sich der Wille zur Macht in diesem Spiel, unabhängig davon, inwieweit sich ein Rekurs auf die Gewissheit in der Sprache noch führen lässt? Dominiert die Sprache den Menschen just durch ihren spielerischen, chaotischen Charakter, dem sich nur schwer Regeln abgewinnen lassen? Daher also alle Bemühungen, die Sprache zu reglementieren als Versuche der Menschen, sich von der Gewalt der Sprache zu befreien. Läge dann in der Gewissheit noch eine Chance zur Reinwaschung der Sprache vom Verdacht, just in ihrem chaotischen Spiel drücke sich ein Wille zur Macht aus? Kann sich der Mensch bei seiner Bemühung, sich dem wilden Treiben der Sprache zu entziehen – manche gehen ja in die Wildnis und schweigen nur noch, andere beten – kann sich der Mensch dabei auf Gewissheiten stützen? Gewissheit findet ihren Ort keinesfalls allein jenseits der Sprache. Aber man sollte auch in Erwägung ziehen, dass Gewissheiten der Sprache womöglich nicht bedürfen, was nicht für die Wissenschaften oder die Politik gilt.

12.1. Die Beschränktheit der Regel und ihr Rekurs auf Gewissheit

Die Regelhaftigkeit der Sprache hat sich jenseits von Brandom als eine deskriptive Perspektive auf die Sprache gezeigt. Normativ und präskriptiv gerät sie in diverse Schwierigkeiten. Woher wissen wir, welche Regel anzuwenden ist? Woher nehmen wir die Regel für die Regel? Hier befinden wir uns in einer Situation, die uns permanent zum Nachdenken zwingt und uns eben nicht durch klare Regeln versichert. Der Mensch erscheint wie bei Sartre in eine Situation der Praxis geworfen, in der er auf sich allein gestellt agieren muss. Wittgenstein schreibt in *Über Gewissheit*: „Um eine Praxis festzulegen, genügen nicht Regeln, sondern man braucht auch Beispiele. Unsre Regeln lassen Hintertüren offen, und die Praxis muss für sich selbst sprechen."[1]

Entweder die Regeln erweisen sich als zu ungenau, so dass sie doch nicht sagen, was nun zu tun wäre. Oder ich weiß nicht sicher, wann eine Regel angewendet werden soll. Wie gesagt, mein Verdacht bleibt hier, dass die Regel letztlich nur beschreibt, aber nicht vorschreiben kann. Weder bewahrt die Regel den Menschen vor der Willkür der Mächte wie der Sprache, noch erweist sie sich selber als die Macht, der sich der Mensch notorisch anzupassen hat. Was wäre das für eine Macht, die sich ständig gefallen lassen muss, dass man sich nicht auf sie einlässt, dass man sie durchaus nach Gusto verändert? Die Regel ist nicht die Regel, ist nicht die Macht. Die Regel schreibt

---

[1] Wittgenstein, Über Gewissheit (1949-51), 139, 149

nicht vor, sie zeichnet nach. Dann bleibt sie Macht bestenfalls als Archivar, die Macht der Vergangenheit, die Macht der Geschichte, die man allerdings auch nicht unterschätzen sollte, die anders wirkt, hintergründiger, wenn Menschen Regeln befolgen, weil sie es gewöhnt sind, die nicht anders können, aber nicht weil es eine Vorschrift ist. Das sieht nur gelegentlich so aus. Damit entfalten Regeln indirekt eine performative Kraft, die sich dann auch normativ interpretieren lässt. Wie bemerkt doch Brandom: „Normative intentionale Erklärungen sind grundlegender; die kausalen setzen diese voraus und bauen auf ihnen auf."[1]

Um zu handeln, auch um bloß zu leben, um zu denken beispielsweise, braucht man Gewissheiten, man braucht wie es oben heißt Beispiele, die man sich zum Vorbild nehmen kann, die aber anders als die Regel wirken, weil sich aus ihnen gar keine Regeln ableiten lassen. Ein solches Beispiel stellt die Vorstellung von der Erde als Kugel dar, die durch den Raum treibt. Darin steckt für Wittgenstein nicht nur ein hohes Maß an Gewissheit. Daran schließen die Sprachspiele an, daraus formen sich Sprachspiele: „Das Bild der Erde als Kugel ist ein *gutes* Bild, es bewährt sich überall, es ist auch ein einfaches Bild – kurz, wir arbeiten damit, ohne es anzuzweifeln."[2] Oder wagt noch jemand zu behaupten, die Erde sei eine Scheibe oder hätte eine feste Aufhängung im Mittelpunkt des Universums? Aber eine exakte Kugel ist die Erde ja doch nicht! Aus der Nähe schon gleich gar nicht – man denke an Gebirge. Aus der Ferne schon eher.

Radikale protestantische Sekten in den USA bezweifeln die Lehren Darwins. Dass sie dergleichen mit dem kopernikanischen Weltbild täten, ist mir nicht zu Ohren gekommen. Ist es nicht gewiss, dass die Erde durch den

---

[1] Brandom, Expressive Vernunft (1994), 53
[2] Wittgenstein, Über Gewissheit (1949-51), 147, 150

leeren Weltraum treibt? Handelt es sich nicht um ein Beispiel, an das dann erst die Regel oder die Gewohnheit anknüpft, wie man über die Welt reden kann? Oder handelt es sich doch selbst nur um eine Sprachregel, ein Sprachspiel, wie man denn eben über die Erde zu sprechen hat. Regelt das Sprachspiel etwa die Gewissheit? Erzeugt die Regel ihre Beispiele? Die Gewissheit endet sicherlich dort, wo Sie in die Hände von Menschen fallen, die noch nichts von unserer Zivilisation gehört haben und die eine völlig andere Vorstellung von der Welt haben. Versuchen Sie mal dann diesen Menschen das kopernikanische Weltbild nahezubringen – wider allen Augenschein!

Aber es gäbe noch andere Beispiele, die am Grunde der Regeln siedeln und Gewissheiten darstellen, auf die dann erst die Sprachspiele aufbauen, Gewissheiten, die man doch nicht einfach als Sprachspiel, oder als dessen Regel abtun könnte, denken Sie an Moores Satz „Hier ist eine Hand - und hier eine zweite". Zweifelt jemand von Ihnen daran, dass er zwei Hände hat? Meint jemand vielleicht, er habe drei? Oder keine? Vorausgesetzt Sie haben zwei Hände – was natürlich nicht selbstverständlich ist – aber wenn, dann ist es selbstverständlich, dass Sie zwei Hände haben? Oder hat jemand daran schon einmal ernsthaft gezweifelt, nicht unter dem Motto: ‚Heute habe ich aber zwei linke Hände'. Wie sollten Sie daran überhaupt zweifeln? Wittgenstein bringt noch ein amüsanteres Beispiel: „Warum überzeuge ich mich nicht davon, dass ich noch zwei Füße habe, wenn ich mich von dem Sessel erheben will? Es gibt kein Warum. Ich tue es einfach nicht. So handle ich."[1]

Gibt es dazu etwa eine Regel? Schwerlich. Schließlich befolge ich ja auch nicht die Regel, mich meiner Füße nicht zu versichern, bevor ich mich erhebe. Der Mensch

---

[1] Ebd., 148, 150

setzt zahlreiche Gewissheiten voraus, über die er weder redet, noch denkt er über sie nach. Man könnte beinahe meinen, es handele sich noch nicht einmal um Beispiele, um überhaupt zum Handeln oder zum Befolgen von Regeln zu kommen. Vielmehr erscheinen solche Beispiele als Voraussetzungen, die unbefragt eingegangen werden. Allerdings gelten sie auch nicht unbedingt als generell – obgleich die meisten Menschen, nicht darüber nachdenken, dass sie mit ihren Füßen gehen, wenn sie gehen und nicht gerade Fußschmerzen haben: „Ich handle mit *voller* Gewissheit. Aber diese Gewissheit ist meine eigene."[1] Gewissheiten erweisen sich als längst nicht immer verallgemeinerbar. Jeder hat sicher seine eigenen Gewissheiten, die er nicht unbedingt mit anderen teilt. Das schwächt deren subjektive Kraft jedoch keineswegs.

Indes gibt es sicherlich nicht nur subjektive Gewissheiten. Diese können sich in gewisser Hinsicht auch einer Form der Objektivität annähern – man denke daran, dass wir nicht mit dem Mund sprechen, wenn wir sprechen – oder haben Sie schon mal ihrem Mund befohlen, zu sprechen? So manche Gewissheit teilt denn auch Wittgenstein mit Moore, obgleich er nicht immer mit dessen Begründungen übereinstimmt: „Ich möchte sagen: Moore *weiß* nicht, was er zu wissen behauptet, aber es steht für ihn fest, so wie auch für mich; es als feststehend zu betrachten, gehört zur *Methode* unseres Zweifels und Untersuchens."[2] Wittgenstein bezweifelt nicht, dass er sich seiner zwei Hände gewiss ist. Doch er hinterfragt, ob man das als Wissen bezeichnen kann, also ob der Satz sinnvoll ist: Ich weiß, dass ich zwei Hände habe. Reicht nicht schlicht der Satz: Ich habe zwei Hände? Wie kann ich zusätzlich wissen, dass ich sie habe?

---

[1] Wittgenstein, Über Gewissheit (1949-51), 174, 156
[2] Ebd., 151, 151

12.2. Glauben als Vorform der Gewissheit

Als eine Variante der Gewissheit erscheint das Glauben. Man kann sehr fest an gewisse Dinge glauben. Man glaubt vieles, was man niemals überprüfen kann. Sicher, ohne ein solches übernommenes Wissen, ohne einen solchen Glauben uferte die Bemühung um planvolles Handeln endlos aus, verlöre sich womöglich in unendlichen Rückversicherungen – so jedenfalls die immer wieder zum Ausdruck gebrachte übertriebene Furcht von Leuten, die Wittgenstein entweder nicht gelesen oder wenn doch, nicht verstanden haben: „Ich glaube, was mir Menschen in einer gewissen Weise übermitteln. So glaube ich geographische, chemische, geschichtliche Tatsachen etc. So *lerne* ich die Wissenschaften. Ja, lernen beruht natürlich auf glauben.“[1]

Wenn wir etwas lernen, so müssen wir zunächst dem Lehrer glauben, was er lehrt. Erst wenn wir etwas gelernt haben, also etwas glauben, dann können wir beginnen auch daran womöglich zu zweifeln. „Das Kind lernt, indem es dem Erwachsenen glaubt. Der Zweifel kommt *nach* dem Glauben.“[2] Bei einem solchen Lernprozess kann man keinesfalls – und Kinder natürlich noch umso weniger – nach den jeweiligen Gründen und Hintergründen fragen. Der Zweifel liegt beim Lernen, so Wittgenstein, eher fern als nah, was sich vielleicht denn doch verändert haben könnte. Wahrscheinlich gibt es eine Kleinkindphase, in der die Eltern dem Kind alles vormachen können. Doch man denke an Freuds Ödipus: schon

---

[1] Ebd., 170, 154
[2] Ebd., 160, 153

mit dem Triebbedürfnis des Kindes erwacht dessen Interesse, das mit dem der Eltern kollidiert. Ob Schulkinder heute dem Lehrer einfach alles glauben und ihn nicht in Frage stellen, das darf man doch in Frage stellen.

Zumindest eine andere Schwierigkeit bleibt, deren Bewegkraft man natürlich auch nicht unterschätzen sollte: „Die Schwierigkeit ist, die Grundlosigkeit unseres Glaubens einzusehen."[1] Dergleichen Lernprozess führt zu Gewissheiten – ich würde sagen zu Gewohnheiten, die man in den meisten Fällen nicht hinterfragt. So bleibt ihre Gewissheit am Ende denn auch grundlos. Trotzdem verläuft sich solche Begründungsanstrengung, bzw. solche Form der Gewissheit nicht generell im Bodenlosen. Aus der Vielfalt des Gelernten heraus ergeben sich durchaus Kriterien für das, was man zu glauben bereit ist und was man schwerlich glaubt: „Wenn Moore das Gegenteil von jenen Sätzen aussagte, die er für gewiss erklärt, würden wir nicht nur nicht seiner Meinung sein, sondern ihn für geistesgestört halten."[2]

Das, was man glaubt – hier meine ich überhaupt nicht irgendeine Form des religiösen Glaubens, sondern ausschließlich eine Vorform oder Variante des Wissens bis hin zu der der Gewissheit – was man also für glaubwürdig hält, besitzt durchaus Grenzen, wo man nichts mehr glauben würde. Wo liegt aber dabei die Grenze zwischen dem Glaubwürdigen und dem Unglaubwürdigen? Doch wie hier Gewissheit entsteht, das bleibt sicher zirkulär, rekurriert auf das Erfahrene, das was man nicht für bezweifelbar hält: „Ein Hauptgrund für Moore anzunehmen, dass er nicht auf dem Mond war, ist der, dass niemand auf dem Mond war und hinkommen *konnte*; und das glauben wir auf Grund dessen, was wir lernen."[3]

---

[1] Wittgenstein, Über Gewissheit (1949-51), 166, 154
[2] Ebd., 155, 152
[3] Ebd., 171, 155

Bei dem, was wir glauben, gehen wir also von einem bestimmten gelernten Wissen aus, das uns richtig und wahrscheinlich vorkommt, so wahrscheinlich, dass wir es durchaus für gewiss halten. Letztlich handelt es sich um intuitive Gewissheiten, die sich nicht wirklich begründen lassen, aber die doch stark genug erscheinen, um Glaubwürdig und Unglaubwürdig zu unterscheiden. Insofern entwickeln wir denn auch ein gewisses Maß an intuitivem Vertrauen. Sicherlich werden wir in Alltagssituationen, in denen wir nicht darüber nachdenken, dergleichen voraussetzen. Man darf aber heute auch bezweifeln, ob nicht längst eine Kultur des Hinterfragens eingesetzt hat, die längst ins Alltagsbewusstsein hinein reicht – nach 150 Jahren von Ricœurs Schule des Verdachts. Auch für Wittgenstein ergeben sich hier bereits Probleme: „Vielleicht sagt man ‚Es muss doch ein Prinzip diesem Vertrauen zugrunde liegen‘, aber was kann so ein Prinzip leisten? Ist es mehr als ein Naturgesetz des ‚Fürwahrhaltens‘?"[1] Der Glauben an bestimmte Zusammenhänge in der Welt gibt sich zwar als gewiss aus, erfüllt letztlich doch nicht die Kriterien der Gewissheit, wie diese in den drei angeführten Sätzen Moores sich entfalten. Wittgenstein wollte sich nicht in einem beliebigen Sprachspiel verlieren. Er wollte auch keineswegs eine äußere Realität allein in die Sprache verlegen.

---

[1] Ebd., 172, 155

12.3. Welcher Zweifel bleibt angesichts der Gewissheit?

So erscheint das Problem der Gewissheit als äußerst virulent, ein Problem das noch keineswegs als gelöst gelten kann. Alles in Ungewissheit aufzulösen widerspricht der alltäglichen Erfahrung, die man auch keinesfalls bloß durch einen notorischen Zweifel außer Kraft setzen kann. Wie gesagt: Der Zweifel kommt nach dem Glauben, obgleich er vielleicht manchmal heute schneller als früher kommt, vielleicht auch häufig zu schnell. Andererseits, es muss etwas geben, an dem man überhaupt zweifeln kann. Der Glaube eignet sich dazu wahrscheinlich am besten. Ergo: Der Zweifel braucht den Glauben. Trotzdem, es erscheint wenig sinnvoll alles bezweifeln zu wollen: „Dass es mir – oder Allen – so *scheint*, daraus folgt nicht, dass es so *ist*. Wohl aber lässt sich fragen, ob man dies sinnvoll bezweifeln kann."[1]

Man kann von einer negativen Pädagogik des Zweifels sprechen. In dem Augenblick, wenn das Wissen seine absolute Struktur verliert – die ja für Erfahrungswissen allemal unsinnig ist – wenn also ein solcher Aufklärungsprozess stattgefunden hat, dann bricht allerorten der Habitus aus, dass man jetzt alles bezweifeln könnte, dabei lässt sich doch viel weniger an empirischem Wissen als an absolutem oder heiligem Wissen zweifeln. Jetzt scheinen viele Zeitgenossen die folgende Frage nicht mehr zu stellen: „Kann ich zweifeln, woran ich zweifeln *will*?"[2]

---

[1] Wittgenstein, Über Gewissheit (1949-51), 2, 119
[2] Ebd., 221, 163

Offenbar doch nicht! Selbst wenn manche Gewissheiten so gewiss auch wieder nicht sein mögen, wenn evidente Gründe fehlen, so führt das noch lange nicht dazu, dass man sinnvoller Weise daran zweifeln könnte. Es hat sich eine Unkultur des Zweifels ausgebreitet. Nicht weil es nicht sinnvoll wäre zu zweifeln. Das ist sogar sehr häufig geboten, sondern weil bei diesen Zweifeln gerne gar nicht nachgedacht wird: Es wird nicht im Detail gezweifelt, nicht überlegt, welche genauen Zweifel sinnvoll sind und welche nicht, sondern es wird ein Generalverdacht formuliert. Es wird mit gnadenlosen Vorurteilen gearbeitet. Die Schule des Verdachts von Nietzsche, Marx und Freud hat hier zweifellos die Unsitten beflügelt, wiewohl der Verdacht jeweils anders gemeint ist. Auch Wittgenstein spielt mit diesem Verdacht und unterzieht damit die Gewissheit einem Zweifel, der sie letztlich vor der totalen Ungewissheit retten soll:

> „Aber wie ist es mit einem Satze wie ‚Ich weiß, dass ich ein Gehirn habe‘? Kann ich ihn bezweifeln? Zum *Zweifeln* fehlen mir die Gründe! ‚Es spricht alles dafür, und nichts dagegen.‘ Dennoch lässt sich vorstellen, dass bei einer Operation mein Schädel sich als leer erwiese."[1]

Lässt sich das wirklich vorstellen? Was stellen wir uns dabei vor? Oder wirkt an dieser Stelle nur die notorische Unzufriedenheit Wittgensteins mit sich selbst nach? Ein Mensch der perfekt sein wollte. Ist also selbst Wittgenstein jedenfalls stellenweise nicht davon frei, dem Zweifel übermäßig zu frönen? Wir wissen doch, dass jeder Mensch ein Gehirn hat, obgleich wir es nie sehen, Wittgenstein auch. Doch es lässt sich zur Not auch das Unbezweifelbare bezweifeln. „Seltsamer Zufall, dass alle die Menschen, deren Schädel man geöffnet hat, ein Gehirn hatten!"[2] Wenn ein Mensch kein Gehirn hätte, dann wür-

---

[1] Ebd., 4, 120
[2] Ebd., 207, 161

de man ihn wohl schwerlich als Menschen bezeichnen, selbst wenn er so aussieht. Seit langem geistert schon durch die Kunst das Bild vom künstlichen Menschen, vom Golem, vom Androiden, vom Ungeheuer, das es vielleicht bald geben könnte und das es doch realiter längst gibt, wenn wir wiederum unser Sprachspiel ändern: Mag da in jedem Menschen ein Gehirn sein, so heißt das noch lange nicht, dass sich die Menschen nicht missbrauchen ließen, ja dass sie vielmehr als willige Befehlsempfänger gezüchtet wurden.

Auch wenn man sich in solchen Gedanken verlieren kann. Es besteht doch kein Zweifel daran, dass jeder Mensch ein Gehirn hat und wenn man einen Schädel ohne Gehirn öffnete, dann müsste es dazu eine Erklärung geben, die zu dem Satz passt, dass jeder Mensch ein Gehirn hat. In diesem Sinne sind denn auch die folgenden Sätze Wittgensteins zu verstehen:

> „Wenn mich ein Blinder fragte ‚hast du zwei Hände?‘ so würde ich mich nicht durch Hinschauen davon vergewissern. Ja, ich weiß nicht, warum ich meinen Augen trauen sollte, wenn ich überhaupt dran zweifelte. Ja, warum soll ich nicht meine *Augen* damit prüfen, dass ich schaue, ob ich beide Hände sehe? *Was* ist *wodurch* zu prüfen?! (Wer entscheidet darüber, *was* feststeht?)"[1]

Es gibt Gewissheiten, an denen zu zweifeln gar keinen Sinn macht. Man kann dieses Beispiel entweder so verstehen, dass sich die Gewissheit nicht gewährleisten lässt, weil der Prüfungsvorgang immer zirkulär ist. Doch andererseits ließe sich die Zirkularität auch so lesen, dass es gleich gültig bleibt, in welcher Richtung die Prüfung erfolgt, da Gründe für Zweifel überhaupt nicht vorliegen. Wenn ich hinsehe und meine Augen funktionieren, dann werde ich zwei Hände und nicht nur eine sehen. Denn ich habe zwei Hände, wobei es sich dabei um gar kein über-

---

[1] Wittgenstein, Über Gewissheit (1949-51), 125, 145

prüfungsbedürftiges ergo auch nicht bezweifelbares Wissen handelt. Wie hieß doch der Satz von Moore: „Hier ist eine Hand – und hier eine zweite". Gar zu sagen: Ich weiß, dass ich zwei Hände habe – dieser Satz verwendet das Wort wissen allemal auf merkwürdige Weise.

„Der falsche Gebrauch, den Moore von dem Satz ‚Ich weiß . .‘ macht, liegt darin, dass er ihn als eine Äußerung betrachtet, die so wenig anzuzweifeln ist wie etwa ‚Ich habe Schmerzen‘. Und da aus ‚Ich weiß, dass es so ist‘ folgt ‚Es ist so‘, so kann also auch dies nicht angezweifelt werden."[1]

Es geht hier nicht mal um ein Phänomen der Evidenz. Es ist mir nicht evident, dass ich zwei Hände habe. Ich habe sie einfach. Wie sagt doch Gabriel Marcel: "mein Leib ist nicht etwas, das ich habe, *ich bin mein Leib*."[2] Etwas anderes ist es offenbar mit dem anderen Satz von Moore: „Die Erde bestand lange Zeit vor meiner Geburt". Hier bin ich nicht die Erde, sondern ich weiß einiges als Subjekt von einem Objekt und vor allem ergeben sich daraus diverse Evidenzen, bzw. ich stütze mein Wissen und meine Gewissheit auf zahlreiche Fakten: „Wenn einer bezweifelte, ob die Erde vor 100 Jahren existiert hat, so verstünde ich das *darum* nicht, weil ich nicht wüsste, was dieser noch als Evidenz gelten ließe und was nicht."[3]

Dass die Erde älter als 100 Jahre ist, stellt eben kein isoliertes Wissen dar, vielleicht vergleichbar damit, dass ich eine Vorstellung vom Zeitraum von 100 Jahren habe, wenn ich denn eine solche Vorstellung habe. Aber ich weiß z.B. dass die Französische Revolution vor über 100 Jahren stattfand und viele solche Details. Manche liegen mir näher. Manchen kann ich vielleicht selber nachgehen.

---

[1] Ebd., 178, 156
[2] Gabriel Marcel, Der Mensch als Problem (1955), 2. Aufl. Frankfurt/M. 1957, 291
[3] Wittgenstein, Über Gewissheit (1949-51), 231, 165

Das meiste weiß ich natürlich durch Kommunikation mit anderen Menschen.

„'Jedes einzelne dieser Fakten könnten wir bezweifeln, aber *alle* können wir nicht bezweifeln.' Wäre es nicht richtiger zu sagen: ,*alle* bezweifeln wir nicht.' Dass wir sie nicht alle bezweifeln, ist eben die Art und Weise wie wir urteilen, also handeln."[1]

Wahrscheinlich sollte man sich darüber klar werden, dass man sowenig wie man das Ganze erfassen kann, sowenig kann man das Ganze auch bezweifeln. Sowenig wie man alles auf einmal erfassen kann, sowenig kann man alles auf einmal auch bezweifeln. Man kann nicht sagen, der Zweifel gelte nur für den Bereich der Erfahrung, so wie das Kausalgesetz. Dazu strukturiert der Zweifel unser Wissen bisher zu wenig – vielleicht ändert sich das mal. Natürlich kann man auch in der Mathematik und in der Logik Zweifel anmelden – aber das kann nicht jeder. Der Zweifel aber braucht auf jeden Fall konkrete Gründe und einen überschaubaren Horizont. „Kann man aber auch sagen: Nichts spricht dagegen und alles dafür, dass der Tisch dort auch dann vorhanden ist, wenn niemand ihn sieht? Was spricht denn dafür?"[2] In der Tat könnte man Gründe angeben, was dafür spricht. Russell hat das 1912 getan. Wenn sinnvolle Gründe dagegen sprechen – wir befinden uns im Theater – dann werden wir den Satz nicht mehr als gewiss betrachten. Wittgenstein aber stellt sich noch eine andere Möglichkeit vor, die gängige heute: Jeder zweifelt und die Welt geht trotzdem weiter: „Wenn aber nun Einer es bezweifelte, wie würde sich sein Zweifel praktisch zeigen? Und könnten wir ihn nicht ruhig zweifeln lassen, da es ja gar keinen Unterschied macht?"[3]

---

[1] Wittgenstein, Über Gewissheit (1949-51), 232, 165
[2] Ebd., 119, 145
[3] Ebd., 120, 145

Vielleicht funktioniert die heutige Welt totalen Zweifels nur deshalb so gut, weil diese ganzen Zweifel folgenlos bleiben. Das zeigt um ein weiteres an, dass Zweifel nicht der Anfang des Denkens sein kann, sondern dass immer schon gedacht werden muss, bevor man zum Zweifel gelangt. Vor allem – wenn man den Zweifel unter modernen Lebensumständen für lebenswichtig hält – dann muss man sich darüber Gedanken machen, wo der Zweifel berechtigt ist und wie weit, wo er überflüssig ist, wo er sinnlos ist. „Der vernünftige Mensch hat gewisse Zweifel *nicht*."[1] Und an anderer Stelle heißt es: „Ein Zweifel, der an allem zweifelt, wäre kein Zweifel."[2]

Man kann am Ganzen sowenig zweifeln, wie man es wissen oder sagen kann. Das Umgreifende, wie es beispielsweise Carl Jaspers ins Zentrum seiner Philosophie gerückt hat, stellt keine rationale Kategorie des Denkens dar, sondern bringt das Denken auf mystische Pfade. Die Kategorie des Ganzen wie das Wort ‚Alles' müssen sich in empirischen Sprachspielen aufweisen lassen. Aber – hier kann man nur an Kant anschließen – sobald solche Kategorien den Erfahrungshorizont verlassen, verlieren sie die Bedeutung, die sie in einem Sprachspiel haben, das sich auf Erfahrungszusammenhänge beschränkt. „Und ist es nicht dasselbe, wie wenn der Schüler den Geschichtsunterricht aufhielte durch Zweifel darüber, ob die Erde wirklich . . . ?"[3] Und an anderer Stelle heißt es: „Dieser Zweifel gehört nicht zu den Zweifeln unsers Spiels (nicht aber, als ob wir uns dieses Spiel aussuchten!)"[4]

Der generelle Zweifel überschreitet für Wittgenstein den Rahmen eines bestimmten Sprachspiels. Im Beispiel Wittgensteins aus den *Philosophischen Untersuchungen*,

---

[1] Ebd., 220, 163
[2] Ebd., 450, 209
[3] Ebd., 316, 181
[4] Ebd., 317, 181

wenn der Meister zum Gehilfen sagt ‚Bringe mir fünf gelbe Platten' macht es wenig Sinn zu bezweifeln, ob ein Gehilfe oder fünf gelbe Platten da sind – diese sind vorausgesetzt –, sondern es stellt sich die Frage, wieso der Gehilfe das wirklich tut und was er dabei verstanden hat, wenn er den Satz hört. Aber selbst innerhalb des Bezweifelbaren gibt es sinnvolle Grenzen dessen, was sich bezweifeln lässt. Man sollte nicht den mathematischen Charakter der Zahl fünf in Zweifel ziehen. Sonst verliert das Beispiel seinen Sinn: „Was ich zeigen muss, ist, dass ein Zweifel nicht notwendig ist, auch wenn er möglich ist. Dass die Möglichkeit des Sprachspiels nicht davon abhängt, dass alles bezweifelt werde, was bezweifelt werden kann."[1] Man kann in Platons Höhlengleichnis nicht das Verhalten der Höhlenbewohner bezweifeln, da es ein Gleichnis ist.

12.4. Kann man Gewissheiten überprüfen?

Wenn der Zweifel nicht unter allen Umständen angebracht ist, dann stellt sich natürlich die Frage just nach diesen Umständen. Denn wenn etwas nicht bezweifelt werden sollte, dann liegt es doch nahe, es als gewiss zu begreifen. Dieses Argument folgt nicht schlüssig aus der obigen Argumentation. Denn dort wurde der Zweifel nicht deswegen in Abrede gestellt, weil etwas gewiss ist, sondern weil der Zweifel selbst nicht als besonders sinnvoll erschien. Man kann sich ein anderes Verhalten der Höhlenbewohner ausdenken. Doch dann ist das nicht mehr Platons Gleichnis. Allemal dort wo nicht gezweifelt

---

[1] Wittgenstein, Über Gewissheit (1949-51), 392, 197

werden sollte, öffnen sich zumindest Ansätze nach dem Gewissen zu suchen. Dann stellt sich die Frage, Wann ist etwas gewiss? „Wenn z.B. jemand sagt ‚Ich weiß nicht, ob da eine Hand ist‘, so könnte man ihm sagen ‘Schau näher hin’. Diese Möglichkeit des Sichüberzeugens gehört zum Sprachspiel. Ist eine seiner wesentlichen Züge.“[1]

Doch es ist keineswegs selbstverständlich, dass man zur Gewissheit durch Nachschauen kommt. Das gibt es natürlich auch, so beispielsweise in Fällen, dass der Fund der Leiche seinen Tod zur Gewissheit werden ließ. Doch Wittgenstein geht es weniger um die Gewissheit von Ereignissen, primär um die Gewissheit des Alltags. Hier finden sich Selbstverständlichkeiten oder Natürlichkeiten, die man im alltäglichen Leben einfach nicht in Frage stellt.

„Unter gewöhnlichen Umständen überzeuge ich mich nicht durch den Augenschein, ob ich zwei Hände habe. *Warum* nicht? Hat Erfahrung es als unnötig erwiesen? Oder (auch): Haben wir, auf irgendeine Weise, ein allgemeines Gesetz der Induktion gelernt und vertrauen ihm nun auch hier? – Aber warum sollen wir erst ein *allgemeines* Gesetz gelernt haben und nicht gleich das spezielle?“[2]

Niemand lernt erst allgemeine Gesetze und eruiert damit dann seine Alltagswelt. Au fond geht selbst der Wissenschaftler so nicht vor. Man weiß immer schon dass man zwei Hände hat. Das muss man auch nicht erst erfahren, sowenig ich mich durch Augenschein von dieser Sachlage überzeugen müsste, es sei denn nach der Notlandung des Flugzeugs. Also vertraut man auch nicht in irgendein allgemeines Gesetz.

Etwas anders – so könnte man meinen – liegen die Dinge im Fall von Moores Satz „Ich habe mich niemals

---

[1] Ebd., 3, 119
[2] Ebd., 133, 147

weit von der Erdoberfläche entfernt". Auch hier gibt es eine Selbstverständlichkeit: Niemand war bisher auf dem Mond – ein Satz, der zu Zeiten von Moore und Wittgenstein unbefragt galt. Trotzdem gibt es auch heute noch Esoteriker, die meinen mit der Raumfahrt käme man in den Himmel und die vielleicht im Rahmen von Wiedergeburtslehren meinen, es könne sehr wohl sein, dass man schon mal auf dem Mond gewesen sei. Dann gäbe es folgende Argumente:

> „'Ich *weiß*, dass es nie geschehen ist, denn wäre es geschehen, so hätte ich es unmöglich vergessen können.' Aber angenommen, es wäre geschehen, so hättest du's eben doch vergessen. Und wie weißt du, dass du's unmöglich hättest vergessen können? Nicht bloß aus früherer Erfahrung?"[1]

Muss ich in allen Fällen doch mit der Vergesslichkeit rechnen? Es gibt Fälle, die man allerdings nicht für möglich hält, so dass man das Argument des Vergessens nicht leichtfertig vom Tisch wischen sollte. Nun besteht ja hinsichtlich der Mondfahrt noch das eine oder andere Argument, das ein solches Vergessen unwahrscheinlich werden lässt, so dass allerdings der esoterische Einwand eher dahin führt festzustellen, dass hier wohl offenbar sehr unterschiedliche Vorstellungen von Evidenz vorliegen und sehr unterschiedliche Sprachspiele gespielt werden, die offensichtlich miteinander nicht kommensurabel sind.

Wenn man jenseits davon dann dazu gelangt, dass man etwas weiß, dann gewinnt diese Gewissheit wohl folgende Dimension: „Man könnte sagen: ‚Ich weiß' drückt die *beruhigte* Sicherheit aus, nicht die noch kämpfende."[2] Wissen impliziert hierbei die Differenz zwischen Subjekt und Objekt. Angelegenheiten die das Subjekt

---

[1] Wittgenstein, Über Gewissheit (1949-51), 224, 164
[2] Ebd., 357, 190

betreffen, werden davon nicht angemessen erfasst: „Ob ich etwas *weiß*, hängt davon ab, ob die Evidenz mir recht gibt oder mir widerspricht. Denn zu sagen, man wisse, dass man Schmerzen habe, heißt nichts."[1]

Wissen muss und kann nicht überprüft werden, wenn die Evidenz für es spricht. Dann würde man die Frage nach der Evidenz der Evidenz stellen. Hier endet eindeutig der Zweifel, den schon gar kein cartesischer noch im Hintergrund zu bekräftigen oder zu wiederholen vermag. Der cartesische wäre überhaupt nicht der sinnvolle Zweifel Wittgensteins, bzw. selbst Descartes hatte den seinigen ja auch nicht so angelegt. Die res extensa bestätigt indes auch ohne Gott durch ihre Evidenz meine Gewissheit oder meinen Zweifel. „Wenn Einer sich überzeugt hat, so sagt er dann: ‚Ja, die Rechnung stimmt', aber er hat das nicht aus dem Zustand seiner Gewissheit gefolgert. Man schließt nicht auf den Tatbestand aus der eigenen Gewissheit."[2]

Der Tatbestand, wenn ich die Rechnung geprüft habe, und ihre Richtigkeit erkannt, gibt mir die Gewissheit der richtigen Rechnung. Hier existieren ja auch Grenzen der sinnvollen Überprüfbarkeit. Es macht zumeist keinen Sinn eine Rechnung sehr häufig nachzuprüfen. Wir werden am Ergebnis ab einem gewissen Augenblick kaum noch zweifeln. Gewissheit – das muss man einsehen – lässt sich nicht beliebig herstellen oder verstärken, schon gar nicht durch den Blick in den Sachverhalt.

Der Sachverhalt erweist sich letztlich als viel komplexer, als er positivistisch beschrieben wird. Das gilt insbesondere für das Verhältnis von Recht und Gerechtigkeit, das die politische Philosophie durchzieht. Gerade Derridas Dekonstruktion versucht sich vorbehaltlos mit diesem Verhältnis auseinanderzusetzen:

---

[1] Ebd., 504, 221
[2] Ebd., 30, 125

„In meinen Augen ist diese ‚Idee der Gerechtigkeit‘ aufgrund ihres bejahenden Wesens irreduktibel, aufgrund ihrer Forderung nach einer Gabe ohne Austausch, ohne Zirkulation, ohne Rekognition, ohne ökonomischen Kreis, ohne Kalkül und ohne Regel, ohne Vernunft oder ohne Rationalität im Sinne des ordnenden, regelnden, regulierenden Beherrschens. Man kann darin also einen Wahn erkennen, ja sie des Wahns anklagen. Man erkennt darin vielleicht sogar eine (andere) Art Mystik (und klagt sie deshalb an). Die Dekonstruktion ist verrückt nach dieser Gerechtigkeit, wegen dieser Gerechtigkeit ist sie wahnsinnig. Dieses Gerechtigkeitsverlangen macht sie verrückt. Diese Gerechtigkeit, die kein Recht ist, ist die Bewegung der Dekonstruktion: sie ist im Recht oder in der Geschichte des Rechts am Werk, in der politischen Geschichte und in der Geschichte überhaupt, bevor sie sich als jener Diskurs präsentiert, den man in der Akademie, in der modernen Kultur als ‚Dekonstruktionismus‘ betitelt.“[1]

Mit der Dekonstruktion will Derrida den zu analysierenden Gegenständen gerecht werden, bzw. eine solche Intention liegt schon in der Gerechtigkeit selbst. So gelangt die Dekonstruktion zu einer hochkomplexen Analyse, die die Gewissheit ins Detail, in die Buchstäblichkeit verlegt. Wittgensteins Betrachtungen *Über Gewissheit* verharren dagegen eher auf einer pragmatischen Ebene. Aber beide Ansätze intensivieren die Wende des abendländischen Denkens weg von der großen Gesellschaftstheorie hin zu mikrologischen Beschreibungen und Experimenten.

---

[1] Derrida, Gesetzeskraft (1989), 52

13. Vorlesung
GEWISSHEITEN ZWISCHEN ERFAHRUNGS-
WELT UND WELTBILD

Richard Rorty, der die ironische spielerische Zeitgenossin schätzt und sie zum Leitbild der Zivilgesellschaft erhebt, bedauert, dass Ansätze zu solchen Lebensformen um die Jahrhundertwende erfolgreich bekämpft wurden. Auch in den Wissenschaften hat sich diese Tendenz durchgesetzt. Er schreibt:

> „Der Geist des Spielerischen, der sich um Neunzehnhundert anschickte, in die Philosophie einzutreten, wurde jedoch im Keim erstickt. Wie die Mathematik Platon zur Erfindung des ‚philosophischen Denkens‘ inspiriert hatte, so wandten sich ernsthafte Philosophen der mathematischen Logik zu, um sich von der übermütigen Satire ihrer Kritiker zu befreien.“[1]

Dazu kann man auch den jungen Wittgenstein zählen, der sich dann aber eines besseren besann. Nicht nur das Sprachspiel, auch seine vielfältigen Überlegungen zur Ethik, zur Religion, zur Psychoanalyse und zur Gewissheit atmen einen anderen Geist, zumindest den Geist einer experimentellen Philosophie, wie sie zuvor schon Nietzsche entworfen hatte und der sich mit seinem *Zarathustra* auch nicht durchsetzen konnte. Wer eignet sich

---

[1] Rorty, Der Spiegel der Natur (1979), 186

als philosophische Lektüre für Rortys Ironikerin besser als Wittgenstein?

13.1. Die Erfahrungswelt als Horizont der Gewissheit

Natürlich bekräftigen die Lehrsätze der modernen Physik unsere Erfahrungen und in deren Horizont gedeihen unterschiedliche Gewissheiten. Dabei gilt es allerdings zwischen logischen Begriffen und Sätzen der Erfahrung streng zu unterscheiden. Logische bzw. wissenschaftliche Begriffe erhalten ihre Bedeutung aus ihren dementsprechenden Kontexten und ergeben dabei keine lebensweltlichen Gewissheiten: „Aber kann man sich nicht vorstellen, es gäbe keine physikalischen Gegenstände? Ich weiß nicht. Und doch ist ‚Es gibt physikalische Gegenstände‘ Unsinn. Soll es ein Satz der Erfahrung sein?"[1]
Das gilt natürlich nur innerhalb des Sprachspiels der Physik, also dann wenn man diese Worte so anwendet, wie sie ihrer Herkunft nach gemeint sind. Aber sie könnten auch in einem poetischen Diskurs des Dadaismus oder Surrealismus auftauchen. Dann wären solche Sätze natürlich möglich, hätten allerdings nicht mehr die ursprüngliche Bedeutung:

> „Die Belehrung ‚A ist ein physikalischer Gegenstand‘ geben wir nur dem, der entweder noch nicht versteht, was ‚A‘ bedeutet, oder was ‚physikalischer Gegenstand‘ bedeutet. Es ist also eine Belehrung über den Gebrauch von Worten und ‚physikalischer Gegenstand‘, ein logischer Begriff. (Wie Farbe, Maß, . . .) Und darum lässt

---

[1] Wittgenstein, Über Gewissheit (1949-51), 35, 126

sich ein Satz ‚Es gibt physikalische Gegenstände' nicht bilden."[1]

Physikalische Begriffe stellen also höchstens den Horizont der Gewissheit dar, innerhalb dessen diverse Sätze der Erfahrung für den modernen Menschen als selbstverständlich und gewiss gelten. Daraus ergibt sich ein Weltverständnis, das durchaus unzählige Sätze als weder zu bezweifeln noch zu überprüfen vorstellt, die man automatisch und intuitiv für richtig hält. Allerdings ist der Rahmen der Gewissheit durchaus eingeschränkt, eben auf den Rahmen solcher Erfahrungstatsachen und der mit ihnen verbundenen Sätze. Natürlich gelten derartige Sätze weder vor aller Erfahrung noch absolut: „‚Es ist sicher, dass wir nicht vor 100 Jahren von einem andern Planeten auf diesen herabgekommen sind.' Nun, so sicher, als eben solche Sachen sind."[2]

Der Satz, dass alle Menschen sterblich sind, wird uns in ähnlicher Weise als gewiss vorkommen. Alle unsere Informationen und alles Wissen, was wir darüber haben, lässt keine andere Annahme zu, selbst wenn wir einem Menschen begegnen würden, der schon sehr alt ist oder wenn wir einem begegnen würden, der jung erscheint, aber behauptet, er lebe schon seit Ewigkeiten.

Dabei gibt es aber Aporien, die durchaus verwundern:

„Es käme mir lächerlich vor, die Existenz Napoleons bezweifeln zu wollen; aber wenn Einer die Existenz der Erde vor 150 Jahren bezweifelte, wäre ich vielleicht eher bereit aufzuhorchen, denn nun bezweifelt er unser ganzes System der Evidenz. Es kommt mir nicht vor, als sei dies System sicherer als eine Sicherheit in ihm."[3]

Es erscheint sogar noch eher möglich, das Ganze in Frage zu stellen, als innerhalb des Ganzen irgendeines von den

---

[1] Ebd., 36, 126
[2] Ebd., 184, 157
[3] Ebd., 185, 157

Teilen, die allgemein unwidersprochen sind. Im letzteren Fall kollidiert man mit konkreten Gewissheiten bzw. mit allgemein anerkannten Tatsachen. Diesen lässt sich praktisch nicht widersprechen. Dagegen kann man umfassendere bzw. größere Systeme als ganze eher in Frage stellen. Dann vertritt man vielleicht ein anderes System als die moderne Physik. Das hält man zwar für momentan nicht sinnvoll. Doch ausgeschlossen ist ein Wandel der Physik und unserer Selbstverständnisse keineswegs. Wenn mir also ein sehr alter Mensch begegnet und noch kerngesund erscheint, werde ich mich vielleicht fragen, wie ihm das gelang. Ich werde ihn nicht für unsterblich halten, könnte er schließlich auch durch ein Unglück sterben. Wenn mir einer begegnet, der behauptet, er sei unsterblich, werde ich davon ausgehen, dass er dies nicht im physikalischen Sinne meint. Das bedeutet, dass ich wahrscheinlich nicht so genau wissen werde, was er denn genau damit meint, also wie diese Unsterblichkeit aussieht.

13.2. Sprachliche und nichtsprachliche Gewissheit

Wenn mir einer sagt, er sei unsterblich, dann werde ich das schwerlich als etwas verstehen, was er weiß, obgleich es zum Gestus der Bekräftigung, gerade bei religiös gläubigen Menschen gehört zu sagen: ‚Ich weiß, dass ich unsterblich bin.' Just dann – und darin liegt sicher auch eine gewisse Paradoxie – werde ich sicherlich das Wort ‚wissen' im Sinne von ‚glauben' verstehen, obgleich ich in der kommunikativen Situation eventuell so tue, als ob ich ihm das abnehme. Im andern Fall prallen hier offensichtlich verschiedene Sprachspiele aufeinander. Wenn ich sein derartiges Wissen bezweifle, dann wird er voraussichtlich aggressiv oder überheblich reagieren. Wenn er dieses Wissen weniger betont, werde ich eher seinen Glauben respektieren. Doch dieser Respekt wird ihm nicht unbedingt helfen. Dieser Respekt hinterfragt eher seinen Glauben wie seine Gewissheiten. So heißt ‚ich glaube, dass ich unsterblich bin' am Ende doch just, dass hier keine empirische Gewissheit vorliegt.

Wissen kann man nicht durch Wissen bekräftigen. Andererseits darf man Wissen auch nicht widersprechen. Dann hebt man es als solches auf. Beim Glauben ist das anders. Durch das Wort ‚glauben' bekräftige ich etwas, wenn auch nicht durch empirische Gewissheit. Ich kann dem Glauben widersprechen und wenn es sich um religiösen Glauben handelt, widerspreche ich ihm nicht explizit, höchstens wie oben bereits angeklungen implizit:

„Man kann sagen ‚Er glaubt es, aber es ist nicht so', nicht aber ‚Er weiß es, aber es ist nicht so'. Kommt dies von der Verschiedenheit der Seelenzustände des Glaubens und des Wissens? Nein. – ‚Seelenzustand' kann man etwa nennen, was sich im Ton der Rede, in der Gebärde etc. ausdrückt. Es wäre also *möglich*, von einem seelischen Zustand der Überzeugtheit zu reden; und der kann der gleiche sein, ob gewusst oder fälschlich geglaubt wird. Zu meinen, den Worten ‚glauben' und ‚wissen' müssten verschiedene Zustände entsprechen, wäre so, als glaubte man, dem Worte ‚ich' und dem Namen ‚Ludwig' müssten verschiedene Menschen entsprechen, weil die Begriffe verschieden sind."[1]

Beim Unterschied von Glauben und Wissen geht es Wittgenstein um die Verwendungsweisen der Worte, darum, was sie sagen, nicht was sich hinter ihnen verbirgt. Es geht also auch nicht um den Seelenzustand eines Gläubigen. Dann würde ich auf den Satz ‚ich weiß, dass

---

[1] Wittgenstein, Über Gewissheit (1949-51), 42, 128

ich unsterblich bin' eventuell fragen: Und wie geht's dir jetzt damit? Bist du glücklich? Hast du Angst? Vor dem jüngsten Gericht? Oder vor der Unendlichkeit? Trotzdem bleibt klar, dass wir zwei verschiedene Sprachspiele spielen und insofern Konflikte programmiert bleiben.

Die Gewissheit als Gewissheit regelt nicht den Zusammenprall der Sprachspiele; denn die Gewissheit liegt nicht ausschließlich jenseits derselben in einer nichtsprachlichen Welt, auch wenn sie dorthin rückgekoppelt scheint. Doch die Gewissheit, selbst wenn sie eine Rückkopplung besitzen sollte, realisiert sich in den jeweiligen Sprachspielen und wird von diesen abhängig. Insofern kann man nicht durch die Gewissheit die Gewissheit bekräftigen. Primär herrscht der sprachliche Ausdruck vor und bekräftigt das Gesagte. Weniger drückt sich darin der nichtsprachliche Aspekt aus, obgleich derselbe es sein soll, der bekräftigt: „'Ich weiß, wo ich den Schmerz empfinde', ,Ich weiß, dass ich ihn *da* empfinde' ist so falsch wie: ,Ich weiß, dass ich Schmerzen habe.' Richtig aber: ,Ich weiß, wo du meinen Arm berührt hast.'"[1]

---

[1] Wittgenstein, Über Gewissheit (1949-51), 41, 128

13.3. Keine, ferne und nahe Gewissheiten

Gewissheit erweist sich insofern als abhängig sowohl vom Sprachspiel als auch von Nichtsprachlichem. Doch die Gewissheit kann sich nicht allein auf Nichtsprachliches stützen, da sie sich selbst natürlich immer als Sprache formuliert, also als Gewissheit sich nur in Sprachspielen präsentiert. In beiden öffnet sich natürlich die Perspektive eines unendlichen Zweifels. Just hierin aber muss der Zweifel auch in seine Grenzen gewiesen werden. Sinnvolles Zweifeln verlangt auch am Zweifel zu zweifeln, verlangt genau nachzuschauen, wo aus dem Zusammenspiel von Sprachspiel und Nichtsprachlichem es Sinn und wo es keinen Sinn macht an der Gewissheit zu zweifeln oder von der Gewissheit in ihrem jeweiligen Rahmen auszugehen. Natürlich kann man nicht sagen, der cartesische Traum sei einfach ausgeträumt.

Man darf ein solches Sprachspiel spielen, auch mit anderen zusammen, was den Traum eigentlich ad absurdum führte. Aber der Traum ändert nichts am Traum oder besser an der Wirklichkeit, just wenn sie Traum sein sollte. In gewisser Hinsicht, wenn auch nicht in allen Hinsichten, bleibt der cartesische Traum folgenlos, obgleich er bis heute eminent nachwirkt. Auch Wittgenstein bemüht sich darum, diesem Alptraum zu entgehen: „Ist also die *Hypothese* möglich, dass es alle die Dinge in unserer Umgebung nicht gibt? Wäre sie nicht wie die, dass wir uns in allen Rechnungen verrechnet haben?"[1]

---

[1] Ebd., 55, 131

Handelt es sich um eine fatale Entdeckung Wittgensteins, dass die Mathematik zwar gewisse Ergebnisse liefert, doch die menschliche Unzulänglichkeit dem nicht genügt? Vielleicht enthebt uns die Rechenmaschine von diesem Problem. Allemal, man kann nicht davon ausgehen, dass man sich immer verrechnet: Dann würde man nicht rechnen. Zum Sprachspiel Rechnen gehört, dass man richtig und nicht falsch rechnet, dass das Richtige die Regel, das Falsche die Ausnahme ist, es sei denn ...

> „Wer annähme, dass *alle* unsre Rechnungen unsicher seien und dass wir uns auf keine verlassen können (mit der Rechtfertigung, dass Fehler überall möglich sind), würden wir vielleicht für verrückt erklären. Aber können wir sagen, er sei im Irrtum? Reagiert er nicht einfach anders: wir verlassen uns darauf, er nicht; wir sind sicher, er nicht."[1]

Ändert sein Zweifel etwas an seinem Leben? Das wäre nur ein pragmatisches Argument. Es ändert etwas an seiner Weltanschauung, und diese wirkt wieder auf sein Leben zurück. Vielleicht hält er sich häufiger beim Psychoanalytiker auf oder in der Kirche. Man kann auch nicht einfach daraus folgern, jemand der in tiefer Ungewissheit lebt, wäre weniger kooperationsbereit. Das Gegenteil könnte just der Fall sein.

Sollten, müssten oder könnten wir ihn trotzdem davon überzeugen, seinen Zweifel zu reduzieren? Gelänge das durch Gewissheiten? Doch das erscheint eher unwahrscheinlich: „Angenommen nun, ich sage ‚Ich bin darin unfehlbar, dass das ein Buch ist' – ich zeige dabei auf einen Gegenstand. Wie sähe hier ein Irrtum aus? Und habe ich davon eine *klare* Vorstellung?"[2]

Nun, man könnte sich verschiedene Situationen vorstellen, wie hier der Irrtum aussieht, Einwände, die der-

---

[1] Wittgenstein, Über Gewissheit (1949-51), 217, 163
[2] Ebd., 17,122

jenige bringt, der alle Dinge oder alle Rechnungen bezweifelt. Das Buch könnte beispielsweise eine Attrappe sein oder einem Buch nur ähneln und ich habe doch nicht genau hingeschaut. Und doch könnte man auf dieser Ebene am ehesten Gewissheiten erzeugen, zumindest abhängig von gewissen Sprachspielen, die einem notorischen Zweifler es zumindest erheblich erschweren würden, seinen Zweifel als naheliegend vorzubringen und nicht als an den Haaren herbeigeholt. Es hängt mal wieder vom Sprachspiel ab:

> „Diese Situation ist also nicht dieselbe für einen Satz wie ‚In dieser Entfernung von der Sonne existiert ein Planet‘ und ‚Hier ist eine Hand‘ (nämlich die meine.) Man kann den zweiten keine Hypothese nennen. Aber es gibt keine scharfe Grenze zwischen ihnen.“[1]

Irgendwo hört die Nähe auf, die die Gewissheit produziert just ob ihrer Nähe, nicht unbedingt ob ihrer Unmittelbarkeit; denn dass dies meine Hand und nicht deine ist, das ist vielfältig vermittelt. Dass dort mein Koffer steht und draußen vor der Tür mein Auto – aber vielleicht ist es schon gestohlen – lässt die Gewissheit schwächer werden. Langsam stützt sie sich auf objektivierende Faktoren. In umgekehrter Richtung wird der Irrtum unwahrscheinlicher, ja mehr noch: „Es ist nämlich nicht wahr, dass der Irrtum vom Planeten zu meiner Hand nur immer unwahrscheinlicher werde. Sondern er ist an einer Stelle auch nicht mehr denkbar.“[2]

Können Sie sinnvoll bezweifeln, dass dies hier meine Hand ist? Aber Sie können bezweifeln ob ich hier Wittgenstein richtig verstanden habe. Wann aber wäre dieser Zweifel angebracht? Wenn Sie zum ersten Mal in Ihrem Leben einen Satz Wittgensteins lesen – just den letzten – und dann behaupten, der Satz sage etwas ganz anderes

---

[1] Ebd., 52, 130
[2] Ebd., 54, 130

und daher habe Wittgenstein ihn anders gemeint. Oder wenn sie aus der Erfahrung einer langen Wittgenstein-Lektüre schöpfen können. Hegel hat nicht Unrecht, wenn er die Meinung disqualifiziert, die in der Demokratie zum höchsten Gut avanciert: die Meinungsfreiheit. Auch wenn es klar ist, dass wir hinter den *linguistic Turn* nicht mehr zurück können, kann das keinesfalls Beliebigkeit bedeuten unter dem Motto: die Meinung sei jetzt definitiv frei. Es ist damit viel notwendiger geworden, die Meinung möglichst gut zu begründen, wenn sie noch etwas gelten soll. Man braucht gute Gründe, wenn man etwas bezweifelt: „Wenn man sagt ‚Vielleicht gibt es diesen Planeten nicht und die Lichterscheinung kommt anders zustande‘, so braucht man doch ein Beispiel eines Gegenstandes, *den* es gibt. Es gibt ihn nicht, – wie z.B. . . .“[1]

13.4. „Die (ungewissen) ‚gewissen‘“ Grenzen der Ungewissheit

Gewissheiten entspringen der Gewissheit – eine Tautologie: und doch drückt sich darin die Macht der Nähe aus. Hier sind Zweifel sowenig angebracht, wie in der Mathematik. Hier operieren die Sprachspiele mit schlichten Gewissheiten. Und selbst wenn etwas schwierig wird, dann gibt es Mittel zur Überprüfung. Ich gehe vor das Haus und schaue nach, ob das Auto noch vor der Tür steht. Das reicht gemeinhin. Ich kann auch noch dreimal nachschauen, ob ich den Herd wirklich ausgemacht habe, ob die Zigarette im Aschenbecher noch glimmt. Aber

---

[1] Wittgenstein, Über Gewissheit (1949-51), 56, 131

hierbei handelt es sich offenbar um Pathologien. Letztlich könnte das auch für Wittgensteins Beispiel gelten:

> „Ich werde eine Multiplikation zur Sicherheit vielleicht zweimal rechnen, vielleicht sie von einem Andern nachrechnen lassen. Aber werde ich sie zwanzigmal nachrechnen oder sie von zwanzig Leuten nachrechnen lassen? Und ist das eine gewisse Fahrlässigkeit? Wäre die Sicherheit bei zwanzigfacher Nachprüfung wirklich größer?!"[1]

Es gibt eine Grenze der Ungewissheit, wenn Versicherung offenbar nicht weiter hilft. Dann ist das Ergebnis der Rechnung korrekt und man wird voll überzeugt dafür einstehen. Man wird jeden Zweifel zurückweisen. Doch bleibt trotzdem noch ein Unterschied zwischen einer subjektiven und einer objektiven Gewissheit. Im Falle der Rechnung scheinen sie nahe beieinander zu liegen. Doch das ist natürlich keineswegs immer der Fall. Ja, es ist nicht einmal gesagt, dass der Zusammenfall von beiden das Ideal wäre. Trotzdem fragt sich, wann dies der Fall sein könnte:

> „Mit dem Wort ‚gewiss' drücken wir die völlige Überzeugung, die Abwesenheit jedes Zweifels aus, und wir suchen damit den Andern zu überzeugen. Das ist *subjektive* Gewissheit. Wann aber ist etwas objektiv gewiss? – Wenn ein Irrtum nicht möglich ist. Aber was für eine Möglichkeit ist das? Muss der Irrtum nicht logisch ausgeschlossen sein?"[2]

Ist die objektive Gewissheit gewisser – wenn es denn einen solchen Komparativ logisch überhaupt gibt – als die subjektive? Gründet nicht auch jenseits von Kant alle objektive Gewissheit in der subjektiven, wenn subjektiv die Grenze der Ungewissheit erreicht ist, jene *gewisse* Grenze, die selbst ungewiss gewiss ist? Trotzdem auch die

---

[1] Ebd., 77, 135
[2] Ebd., 194, 159

subjektive Gewissheit stößt ihrerseits an eine objektive Grenze der Ungewissheit. Das zeigt sich beispielsweise, wenn jemand ärgerlich reagiert, sollte ich seine Erklärung ‚ich weiß, dass ich unsterblich bin' mit gewissen Nachfragen erwidern. Es könnte auch ein anderer Fall sein:

„Dass ich ein Mann und keine Frau bin, kann verifiziert werden, aber wenn ich sagte, ich sei eine Frau, und den Irrtum damit erklären wollte, dass ich die Aussage nicht geprüft habe, würde man die Erklärung nicht gelten lassen."[1]

Die Macht der Gewissheit gründet auch im Sprachspiel, das ich gerade spiele. Und Sprache funktioniert nach Wittgenstein nun mal nicht als Privatsprache. Damit gewinnt die Gewissheit eine eher intersubjektive, denn eine objektive Dimension, obgleich die Intersubjektivität sich auf Objektives zu beziehen scheint.

Daraus lassen sich dann Schlüsse ziehen, wie sie unter anderen Rorty entwirft. Nicht mit Marx kann man das politische Geschehen analysieren, sondern mit der Sprachphilosophie Wittgensteins. Rorty konstatiert dementsprechend:

Nicht irgendwelche großen, notwendigen Wahrheiten über die menschliche Natur und ihre Beziehung zu Wahrheit und Gerechtigkeit werden darüber bestimmen, welcher Art unsere zukünftigen Führer sind, sondern allein eine Menge kleiner kontingenter Tatsachen."[2]

---

[1] Wittgenstein, Über Gewissheit (1949-51), 79, 135
[2] Rorty, Kontingenz, Ironie und Solidarität (1989), 304

13.5. Das Weltbild als subjektives wie objektives System der Vergewisserung

Doch andererseits rekurriert die Gewissheit auch vermittels der Intersubjektivität nicht unmittelbar auf die Objektivität. Die Intersubjektivität erweist sich auch selbst wieder als subjektiv gebrochen:

> „Aber mein Weltbild habe ich nicht, weil ich mich von seiner Richtigkeit überzeugt habe; auch nicht, weil ich von seiner Richtigkeit überzeugt bin. Sondern es ist der überkommene Hintergrund, auf welchem ich zwischen wahr und falsch unterscheide."[1]

Weltbilder erheben den Anspruch der Wahrheit und Richtigkeit. Doch Wittgenstein erkennt, dass es sich anders verhält. Die Weltbilder stabilisieren die Gewissheiten. Denn sie ergeben die Ordnung der Dinge, innerhalb deren sich sowohl die sprachliche als auch die nichtsprachliche Welt präsentiert. Es gibt gar keinen Zweifel, dass sie dadurch gerade nicht zur Vergewisserung, sondern zur Ungewissheit beitragen. Weltbilder gehen aufs Ganze, sie ergeben ein System. Sie eröffnen den Weg des Zweifelns, just indem sie Gewissheit produzieren:

> „‚Aber gibt es denn da keine objektive Wahrheit? Ist es nicht wahr, oder aber falsch, dass jemand auf dem Mond war?' Wenn wir in unserm System denken, so ist es gewiss, dass kein Mensch je auf dem Mond war. Nicht nur ist uns so etwas nie im Ernst von vernünftigen Leuten berichtet worden, sondern unser ganzes System der Physik verbietet uns, es zu glauben. Denn dies verlangt Antworten auf die Fragen: ‚Wie hat er die

---

[1] Wittgenstein, Über Gewissheit (1949-51), 94, 139

Schwerkraft überwunden?' ,Wie konnte er ohne Atmosphäre leben?' und tausend andere, die nicht zu beantworten wären. Wie aber wenn uns statt allen diesen Antworten entgegnet würde: ,Wir wissen nicht, *wie* man auf den Mond kommt, aber die dorthin kommen, erkennen sofort, dass sie dort sind; und auch du kannst ja nicht alles erklären.' Von Einem, der dies sagte, würden wir uns geistig sehr entfernt fühlen."[1]

Die Ordnungen der Dinge stoßen hier zweifellos aufeinander. Immanent gewähren sie Gewissheiten. Transzendent, im Anschluss an fremde Ordnungen geraten sie in Turbulenzen und zwar in doppeldeutige. Einerseits werden sie hinterfragt, andererseits hinterfragen sie andere Weltbilder oder Systeme. Die Gewissheiten geraten in den Trubel der Welt, zusammen mit ihren Basissystemen und beschleunigen die chaotischen Bewegungen:

„Und wenn ich nun sagte ,Es ist meine unerschütterliche Überzeugung, dass etc.', so heißt das in unserm Falle auch, dass ich nicht bewusst durch bestimmte Gedankengänge zu der Überzeugung gelangt bin, sondern, dass sie solchermaßen in allen meinen *Fragen und Antworten* verankert ist, dass ich nicht an sie rühren kann."[2]

Das schwächt die Gewissheiten, seien diese objektiver oder subjektiver Natur. Aber als Gewissheiten innerhalb solcher Systeme stärkt es sie zugleich. Denn es gibt weder Argumente noch Gewissheiten außerhalb von Argumentationssystemen, die durch sie erst ihr Gewicht und ihre Bedeutung erhalten. Das sind zumeist Weltbilder – nach wie vor. Doch man kann solche Systeme auch auf einer niedrigeren Stufe ansetzen, wo sie weniger umfassend sind. Dann könnte man von Sprachspielen sprechen, innerhalb derer die Gewissheiten und Argument ihr Gewicht erhalten, wie ich es bereits zu Anfang erklärte:

---

[1] Wittgenstein, Über Gewissheit (1949-51), 108, 142
[2] Ebd., 103, 141

„Alle Prüfung, alles Bekräften und Entkräften einer Annahme geschieht schon innerhalb eines Systems. Und
zwar ist dies System nicht ein mehr oder weniger will-
kürlicher und zweifelhafter Anfangspunkt aller unsrer
Argumente, sondern es gehört zum Wesen dessen, was
wir ein Argument nennen. Das System ist nicht so sehr
der Ausgangspunkt, als das Lebenselement der Argumente."[1]

Rorty beschreibt diese Sachlage anders, gleichwohl im
Sinn eines Abschieds von metaphysischen Vorstellungen.
Wenn man sich auf Weltbilder nicht mehr verlassen will,
dann bleiben gewissermaßen nur Schematismen, mit
denen man versucht, die Ereignisse zu verstehen. Rorty:

„Denk dir alles so, als sei es durch seine Beziehungen
zu allem übrigen konstituiert; hör auf zu fragen, was
dasjenige ist, das da in diesen Beziehungen steht und in
allem Wandel konstant bleibt; versuch keinen Unterschied zu machen zwischen den inneren, zentralen, zum
‚Kern‘ gehörenden Eigenschaften eines Gegenstands
und seinen ‚bloß‘ akzidentellen, relationalen Eigenschaften."[2]

Dann gibt es in der Politik keine essentiellen Bestimmungen oder letzte Ziele. Dann ist der Staat keine höhere
Macht, besitzt keine höhere Autorität als diejenige, die er
faktisch ausübt und die jeder in Frage stellen darf. Naiv
wäre es indes, die Existenz des Staates zu leugnen. Mit
ihr sieht man sich alltäglich konfrontiert. So kann Pierre
Bourdieu nicht nur den Staat als Subjekt einer symbolischen Ordnung in Frage stellen, sondern ihn woanders –
im Stil von Wittgensteins Sprachspiel – entdecken:

„In der Tat sind uns die Staatsdinge unmittelbar vertraut, wir beherrschen sie unmittelbar. Zum Beispiel
verstehen wir es, ein Formular auszufüllen; wenn ich
ein Formular der Verwaltung ausfülle – Name, Vorna-

---

[1] Ebd., 105, 141
[2] Rorty, Kontingenz, Ironie und Solidarität (1989), 10

me, Geburtsdatum –, verstehe ich den Staat; der Staat gibt mir Anweisungen, auf die ich vorbereitet bin; ich weiß, was ein Personenstand ist, der eine historische fortschrittliche Erfindung ist."[1]

In einem ähnlichen Sinn, der sich ebenfalls an die Sprachspielkonzeption Wittgensteins wie an seine Überlegungen *Über Gewissheit* anschließen lässt, äußert sich auch Foucault über den Staat:

> „Der Staat ist, mit anderen Worten, weder ein Haus noch eine Kirche, noch ein Reich. Der Staat ist eine spezifische und unzusammenhängende Wirklichkeit. Der Staat existiert nur für sich selbst und in Bezug auf sich selbst, was auch immer das System des Gehorsams sei, das er anderen Systemen wie der Natur oder Gott verdankt."[2]

13.6. Die Ungewissheiten des Sprachspiels

Wenn die Weltbilder ein Ausdruck des Willens zur Macht sind, dann sind es auch die Sprachspiele. Ihre Macht reicht vielleicht sogar weiter, weil ihre Anforderungen regelmäßig geringer sind, so dass sie trotz ihrer Bescheidenheit weniger den diversen Zweifeln ausgesetzt sind. Die Sprachspiele regeln nicht nur chaotisch das Gespräch unter den Menschen. Sie verleihen nicht nur Bedeutung dem, was die Menschen sagen. Sie verwickeln auch in die Gewissheiten:

---

[1] Pierre Bourdieu, Über den Staat – Vorlesungen am Collège de France 1989-1992, Berlin 2014, 195
[2] Michel Foucault, Geschichte der Gouvernementalität II – Die Geburt der Biopolitik Vorlesung am Collège de France 1978-1979, Frankfurt/M. 2004, 17

„Sichere Evidenz ist die, die wir als unbedingt sicher *annehmen*, nach der wir mit Sicherheit ohne Zweifel *handeln*. Was wir ‚Irrtum' nennen, spielt eine ganz bestimmte Rolle in unsern Sprachspielen, und was wir als sichere Evidenz betrachten, auch."[1]

Dabei kann sich der Mensch auch nicht auf eine nicht-sprachliche Gewissheit berufen, die ihn vielleicht vor den Launen der Sprache bewahren würde. Alle Gewissheit hängt immer auch mit der Sprache, mit den Sprachspielen zusammen, was die Macht der Sprache noch erweitert: „Unsinn aber wäre es zu sagen, wir betrachten etwas als sichere Evidenz, weil es gewiss wahr ist."[2] Die Sprache beherrscht nun mal die Bedeutung, d.h. Bedeutung entfaltet sich in Sprachspielen. Wenn man wissen will, was wahr und was falsch ist, reicht es eben nicht, bloß auf das Evidente zu blicken oder auf was auch immer. Hier gerät Wittgenstein denn durchaus auch in die Nähe Heideggers: „Der Gebrauch von ‚wahr oder falsch' hat darum etwas Irreführendes, weil es ist, als sagte man ‚es stimmt mit den Tatsachen überein oder nicht', und es sich doch gerade frägt, was ‚Übereinstimmung' hier ist."[3]

Was heißt Übereinstimmung? Was heißt Identität? Was heißt Sein? Der Abschied vom *Tractatus* setzt sich auch im Spätwerk fort. Der Mensch wird von der Ordnung der Dinge durch das Sprachspiel befreit: doch das ist nur die halbe Wahrheit. Das Sprachspiel versetzt ihn in einen unkalkulierbaren Zustand, in dem die Sprache zwar spricht, Bedeutungen liefert, diese aber auch verweigert: Was heißt Übereinstimmung? Die Freiheit avanciert zweifellos zu einer Art Verwirrnis, zu einer Art des Ausgeliefertseins, das sich allerdings vielfältig beeinflussen lässt. „'Der Satz ist wahr oder falsch' heißt eigentlich

---

[1] Wittgenstein, Über Gewissheit (1949-51), 196, 159
[2] Ebd., 197, 159
[3] Ebd., 199, 159

nur, es müsse eine Entscheidung für oder gegen ihn möglich sein. Aber das sagt nicht, wie der Grund zu so einer Entscheidung ausschaut."[1]

Der Mensch muss sich also nicht mehr an eine objektive Struktur anpassen, obgleich es unzählige Gewissheiten trotz allem noch gibt, die allerdings auch immer unter Vorbehalt stehen, ihm just daher aber auch keinen letzten Halt geben, sondern höchstens einen relativen: „Wann aber sagt man von etwas, es sei gewiss? Denn darüber, ob etwas gewiss *ist*, lässt sich streiten; wenn nämlich etwas *objektiv* gewiss ist. Es gibt eine Unzahl allgemeiner Erfahrungssätze, die uns als gewiss gelten."[2]

Und an anderer Stelle heißt es: „Wir sind dessen ganz sicher, heißt nicht nur, dass jeder Einzelne dessen gewiss ist, sondern, dass wir zu einer Gemeinschaft gehören, die durch die Wissenschaft und Erziehung verbunden ist."[3]

Der Mensch wird mit dem spielerischen Charakter der Sprache auf eine kommunikative Struktur verwiesen. Vielleicht ist das noch das Beste, was ihm dabei passiert. Er kann sich weder auf die Struktur der Sprache noch auf die Struktur der Welt verlassen. Doch er befindet sich eingebunden in einen kommunikativen Zusammenhang, der ihn genauso freisetzt, wie er ihn aber auch rückbindet, ihn aus der Dichotomie befreit, entweder Altruist oder Egoist sein zu müssen. Verhilft ihm derart die Sprache zur Entfaltung des eigenen Willens zur Macht? Oder mäßigt sie diesen notwendiger weise, weil er sich auf nichts verlassen kann? ‚Anything goes.'

---

[1] Wittgenstein, Über Gewissheit (1949-51), 200. 160
[2] Ebd., 273, 173
[3] Ebd., 298, 178

Literatur

Theodor W. ADORNO, Ästhetische Theorie (1970), Frankfurt/M. 1973

Karl-Otto APEL, Ders., Diskurs und Verantwortung – Das Problem des Übergangs zur postkonventionellen Moral, Frankfurt/M. 1988

Hannah ARENDT, Vita activa oder Vom tätigen Leben (1958), München 1981

Dies. Macht und Gewalt (1970), 15. Aufl. München, Zürich 2003

ARISTOTELES, Politik, München 1973

John Langshaw AUSTIN, Zur Theorie der Sprechakte (How to do things with words, 1962), Stuttgart 1972

Walter BENJAMIN, Zur Kritik der Gewalt (1921) und andere Aufsätze, Frankfurt/M. 1965

Chris BEZZEL, Wittgenstein zur Einführung, 3. Aufl. Hamburg 1996

Ders., Wittgenstein, Stuttgart 2007

Pierre BOURDIEU, Über den Staat – Vorlesungen am Collège de France 1989-1992, Berlin 2014

Robert B. BRANDOM, Expressive Vernunft – Begründung, Repräsentation und diskursive Festlegung (1994), Frankfurt/M. 2000

Albert CAMUS, Der Mythos von Sisyphos (1942), Hamburg 1959

Rudolf CARNAP, Scheinprobleme in der Philosophie (1928), Frankfurt/M. 1971

Rudolf CARNAP, Hans HAHN, Otto NEURATH, Wissenschaftliche Weltauffassung – der Wiener Kreis (1929); in: Otto Neurath, Wissenschaftliche Weltauffassung, Sozialismus und Logischer Empirismus, Frankfurt/M. 1979

Ernst CASSIRER, Philosophie der Symbolischen Formen – Erster Teil – Die Sprache (1923), GW Bd. 11, Hamburg 2001

Ders., Versuch über den Menschen (1944), Hamburg 1996

Ders., Der Mythus des Staates – Philosophische Grundlagen politischen Verhaltens (1946), 2. Aufl. Zürich, München 1978

Noam CHOMSKY, Was für Lebewesen sind wir? Berlin 2016

Jacques DERRIDA, Grammatologie (1967), Frankfurt/M. 1983

Ders., Gesetzeskraft – Der „mystische Grund der Autorität" (1989), Frankfurt/M. 1991

John DEWEY, Die Erneuerung der Philosophie (1948, 1919), Hamburg, 1989

Umberto ECO, Semiotik – Entwurf einer Theorie der Zeichen (1976), München 1986

Ders., Antiporfirio; in: Gianni Vattimo, Pier Aldo Rovatti (Hrsg.), Il pensiero debole, Milano 1983

Michel FOUCAULT, Überwachen und Strafen – Die Geburt des Gefängnisses (1975), Frankfurt/M. 1977

Ders., Die Ordnung des Diskurses (1970), Frankfurt/M. 1991

Ders., Geschichte der Gouvernementalität II – Die Geburt der Biopolitik Vorlesung am Collège de France 1978-1979, Frankfurt/M. 2004

Sigmund FREUD, Abriss der Psychoanalyse (1938), Frankfurt/M., Hamburg 1953

Hans-Georg GADAMER, Wahrheit und Methode – Grundzüge einer philosophischen Hermeneutik (1960), 6. Aufl. Tübingen 1990

Arnold GEHLEN, Die Seele im technischen Zeitalter, Hamburg 1957

Johann Wolfgang von GOETHE, Wilhelm Meister Lehrjahre (1795), Berliner Ausgabe Bd. 10, 3. Aufl. Berlin 1976

Jürgen HABERMAS, Strukturwandel der Öffentlichkeit – Untersuchungen zu einer Kategorie der bürgerlichen Gesellschaft (1962), 8. Aufl., Neuwied/Berlin 1976

Ders., Der philosophische Diskurs der Moderne, Frankfurt/M. 1985

Ders., Wahrheit und Rechtfertigung, Frankfurt/M. 1999

Martin HEIDEGGER, Die Sprache (1950); in: ders. Unterwegs zur Sprache, 7. Aufl. Pfullingen 1982

Ders., Was heißt Denken? (1951-52), 4. Aufl. Tübingen 1984

Heinrich HEINE, Die Harzreise (1824); in: ders., Reisebilder – Erster Teil, Berliner Ausgabe Bd. 3, Werke und Briefe, Berlin, Weimar 1980

Merril B. HINTIKKA, Jaakko HINTIKKA, Untersuchungen zu Wittgenstein (1986), Frankfurt/M. 1996

Edmund HUSSERL, Die Krisis der europäischen Wissenschaften und die transzendentale Phänomenologie (1936), Husserliana Bd. 6, Den Haag 1954

William JAMES, Die Vielfalt religiöser Erfahrungen – Eine Studie über die menschliche Natur (1901/02), Olten; Freiburg 1979

Hans JONAS, Gnosis – Botschaft des fremden Gottes (1958), Frankfurt/M., Leipzig 1999

Wilhelm KAMLAH, Paul LORENZEN, Logische Propädeutik – Vorschule des vernünftigen Redens, Mannheim, Wien, Zürich 1967

Peter KAMPITS, Ludwig Wittgenstein – Wege und Umwege zu seinem Denken, Granz 1985

Immanuel KANT, Kritik der praktischen Vernunft (1788), Akademie Text-Ausgabe (AA) Bd.5, Berlin 1968

Sören KIERKEGAARD, Entweder / Oder, Zweiter Teil (1843), Gesammelte Werke 2. u. 3. Abteilung, Düsseldorf, Köln 1957

Ders., Philosophische Brocken (1844), Gesammelte Werke 10. Abteilung, Düsseldorf, Köln 1951

Ders., Abschließende unwissenschaftliche Nachschrift zu den philosophischen Brocken (1846), Erster Teil, 3. Aufl. Gütersloh 1994

Paul LORENZEN, Oswald SCHWEMMER, Konstruktive Logik, Ethik und Wissenschaftstheorie, Mannheim u.a.O. 1975

Jean-François LYOTARD, Das postmoderne Wissen (1979), 3. Aufl. Wien 1994

Ders., Der Widerstreit (1983), München 1987

Gabriel MARCEL, Der Mensch als Problem (1955), 2. Aufl. Frankfurt/M. 1957

Karl MARX, Brief an Ruge, September 1843, Deutsch-Französische Jahrbücher, Marx Engels Werke (MEW) Bd. 1, Berlin 1972

Ders., Thesen über Feuerbach (1845); MEW Bd. 3, Berlin 1969

MONTESQUIEU, Vom Geist der Gesetze (1748), Stuttgart 1965

Friedrich NIETZSCHE, Morgenröte (1880-81), KSA Bd. 3, München u.a.O. 1999

Ders., Die fröhliche Wissenschaft (1881-82), KSA Bd. 3, München u.a.O. 1999

Ders., Nachlass 1885-1887, KSA Bd. 12, München u.a.O. 1999

Karl Raimund POPPER, Falsche Propheten – Hegel, Marx und die Folgen – Die offene Gesellschaft und ihre Feinde (1945), Bd. II, 2. Aufl. Bern, München 1970

Willard van Orman QUINE, Unterwegs zur Wahrheit – Konzise Einleitung in die theoretische Philosophie (1992), Paderborn, München 1995

Jacques RANCIÈRE, Das Unvernehmen – Politik und Philosophie (1995), Frankfurt/M. 2002

John RAWLS, Geschichte der politischen Philosophie (1995/2007), Frankfurt/M. 2008

Richard RORTY, Der Spiegel der Natur – Eine Kritik der Philosophie (1979, Frankfurt/M. 1987
Ders., Solidarität oder Objektivität (1987), Stuttgart 1988
Ders., Kontingenz, Ironie und Solidarität (1989), Frankfurt/M. 1992

Bertrand RUSSELL, Probleme der Philosophie (1912), Frankfurt/M. 1967

Friedrich SCHILLER, Don Carlos (1787/88), Werke Bd. 1, München 1976

Hans-Martin SCHÖNHERR-MANN, Die Technik und die Schwäche – Nietzsche, Heidegger und das schwache Denken, Vorwort von Gianni Vattimo, Wien 1989
Ders., Von der Schwierigkeit, Natur zu verstehen – Entwurf einer negativen Ökologie, Frankfurt/M. 1989
Ders., Politik der Technik – Heidegger und die Frage der Gerechtigkeit, Wien 1992
Ders., Leviathans Labyrinth – Politische Philosophie der modernen Technik, München 1994
Ders., Postmoderne Theorien des Politischen – Pragmatismus, Kommunitarismus, Pluralismus, München 1996
Ders., Postmoderne Perspektiven des Ethischen – Politische Streitkultur, Gelassenheit, Existentialismus, München 1997
Ders., Politischer Liberalismus in der Postmoderne – Zivilgesellschaft, Individualisierung, Popkultur, München 2000
Ders., Das Mosaik des Verstehens – Skizzen zu einer negativen Hermeneutik, München 2001
Ders.,Sein und Fragen – Ein Essay, Köln 2003
Ders., Sartre – Philosophie als Lebensform, München 2005
Ders., Hannah Arendt – Wahrheit, Macht, Moral, München 2006

Ders., Simone de Beauvoir und das andere Geschlecht, München 2007

Ders., Miteinander leben lernen – die Philosophie und der Konflikt der Kulturen, Vorwort und Nachwort von Hans Küng, München, Zürich 2008

Ders., Der Übermensch als Lebenskünstlerin – Nietzsche, Foucault und die Ethik, Berlin 2009

Ders., Globale Normen und individuelles Handeln – Die Idee des Weltethos aus emanzipatorischer Perspektive, Würzburg 2010

Ders., Die Macht der Verantwortung, Freiburg, München 2010

Ders., Was ist politische Philosophie? Frankfurt/M., New York 2012

Ders., Protest, Solidarität und Utopie – Perspektiven partizipatorischer Demokratie, München 2013

Ders., Gewalt, Macht, individueller Widerstand – Staatsverständnisse im Existentialismus, Bd. 77 Reihe Staatsverständnisse, Baden-Baden 2015

Ders., Albert Camus als politischer Philosoph, Interdisziplinäre Forschungen 26, Innsbruck University Press 2015

Ders., Untergangsprophet und Lebenskünstlerin – Über die Ökologisierung der Welt, Berlin 2015

Ders., Fröhliches Philosophieren, München 2015

Ders., Politik zwischen Verstehen und Werten – Hermeneutik als politische Philosophie. Vorlesungen am Geschwister-Scholl-Institut 2002/2003, Saarbrücken 2016

Ders., Involution oder Revolution – Vorlesungen über Medien, „Bildung und Politik" an der Universität Innsbruck 2013-17, Norderstedt 2017

Ders. (Hrsg.), Ethik des Denkens, mit Beiträgen von Ulrich Beck, Paul Ricoeur, Manfred Riedel, Gianni Vattimo, Wolfgang Welsch, Manuel Knoll, Nicole Ruchlak, Michael Ruoff, Katrin Wilke, München 2000

Ders. (Hrsg.), Hermeneutik als Ethik, mit Beiträgen von Hans-Georg Gadamer, Paul Ricoeur, Manfred Riedel, Günter

Abel, Günter Figal, Hermann Lang, Nicole Ruchlak, Gianni Vattimo, München 2004

Ders. (Hrsg.), Der Wille zur Macht und die „große Politik" – Friedrich Nietzsches Staatsverständnis, Reihe Staatsverständnisse Bd. 35, hrsg. von Rüdiger Voigt, Baden-Baden 2010

Ders., Mario Beilhack, Anil Jain (Hrsg.), Rumford 11 A – Der philosophische Rau(s)chsalon 2008-2012, München 2012

Ders., Mario Beilhack, Anil Jain (Hrsg.), Vergesst nicht . . . die Revolution! – Der philosophische Rau(s)chsalon 2013-2015, München 2017

Leo STRAUSS, Progress or Return? (1952); in: ders., Jewish Philosophy and the Crisis of Modernity – Essays and Lectures in Modern Jewish Thought, Albany 1997

Michael TOMASELLO, Eine Naturgeschichte des menschlichen Denkens. Berlin 2014

Gianni VATTIMO, Glauben Philosophieren (1996), Stuttgart 1997

Wilhelm VOSSENKUHL, Ludwig Wittgenstein, München 2003

Max WEBER, Die ‚Objektivität' sozialwissenschaftlicher und sozialpolitischer Erkenntnis (1904), Aufsätze zur Wissenschaftslehre, Tübingen 1973

Alfred North WHITEHEAD, Prozess und Realität – Entwurf einer Kosmologie (1927/28), 2. Aufl. Frankfurt/M. 1984

Ludwig WITTGENSTEIN, Tractatus logico-philosophicus (1921), Werkausgabe Bd. 1, Frankfurt/M. 1984

Ders., Philosophische Bemerkungen (1929/30), Werkausgabe Bd. 2, Frankfurt/M. 1984

Ders., The Big Typescript (1933), Wiener Ausgabe Bd. 11, Wien, New York 2000

Ders., Das Blaue Buch (1933/34), Werkausgabe Bd. 5, Frankfurt/M. 1980

Ders., Eine Philosophische Betrachtung (Das Braune Buch, 1934/35), Werkausgabe Bd. 5, Frankfurt/M. 1980

Ders., Philosophische Untersuchungen (1953), Frankfurt/M. 1971

Ders., Vorlesungen und Gespräche über Ästhetik, Psychologie und Religion, Göttingen 1968

Ders., Vermischte Bemerkungen (1949), Frankfurt/M. 1977

Ders., Über Gewissheit (1949-51), Werke Bd. 8, Frankfurt/M. 1984

Georg H. v. WRIGHT, Wittgenstein, Frankfurt/M. 1986

Personenregister